바라는 대로 이루어진다

바라는 대로 이루어진다

ⓒ 나비스쿨 2023

발행일 2023년 12월 27일 1판 1쇄 발행
　　　　2024년 5월 28일 1판 3쇄 발행
펴낸이 조우석
펴낸곳 나비스쿨
편집자 장주연
디자인 studio J
인쇄 예원프린팅

등록 No.2020-00008
주소 서울특별시 성북구 돌곶이로 40길 46
이메일 navischool21@naver.com

ISBN 979-11-984403-4-1 (03190)

바라는 대로 이루어진다

Deepak Chopra

이제 당신의 삶도
기적이 된다!

디팩 초프라 지음 | 김석환 옮김   나비
스쿨

The Spontaneous Fulfillment of Desire

Part 2

동시성 운명을 실현하는 7가지 원칙 실천 가이드

부록

나는 신성한 지혜를 간직한 불꽃

나는 초원의 아름다움에 불을 붙이고

물을 반짝이게 하네

나는 올바로 명령한 지혜를 통해

해와 달, 별들을 불타게 하고

지구를 아름답게 장식하네

나는 모든 걸 푸르게 키우는 산들바람

이슬에서 탄생한 비

이슬을 머금은 풀잎은 생명의 기쁨으로 미소 짓네

나는 신성한 노동의 향기인 눈물을 불러오네

내가 오로지 염원하는 것은 선한 세상이라네

빙겐의 성녀 힐데가르트(1098-1179)

여러분의 삶을 기적의 주파수에 맞추세요

당신은 기적을 믿나요?

기적은 매일 일어납니다. 먼 타지의 외딴 시골 마을이나 지구 반대편에 자리한 성지(聖地)에서만 일어나는 것이 아니라 바로 여기, 우리의 삶에서도 기적은 일어나고 있습니다. 기적은 감추어진 원천에서 거품처럼 솟아나 우리에게 수많은 기회를 안겨 주고는 어느새 사라져 버립니다. 기적은 마치 별똥별 같습니다. 별똥별을 보는 것은 흔한 일이 아니라서 꼭 마법같이 느껴지지요. 하지만 알고 보면 별똥별은 늘 하늘을 가로질러 지나가고 있다는 사실을 알고 있나요? 단지 낮에는 햇살에 눈이 부셔서 우리가 미처 알아차리지 못하는 것일 뿐입니다. 밤에도 청명하고 깜깜한 날 별똥별이 지나가는 찰나에 별똥별이 지나가는 바로 그 길을 우연히 쳐다볼 때만 별똥별을 관찰할 수 있지요.

우리가 특별하게 여기는 기적도 마찬가지입니다. 매일 우리의 의식을 가로질러 지나가고 있지요. 우리는 그 기적을 알아차릴 수도 있고, 무시할 수도 있습니다. 바로 그 순간에 우리의 운명이 달렸다는 정말 중요한 사실을 깨닫지 못한 채 말입니다. 여러분의 삶을 기적의 주파수에 맞추세요. 그 순간 상상 이상의 삶, 놀랍고 흥미롭고 눈부신 경험이 펼쳐질 것입니다. 반면 기적을 무시한다면 기회는 영영 사라지고 말겠지요.

여기서 질문을 하나 하겠습니다.

"당신은 기적을 알아차릴 수 있나요? 만약 당신이 기적을 바라는 대로 일으킬 수 있다면 과연 당신은 어떤 기적이 일어나기를 선택하겠습니까?"

육체적 자아 너머, 생각과 감정 너머 우리의 내면에는 순수한 가능성의 영역이 존재합니다. 여기서는 모든 일을 할 수 있습니다. 심지어 기적도 가능합니다. 아니, 특히 기적이 가능하지요. 당신 내면에 자리한 이 영역은 실재하는 모든 것, 그리고 향후 다가올 모든 것과 연결되어 있습니다.

저는 이 무한한 가능성을 가진 영역을 활용하여 물리적, 정서적, 육체적, 그리고 영적으로 삶의 방향을 전환하고 개선하는 법을 탐구하고 가르치는 데 평생을 바쳐 왔습니다. 앞서 쓴 책들은 구체적인 결과에 초점을 두어 집필했습니다. 예를 들어, 완벽한 건강을 얻는 법, 사랑에 이르는 길, 신을 아는 법 등입니다. 이번 책은 보다 광범위한 목표를 염두에 두고 썼습니다. 즉 매일의 일상적인 삶에 존재하는 환상 그 배후에 있는 심오한 진리를 알아차리고, 이를 통해 자신의 진정한 운명이 무엇인지를 발견하고, 그 운명을 만들어 가는 법을 안내하고자 하는 것이지요. 이것이 바로 바라는 대로 이루어지는 삶으로 이끄는 길, 궁극적으로는 깨달음에 이르는 길입니다.

저는 10년 넘게 우연의 일치라는 것이 우리의 삶을 인도하고 만들어 가는 데 관여한다는 생각에 매료되어 왔습니다. 우리 모두는 놀랍거나 기이하다고 여겨지는 사건을 경험한 적이 있습니다. 옷장을 정리하다가 몇 년 동안 연락이 끊긴 사람에게서 받았던 선물을 발견했는데, 한 시간 후 갑자기 그 사람에게서 전화가 걸려 옵니다. 임상 실험 중인 피부암 치료제에 관한 신문 기사를 읽고는 별다른 이유 없이 스크랩해 두었는데, 한 달 후 친척이 전화를 걸어 방금 피부암 진단을 받았다는 안타까운 소식을 전합니다. 당신이 기사문에 실렸던 정보를 언급하고 그의 치료법 선택에 영향을 미쳐 결국 그는 생명을 구합니다. 한적한 도로에서 차가 고장 나서 몇 시간쯤 발이 묶여 있으리라 생각해 체념하고 있는데 가장 먼저 뒤이어 온 차가 견인차일 수도 있습니다.

이 순간들을 단순히 우연의 일치라고 할 수 있을까요? 물론 그럴 수도 있겠지요. 하지만 조금만 더 자세히 들여다보세요. 어쩌면 우리가 기적을 얼핏 엿본 순간인지도 모릅니다. 이런 경험을 할 때마다 우리는 혼란스럽고 정신없는 세상에서 단지 우연히 일어난 일이라고 치부해 버릴 수도 있고, 내 삶을 변화시킬 매우 유의미하고 가능성 있는 사건으로 인식할 수도 있습니다. 저는 무의미한 우연의 일치는 믿지 않습니다. 저는 모든 우연의 일치는 메시지, 즉 우리 삶의 특정 영역에 주의를 집중하게 하는 일종의 단서라고 믿습니다.

당신은 내면 깊은 곳에서 들려오는 고요한 '작은 목소리'에 귀 기울여 본 적이 있나요? 무언가 또는 누군가를 보면서 오관 이외의 감각인 '육감'(六感)을 느껴 본 적은 있습니까? 이처럼 내면의 작은 목소리와 육감은 의사소통의 한 형태이며, 언젠가는 우리가 귀 기울일 만한 가치가 충분하다는 사실이 드러날 것입니다.

우연의 일치 역시 이런 종류의 메시지입니다. 삶에서 일어나는 우연의 일치에 관심을 가져 보세요. 그러면 우연의 일치에 담긴 메시지를 더 명확하게 듣는 법을 익힐 수 있습니다. 그리고 우연의 일치를 만들어 내는 힘을 이해하면 그 힘에 영향을 미칠 수 있게 되고, 나 자신만의 의미 있는 우연의 일치를 만들어 낼 수도 있으며, 그로써 우연의 일치가 가져다주는 기회를 백분 활용할 수 있게 됩니다. 이처럼 매 순간 놀라움을 금치 못하게 하는 기적이 끊임없이 지속되는 삶, 바라는 대로 이루어지는 기적의 삶을 당신도 살 수 있습니다.

우리 대부분은 조금은 두렵고, 조금은 긴장되고, 조금은 설레는 마음으로 인생을 살아갑니다. 마치 숨바꼭질을 하는 어린아이와 같지요. 누군가 자기를 찾아 주기를 은근히 바라면서도 한편으로는 발견되지 않기를 바라지 않나요? 초조한 마음에 손톱을 물어뜯기도 합니다. 우리는 기회가 너무 가까이 다가오면 걱정이 앞섭니다. 그러다 두려움에 압도당하면 그림자 속으로 더 깊숙이 숨어 버리지요. 그러나 이것은 삶을 헤쳐 나가는 바른 자세가 아닙니다.

현실 세계의 진정한 본질을 이해한 사람들, 소위 선각자라 불리는 이들은 두려움이나 걱정을 지각하는 감각을 상실했다는 사실을 알고 있나요? 그들에게는 모든 걱정이 사라지고 없습니다. 일단 삶이 실제로 작동하는 방식을 이해하기만 하면, 즉 우리 삶의 매 순간을 이끌어 가는 힘과 정보와 지성의 일련의 흐름을 이해하면, 바로 그 순간에 깃들어 있는 어마어마한 가능성이 보이기 시작합니다. 더 이상 일상적인 사건들이 당신을 시시콜콜 괴롭히지 못합니다. 마음이 가벼워지고 기쁨이 넘칩니다. 점점 더 많은 우연의 일치와 마주치는 삶이 시작됩니다.

바라는 대로 이루어지는 마법이 시작되는 순간

우연의 일치와 그 우연의 일치에 담긴 의미를 인식하면서 삶을 살아갈 때 우리는 무한한 가능성의 장(場)과 연결됩니다. 바로 그 순간 마법이 시작되지요. 저는 이 상태를 '동시성 운명'(synchrodestiny)이라고 부릅니다. 그 안에서는 놀랍게도, 우리가 바라는 대로 이루어집니다.

동시성 운명은 우리더러 내면의 깊은 영역으로 들어가라고 요구하며, 그와 동시에 물리적 영역에서 일어나는 우연의 일치라는 복잡하게 뒤얽힌 춤을 인식할 것을 요청합니다. 또한 사물의 심오한 본질을 이해하고 우주를 끝없이 만들어 내는 지성의 원천을 인식하라고 하는 한편, 특별한 기회가 찾아오거든 그 기회를 잡아 반드시 변화되겠다는 의도를 가질 것을 요구합니다.

이 주제를 더 깊이 탐구하기에 앞서 작은 실험을 해보겠습니다.

1. 눈을 감고 지난 24시간 동안 무엇을 했는지 생각해 봅니다. 지금 이 순간에서 정확히 하루 전으로 기억을 거슬러 올라갑니다. 마음의 눈으로 자신이 했던 일, 머릿속을 스쳐 지나간 생각, 마음에 영향을 준 느낌들을 최대한 자세하게 떠올려 보세요. 그러면서 지난 24시간 동안 있었던 일 중에서 주제 하나를 정해 몰입하세요. 특별하게 중요하거나 대단한 일일 필요는 없습니다. 그저 하루 동안 당신이 마주쳤던 일이면 됩니다. 은행에 다녀왔다면 '돈'이나 '재정 상태'를 주제로

선택할 수 있습니다. 의사에게 진찰을 받았다면 '건강'이라는 주제가 좋겠습니다. 골프나 테니스를 쳤다면 '운동'이 주제가 될 수 있겠네요. 이제 몇 초간 그 주제에 대해 생각해 봅니다.

2. 이제 5년 전으로 거슬러 올라갑니다. 오늘에 집중한 상태에서 5년 전 같은 날짜에 도달할 때까지 한 해씩 거슬러 올라가 보세요. 그 당시 어디에 있었고 무엇을 하고 있었나요? 당신이 어느 정도 기억해 낼 수 있는지 살펴보세요. 그런 다음 당시 당신의 삶을 최대한 선명하게 그려 보세요.

3. 다시 지난 24시간 동안 있었던 일 중에서 몰입하기로 정한 주제를 떠올립니다. 돈, 재정 상태, 건강, 운동 등 어떤 주제든 상관없습니다. 5년 전부터 지금까지 그 주제와 관련된 일들을 추적해 봅니다. 해당 주제와 관련된 사건들을 최대한 많이 기억하는 것이 중요합니다. 예를 들어, '건강'을 주제로 선택했다고 합시다. 5년 동안 당신이 어떤 병에 걸렸는지, 그 병 때문에 이 의사, 저 의사 찾아다녔던 일 등을 떠올릴 수 있을 것입니다. 금연을 결심한 일이 생각난다면 그 일이 삶의 여러 영역에 어떤 영향을 미쳤는지 기억해 봅니다. 지금 당장 연습해 보세요.

저는 당신이 지금 선택한 주제가 당신의 삶에서 어떻게 발전되었으며, 현재 당신의 삶의 방식에 어떤 영향을 미쳤는지 생각하는 동안에 틀림없이 수많은 '우연의 일치'를 발견했으리라 확신합니다. 우리 삶의 많은 부분이 우연한 만남, 뒤틀린 운명의 장난, 또는 갑자기 눈앞에 펼쳐진 새로운 국면 등에 따라 달라지거든요. 심지어 처음에는 하찮아 보였던 작은 사건이 매우 빠르게 삶의 다른 사건들과 얽히는 경우도 생기지요.

이런 식으로 개인사를 추적하다 보면 당신의 삶에서 우연의 일치라는 것이 어떤 역할을 하는지에 대해 엄청난 통찰을 얻을 수 있습니다. 지극히 사소한 일 하나만 다르게 일어났어도 당신은 지금과는 전혀 다른 곳에서, 다른 사람들과, 다른 일을 하며, 완전히 다른 삶의 궤도를 걷고 있을지도 모릅니다.

당신이 완벽하게 계획된 삶을 살고 있다고 생각할 때조차, 당신이 전혀 상상하지 못했던 방식으로 당신의 운명이 바뀌는 일들이 일어납니다. 삶에서 매일 일어나는 우연의 일치나 작은 기적들은 우주가 당신이 꿈꿔 온 것보다 당신을 위한 더 큰 계획을 갖고 있다는 일종의 단서입니다. 그것은 제 삶에서도 마찬가지입니다. 다른 사람들이 보기에는 너무나 명확한 삶이겠지만, 저 자신에게는 놀라운 사건들의 연속이었지요. 지금의 저를 있게 한 저의 과거 역시 놀라운 우연의 일치로 가득 차 있습니다.

디팩 초프라의 삶을 가득 채운 우연의 일치

저의 아버지는 영국령 인도제국의 마지막 총독이었던 루이 마운트 배튼 경의 개인 주치의로 인도 군대에 복무하셨습니다. 임무를 수행하는 동안 아버지는 마운트배튼 경의 아내와 많은 시간을 함께 보내셨고, 이내 두 분은 가까운 친구가 되었습니다. 이 우정을 통해 아버지는 장학금이 주어지는 왕립 의과대학 전임의 지원을 권유받으셨고, 결국 제 나이 여섯 살 무렵 영국으로 떠나셨습니다. 얼마 지나지 않아 어머니도 아버지와 함께하고자 잠시 인도를 떠나시게 되면서 남동생과 저는 조부모님 손에 맡겨졌습니다.

그리고 어느 날 아버지가 전보를 보내셨습니다. 마침내 영국에서 모든 시험에 합격했다는 내용이었습니다. 이날은 모두에게 특별한 날이었습니다. 목표를 이룬 아들이 자랑스러우셨던 할아버지는 축하하자며 우리를 데리고 외출을 하셨습니다. 저의 어린 시절에 그날처럼 신나는 날은 없었지요! 할아버지는 우리를 데리고 영화관도 가시고 카니발과 패밀리 레스토랑에도 가셨습니다. 장난감과 사탕도 사 주셨지요. 하루 종일 너무 행복해 정신을 못 차릴 정도였습니다.

하지만 그날 밤늦게 동생과 저는 누군가 슬피 울며 통곡하는 소리에 잠에서 깼습니다. 그때는 무슨 일인지 바로 알아차리지 못했는데, 할아버지가 돌아가신 것이었습니다. 우리를 잠에서 깨운 소리는 가족들의 울부짖음이었습니다. 할아버지의 시신은 화장되었고, 유골은 갠지

스강에 뿌려졌습니다.

이 일은 동생과 제게 지대한 영향을 미쳤습니다. 저는 할아버지가 지금 어디에 계시는지, 돌아가신 뒤에도 할아버지의 영혼은 살아 있는지 너무 궁금해 생각을 하다 밤을 꼬박 지새우곤 했습니다. 그런데 동생은 달랐습니다. 피부가 마치 햇볕에 심하게 탄 듯 벗겨지기 시작한 것입니다. 동생에게 그런 증상이 일어날 이유가 없었기 때문에 여러 의사를 찾았습니다. 그중 한 현명한 의사가 우리 형제가 최근 충격적인 사건을 겪으면서 면역력이 급격히 떨어지면서 쉽게 병에 노출된 것일 수 있다며, 피부가 벗겨지는 것은 동생의 약함이 겉으로 드러난 신호라고 말했습니다. 그러면서 만약 부모님이 인도로 돌아오시면 피부가 벗겨지는 증상이 멈출 것이라고 예상했습니다. 그리고 실제로 부모님이 돌아오시자 그 증상이 온데간데없이 사라졌습니다.

돌이켜 보면 이러한 어린 시절의 경험이 '영혼의 본질'과 '육체와 마음의 연관성이 건강에 미치는 영향'을 탐구하는 제 평생의 과업의 씨앗이 되었다는 사실을 알 수 있습니다. 제가 선택한 지금의 직업은 아버지가 마운트배튼 경의 아내와 친구가 되시면서부터 시작된 우연의 일치의 연속이었던 것입니다.

그 뒤로도 처음에는 별 의미 없어 보이는 사건들이 저에게 깊은 영향을 미친 사례는 계속되었습니다. 학교 다닐 때 오포라는 이름의 절친이 있었습니다. 그 친구는 말솜씨가 탁월했습니다. 영어 시간에 에세이를 쓰면 오포가 항상 최고점을 받았습니다. 오포와 함께하면 정말 즐거웠습니다. 오포가 하는 일이라면 무엇이든 따라 하고 싶었습니다. 오포가 작가가 되겠다고 결심했을 때 저도 그 길을 따라가겠다고 마음먹었습니다.

하지만 아버지의 꿈은 제가 의사가 되는 것이었습니다. 언젠가 아버지와 진로 문제를 놓고 의논하고자 마주 앉았을 때 저는 말했습니다.

"아니요, 저는 의사가 되고 싶지 않아요. 의학에는 관심이 없어요. 저는 언젠가 훌륭한 작가가 될 거예요. 멋진 책을 쓰고 싶어요."

얼마 지나지 않아 열네 번째 생일에 아버지는 윌리엄 서머셋 모음의 『인간의 굴레』, 싱클레어 루이스의 『애로우 스미스』, 로이드 C. 더글러스의 『숭고한 집념』 등 훌륭한 문학 작품을 선물해 주셨습니다. 비록 그때 아버지가 밝히지는 않으셨지만, 이 책들은 모두 의사와 관련되었습니다. 이 책들에 실린 내용들은 매우 인상 깊었고, 결국 저도 의사가 되고 싶다는 열망이 일어났지요. 의사가 되는 것이 영적인 분야를 탐구하기 위한 매우 이상적인 방법처럼 보였습니다. 인체의 신비를 풀면 언젠가는 영혼의 차원으로 나아갈 수 있으리라는 생각도 들었습니다.

오포를 만나지 못했다면 아마도 저는 문학과 글쓰기에 큰 관심을 갖지 않았을 것입니다. 그리고 아버지가 달리 행동하셨다면, 즉 의사에 관한 문학 작품으로 격려하는 대신 작가가 되겠다는 결심을 무조건 반대하셨다면 지금쯤 저는 작가의 길을 걷고 있을지도 모릅니다.

이처럼 서로 무관해 보이는 사건들과 마운트배튼 경의 아내, 아버지, 할아버지, 동생, 오포까지 그물망처럼 얽힌 관계들은 실은 서로 맞물려 일어났으며, 같은 것을 가리키고 있었습니다. 마치 여러 가지 우연의 일치들이 제 개인사를 형성하고 오늘날 제가 보람을 느끼며 살고 있는 제 삶으로 저를 인도한 것 같습니다.

동시성 운명을 살아가기 위한 3단계

우리 모두는 우리에게 영감을 주고 우리 삶의 방향을 이끄는 데 도움이 되는 우연의 일치를 경험합니다. 지금 이 순간, 제 운명은 저로 하여금 이 책을 쓰게 하고, 이 책을 통해 당신과 소통하도록 이끌고 있습니다. 당신이 지금 이 책을 읽고 있다는 사실, 즉 당신이 도서관이나 서점에 들어와 이 책을 발견하고 표지를 넘긴 것, 그리고 바라는 대로 이루어지는 '동시성 운명'에 대해 알아보고자 시간과 에너지를 투자하고 있는 것 또한 당신의 삶을 변화시킬 수 있는 우연의 일치입니다.

당신은 어떤 계기로 이 책을 읽게 되었나요? 수천 권의 책들 중에서 어떻게 이 책을 읽기로 선택했는지 궁금합니다. 이 책 "들어가며"의 앞부분을 읽으면서 당신의 삶에 어떤 변화를 가져오고 싶다고 생각했나요?

그런데 우리의 삶에서 우연의 일치를 알아차리는 것은 동시성 운명을 이해하고 실제로 살아가는 일에 있어서 겨우 1단계에 불과합니다. 2단계는 우연의 일치가 일어나는 순간, 그 우연의 일치를 알아차리는 능력을 키우는 것입니다. 우연의 일치를 뒤늦게 알아차리기란 쉽지요. 하지만 우연의 일치가 일어나는 순간 알아차린다면, 당신은 우연의 일치가 가져다주는 기회를 더 잘 활용할 수 있게 됩니다. 또한 그런 인식은 에너지로 전환됩니다. 당신이 우연의 일치에 관심을 많이 가지면 가질수록 우연의 일치가 일어날 가능성은 더욱더 높아질 것이고, 이는 곧 당신이 당신의 삶의 방향을 알려 주는 메시지에 점점 더 근접한다는 뜻입니다.

동시성 운명을 살아가기 위한 마지막 3단계는 모든 것이 상호 연관되어 있다는 것을 완전히 자각하는 것입니다. 하나의 일이 다음 일에 영향을 미치면서 그 일들이 동시에 일어난다는 것을 깨닫는 것이지요. '동시에 일어난다'는 말은 '동시성'이라는 단어를 쉽게 풀어 쓴 표현입니다. '동시성'이란 모든 것이 하나가 된 것처럼 조화롭게 작용한다는 뜻입니다.

물고기 떼가 한 방향으로 헤엄치다가 눈 깜박할 사이에 방향을 바꾸는 광경을 상상해 보세요. 방향을 지시하는 리더는 없습니다. 또한 물고기들은 '내 앞에 있는 물고기가 왼쪽으로 방향을 틀었으니 나도 왼쪽으로 가야지'라고 생각하지 않습니다. 그 모든 일이 동시에 일어납니다. 이러한 동시성은 자연의 중심에 존재하는 위대하고 보편적인 지성에 의해 일어나며, 이른바 영혼을 통해 우리 각자에게 나타납니다.

영혼의 영역에서 사는 법을 배울 때 많은 일이 일어납니다. 즉 모든 생명체를 조직화하는 정교한 패턴과 동시적 리듬을 인식하게 됩니다. 오늘의 나를 있게 한 지난날의 사건들을 이해하게 됩니다. 경이로운 마음으로 이 세상에서 펼쳐지는 일들을 바라보면서 두려움과 불안이 사라집니다. 우리를 둘러싼 우연의 일치를 알아차리게 되고, 아주 작은 사건에도 의미가 담겨 있다는 사실을 깨닫게 됩니다.

우연의 일치에 의도적으로 주의를 집중하면 삶에서 구체적인 결과물을 얻어 낼 수 있다는 사실도 알게 됩니다. 우리가 우주에 있는 모든 것과 모든 사람과 연결되어 있으며 우리를 하나로 묶는 영이 존재한다는 것을 인식하게 됩니다. 내면 깊숙이 숨겨져 있는 경이로운 모습을 드러내게 되고, 새롭게 발견한 눈부시게 아름다운 광경을 만끽하게 됩니다. 의식적으로 자신의 운명을 무한히 창조적으로 만들어가고, 그로써 내면 깊은 영역에 자리한 소망들을 실현하게 되며 깨달음에 더 가까이 다가가게 됩니다. 이것이 바로 동시성 운명이 일으키는 기적, 바라는 대로 이루어지는 기적입니다.

독자들에게 당부하고 싶은 말

이 책은 2부로 나누어져 있습니다. 1부에서는 우연의 일치와 동시성, 동시성 운명의 작동 원리를 탐구하며, "동시성 운명은 어떻게 작동하는가?"라는 질문에 답합니다. 2부에서는 동시성 운명을 실현하는 7가지 원칙을 살펴보면서 우리가 배운 내용을 날마다 활용하는 법에 대해서도 함께 다룰 것입니다. "동시성 운명이 나에게 어떤 의미가 있는가?"라는 질문에 대한 답이 됩니다.

이 책을 읽는 확실한 목표가 있거나 앞서 출간된 저의 모든 책을 읽은 독자라면 이론을 다루는 1부를 넘기고 바로 활용을 다루는 2부를 펼치고 싶을 수 있습니다. 하지만 1부에서 다루는 내용들은 앞서 출간된 책들과 비교할 때 미묘하게 차이가 있고, 새로운 정보가 추가되었으며, 또한 집중적으로 관찰한 결과가 포함되어 있으므로 반드시 이해하고 넘어갈 필요가 있습니다. 또한 동시성 운명의 개념은 발전해 왔고 지금도 계속 발전하고 있다는 점에 유의하기 바랍니다.

이 책을 처음 읽는 독자들 중 제가 탐구하는 분야에 대하여 사전 정보가 없는 경우 부디 흥미를 잃지 않기를 바랍니다. 저는 이 책이 지금까지 제가 집필한 책 중에 가장 잘 읽히는 책이 되도록 열심히 노력했고, 성공하기를 바랍니다. 하지만 우리는 몇 가지 심오한 질문들과 씨름하고 있기에 때로는 모든 것을 '이해'하지 못할 것 같은 느낌이 들 수도 있습니다. 그러나 당신은 결국 이해하게 될 것입니다. 한 단락이나 페이지에 갇히지 않도록 하세요. 각 장은 앞 장의 내용을 기반으로 하기 때문에, 대개 독자들은 처음 읽을 때 명확하지 않고 애매했던 내용이 뒤로 갈수록 명확해지는 경험을 하게 될 것입니다.

다시 말하지만, 이 책의 목표는 두 가지입니다. 첫째, 동시성 운명이 어떻게 작동하는지 그 원리를 이해하는 것, 둘째, 동시성 운명이 주는 힘을 일상생활에 활용할 수 있는 구체적인 방법을 배우는 것입니다.

이 책을 읽는다고 당신의 삶이 하룻밤 사이에 달라지지는 않을 것입니다. 하지만 당신이 매일 조금씩 시간을 투자한다면 당신의 삶에 기적은 가능하며, 또한 매우 자주 일어난다는 사실을 알게 될 것입니다. 당신의 삶에서 기적은 매일, 매 시간, 매 순간 일어날 수 있습니다. 지금 이 순간, 완벽한 운명의 씨앗들이 당신 안에서 잠자고 있습니다. 그 씨앗들에 담긴 가능성을 실현해 바라는 대로 이루어지는 놀라운 삶을 살아가기를 바랍니다. 이제 그 방법을 제시하겠습니다.

Part 1

바라는 대로 이루어지는 삶의 시작, 동시성 운명

1장

기적을 일으키는 힘은 정말 존재하는가?

자신을 둘러싼 주변 세상을 인식하는 순간 어떤 일이 일어날까요? 우리는 그 세상에 존재하는 나 자신에 대해 의문을 품기 시작합니다. 그 의문들은 시간을 초월하지요.

"나는 왜 여기에 있는가?"

"나는 내 주변 세상과 어떻게 조화를 이루고 있는가?"

"내 운명은 무엇인가?"

어린 시절 우리가 생각하는 미래는 하얀 도화지와 같습니다. 마치 나만의 이야기로 가득 채워 넣을 새하얀 도화지 말입니다. 무한한 잠 재력, 새롭게 발견할 무언가에 대한 기대감, 넘치도록 풍부한 가능성. 여기에 몰입하다 보면 순수한 즐거움에 활력이 생기지요. 하지만 성 장해서 어른이 되면 어떻습니까? 우리의 한계에 대해 '교육'을 받으면서 미래를 바라보는 시야가 점점 더 좁아집니다. 한때 상상력을 한껏 자극하던 것들은 이제 두려움과 불안 요소가 되어 우리를 마구 짓누릅니다. 끝없이 넓게만 느껴졌던 것들이 점점 더 좁아지고 어두컴컴하게 느껴집니다.

하지만 우리가 무한한 잠재력 가운데 느꼈던 샘솟는 기쁨을 되찾을 방법이 있습니다. 현실의 진정한 본질을 이해하기만 하면 됩니다. 즉 모든 것이 서로 연결되어 있고(상호 연관성) 결코 나누어질 수 없다(불가분성)는 사실을 기꺼이 인정하는 것입니다. 여기에 특별한 방법까지 더해지면 세상이 당신을 향해 활짝 열리면서 이따금 찾아오던 행운과 기회를 점점 더 자주 만나게 될 것입니다.

동시성 운명이 얼마나 강력한지 알고 있나요? 잠시 당신이 완전히 캄캄한 방에서 손전등을 들고 있다고 상상해 보기 바랍니다. 손전등을 켜자 순간 벽에 걸려 있던 아름다운 그림 작품 한 점이 눈에 들어옵니다. 그러면 당신은 '와, 멋진 예술 작품인 걸. 그런데 이 방에는 이 그림이 전부인가?'라고 생각할 수 있습니다. 그 순간 갑자기 방이 위에서부터 환하게 밝아집니다. 당신은 주위를 둘러보고는 주변 벽에 수백 점의 그림 작품이 걸려 있는 미술관에 자신이 와 있다는 사실을 깨닫게 됩니다. 눈길이 닿는 곳마다 이전 작품보다 아름답고, 더 아름다운 그림을 계속해서 발견하게 됩니다. 그 가능성 앞에 선 당신은 평생 배우고 사랑할 예술이 있다는 사실을 깨닫습니다. 더 이상 당신에게는 당신이 손에 든 손전등의 약한 불빛에 비친 그림 한 점만 보아야 한다는 한계가 없어진 것이지요.

　이것이 바로 동시성 운명이 우리에게 주는 약속입니다. 동시성 운명은 우리의 삶에 불을 환하게 비추어 줍니다. 이는 우리가 삶을 살아갈 때 막연한 추측에 의지하는 것이 아니라 진짜 결정을 내릴 수 있도록 힘을 줍니다. 동시성 운명은 우리가 세상에 존재하는 의미를 보여 주고, 모든 것이 서로 연결되어 동시에 일어난다는 것을 이해하게 하며, 우리가 소망하는 삶을 선택하게 하고, 우리의 영적 여정을 완수할 수 있게 도와줍니다. 동시성 운명을 받아들이고 이해하면 우리는 우리의 의도대로, 즉 자신이 바라는 대로 자기 삶을 변화시키는 능력을 얻게 되는 것입니다.

　먼저, 바라는 대로 이루어지는 동시성 운명의 원칙을 온전히 받아들이고 이해하려면 세 가지 차원의 존재의 본질을 이해해야 합니다.

존재의 첫 번째 차원: 물리적 영역

　존재의 첫 번째 차원은 물리적 또는 물질적 영역, 즉 우리 눈에 보이는 세계, 우주입니다. 이것은 우리가 가장 잘 알고 있는 세계이며, 우리가 '현실 세계'(real world)라고 부르는 것입니다. 이 세계에는 경계가 확실한 물질과 물체, 즉 3차원적인 모든 것이 포함되며, 우리가 보고, 듣고, 느끼고, 맛보고, 냄새 맡는 등 오감으로 경험하는 모든 것이 들어 있습니다. 또한 여기에는 우리의 몸, 바람, 땅, 물, 기체, 동물, 미생물, 분자, 그리고 이 책 종이 등 생물과 무생물도 포함됩니다.

물리적 영역에서 시간은 과거에서 현재, 그리고 미래로 직선적으로 흐르는 듯 보입니다. 그래서 흔히 시간을 화살 같다고 표현하지요. 이는 물리적 영역에서의 모든 것은 시작과 중간, 끝이 있으며, 따라서 일시적으로 존재한다는 것을 의미합니다. 모든 생명 있는 존재는 태어나고, 죽습니다. 산들은 용암으로 이루어진 지구의 핵에서 치솟아 조성되었다가 비와 바람의 끊임없는 침식 작용으로 다시 낮아집니다.

우리가 경험하는 물리적 영역은 원인과 결과라는 불변하는 법칙에 의해 지배를 받기에 모든 것이 예측 가능합니다. 뉴턴의 물리학은 작용이 있으면 반작용이 있을 것을 예측하게 해줍니다. 예를 들어, 당구공이 특정 속도와 각도로 서로 부딪힐 때를 생각해 보세요. 우리는 그 당구공이 당구대를 가로질러 어떤 경로로 굴러갈지 정확히 예측할 수 있습니다. 과학자들은 일식이 언제 일어날지, 일어난 후 얼마나 지속될지를 정확하게 계산할 수 있습니다. 이처럼 세상에 대한 우리의 모든 '상식'은 우리가 물리적 영역에 대해 알고 있는 지식에서 비롯된 것입니다.

존재의 두 번째 차원: 양자 영역

존재의 두 번째 차원에서는 모든 것이 정보와 에너지로 구성되어 있습니다. 이를 양자 영역이라고 합니다. 이 차원에 있는 모든 것은 비실체적입니다. 즉 우리의 오감에 의해 만져지거나 인식될 수 없다는 의미입니다. 당신의 마음, 당신의 생각, 당신의 자아(에고), 당신이 일반적으로 당신 '자신'이라고 생각하는 부분 모두가 양자 영역에 포함되어 있습니다. 이러한 것들은 실제적인 것이 아닙니다. 그럼에도 당신은 당신의 자아와 당신의 생각이 실제로 존재한다고 여깁니다. 양자 영역은 곧 마음이라는 관점에서 생각하는 것이 가장 쉽겠습니다만, 사실 양자 영역에는 훨씬 더 많은 것이 포함되어 있습니다. 우리 눈에 보이는 우주의 모든 것이 양자 영역의 에너지와 정보가 드러나게 발현된 것이니까요.

물리적 영역은 양자 영역의 하위 집합입니다. 이를 달리 표현하면, 물리적 영역에 있는 모든 것은 정보와 에너지로 구성되어 있다는 말이 됩니다. 앨버트 아인슈타인의 유명한 방정식 $E=MC^2$를 알고 있지요? 우리는 이 공식을 통해 에너지(E)는 질량(M)에 광속(진공 속의 빛의 속력, C)의 제곱을 곱한 값과 같다는 것을 배웠습니다. 이 공식은 물질(질량)과 에너지는 형태만 다를 뿐 같은 것임을 말하는 것입니다. 즉 에너지와 질량은 같다는 것이지요(질량–에너지 등가).

우리가 학교에 입학한 후 첫 과학 수업에서 배운 내용이 무엇인지 기억하나요? 모든 단단한 물체는 분자로 구성되어 있으며, 분자는 원자라는 더 작은 단위로 구성되어 있다는 것입니다. 그래서 우리는 우리가 앉아 있는 단단해 보이는 의자가 고배율 현미경 없이는 볼 수 없는 매우 작은 원자로 구성되어 있다는 것을 이해하게 됩니다. 그다음으로는 작은 원자는 원자보다 작은 아원자로 구성되어 있으며, 아원자는 전혀 단단하지 않다는 것을 배웁니다. 아원자는 말 그대로 정보와 에너지의 묶음 또는 파동입니다. 즉 존재의 두 번째 차원인 양자 영역에서 당신이 앉아 있는 의자는 에너지와 정보에 불과하다는 의미입니다.

이 개념은 처음에는 이해하기 어려울 수 있습니다. 어떻게 눈에 보이지 않는 에너지와 정보의 파동을 단단한 물체로 지각할 수 있을까요? 이 질문에 대한 답은 양자 영역에서 모든 것은 빛의 속도로 일어나며, 그 속도에서 우리의 감각은 사물을 지각하기 위해 필요한 모든 과정을 처리할 수 없다는 것입니다.

우리는 여러 물체를 서로 다른 것으로 인식합니다. 그 이유는 각 물체가 가진 에너지 파동이 서로 다른 정보를 담고 있으며, 그 정보는 에너지 파동이 가진 주파수나 진동에 의해 결정되기 때문입니다. 라디오를 튼다고 생각해 보세요. 예를 들어, 주파수를 FM 101.5Mhz에 맞추면 클래식 음악이 흘러나오고, 주파수를 약간만 변경해 FM 101.9Mhz에 맞추면 로큰롤을 즐길 수 있지 않습니까. 이와 마찬가지로 에너지는 자신이 진동하는 방식에 따라 다른 정보로 구성됩니다.

따라서 물체와 물질로 이루어진 물리적 영역은 오직 서로 다른 주파수로 진동하는 에너지에 담긴 정보로만 구성되어 있습니다. 우리가 세상을 거대한 에너지의 그물망으로 인식하지 못하는 까닭은 너무 빠른 속도로 진동하기 때문입니다. 우리의 감각은 매우 느리게 작동하기에 이러한 에너지와 활동의 덩어리만 인식할 수 있을 뿐이지요. 그리고 이러한 정보 덩어리가 '의자', '내 몸', '물', 그리고 우리 눈에 보이는 우주의 모든 물체가 됩니다.

영화를 볼 때와 비슷하다고 생각하면 됩니다. 우리가 잘 알다시피 영화 필름의 각 프레임들 사이에는 간격(틈)이 있습니다. 그러나 우리가 영화를 볼 때는 이 분리된 필름들을 영사기에 걸어 매우 빠른 속도로 재생하기 때문에 우리의 감각이 그 불연속적인 프레임들을 전혀 인식하지 못합니다. 그 대신 정보의 끊임없는 흐름을 인식하게 되지요.

양자 영역에서는 우리가 단단한 물체로 인식하는 것들, 즉 다양한 주파수로 진동하는 에너지장의 덩어리들 모두가 전체 에너지장의 일부를 이루고 있습니다. 만약 우리가 양자 영역에서 일어나는 모든 일을 인식할 수만 있다면, 우리는 모두 거대한 '에너지 수프'(energy soup)의 한 부분에 불과할 뿐이라는 사실을 알게 될 것입니다(우리 각자와 물리적 영역에 있는 모든 것은 이 에너지 수프에 떠다니는 에너지 덩어리이지요).

어느 순간 당신의 에너지장이 다른 사람의 에너지장과 접촉해서 어떤 영향을 미칠 때 우리 역시 그 경험에 어떤 식으로든 반응합니다. 우리 모두는 이 상호 간의 에너지와 정보의 표현들입니다. 때때로 우리는 이처럼 서로 연결되어 있다는 것을 실제로 느낄 수 있습니다. 이러한 느낌은 보통 매우 알아차리기 어려운데, 간혹 아주 뚜렷하게 다가오기도 합니다. 어떤 방에 들어갔다가 섬뜩할 정도로 팽팽한 긴장 감을 느껴 본 적이 있지 않나요? 아니면 교회나 성지에서 평화로운 느 낌에 휩싸인 경험을 해본 적은요? 이러한 느낌에 사로잡히는 이유는 당신의 에너지(당신이 특정 영역에서 기억해 둔)와 주변의 집단적 에너지가 합 해졌기 때문입니다.

물리적 영역에서 우리는 끊임없이 에너지와 정보를 교환합니다. 길 거리에 서 있는데 한 블록 떨어진 지점에서 걸어오는 사람에게서 담 배 냄새를 맡았다고 상상해 보세요. 이는 당신이 몇 미터 떨어져 있는 그 사람이 내쉬는 숨을 들이마셨다는 의미입니다. 냄새는 단지 당신 이 다른 사람의 숨을 들이마셨다는 것을 알려 주는 단서일 뿐이지요. 만약에 담배 냄새라는 단서가 없었어도, 만약에 지나가는 그 사람이 담배를 피우고 있지 않았어도 당신은 여전히 그 사람의 숨을 들이마 시고 있을 것입니다. 담배 냄새가 알려 주지 않았다면 전혀 알아차리 지 못했겠지요.

그렇다면 당신이 들이마신 숨이란 무엇일까요? 그것은 담배를 피우 며 지나간 사람의 신체에 있는 모든 세포에서 일어나는 신진대사 과 정 중 발생한 이산화탄소와 산소입니다. 바로 그것을 당신이 들이마 신 것이고, 다른 사람들 역시 당신의 숨을 들이마십니다. 따라서 우리 모두는 서로 자신의 일부(우리 몸의 물리적이고 측정 가능한 분자)를 **끊임없이** 교환하고 있는 것입니다.

양자 영역에서는 모든 것이 상호 연관되어 있다

더 깊은 차원에서 보면, 우리와 세상의 모든 것 사이에는 실제로 경계라는 것이 없습니다. 하지만 어떤 물체를 만지면 마치 그 물체와 나 사이에 뚜렷한 경계가 있는 듯 단단하게 느껴지지요. 이에 대해 물리학자들은 "모든 물체는 원자로 구성되어 있는데, 원자와 원자가 서로 부딪히면서 단단한 느낌이 생겨난다"라는 말로 설명할 것입니다.

하지만 원자가 무엇인지 생각해 보세요. 원자는 작은 핵과 그 주위에 커다란 전자구름을 가지고 있습니다. 단단한 껍데기는 없고 그저 전자구름만 있을 뿐입니다. 이를 시각화해서 말하자면, 축구 경기장 한가운데 놓인 땅콩을 상상해 보면 됩니다. 땅콩은 원자핵을 나타내고 경기장은 원자핵 주변의 전자구름의 크기를 나타내지요. 우리는 어떤 물체를 만질 때 전자구름을 만질 때의 단단함을 감지합니다. 이것이 우리 감각의 민감성(또는 상대적인 무감각성)을 고려할 때 단단함에 대한 우리의 해석입니다.

우리의 눈은 물체를 입체적이고 단단한 것으로 보도록 프로그래밍되어 있습니다. 또한 말초 신경은 물체를 입체적이고 단단한 것으로 느끼도록 프로그래밍되어 있습니다. 그러나 양자 영역의 실재에서 단단함이란 없습니다. 두 개의 전자구름이 만날 때 거기에 단단함이 있을까요? 없습니다. 두 전자구름은 서로 섞였다가 다시 분리됩니다. 당신이 어떤 물체를 만질 때도 비슷한 일이 일어납니다. 당신의 에너지장(즉 전자구름)들이 다른 전자구름과 만나면 일부분이 섞이고, 그런 다음 당신은 분리됩니다. 당신은 자신이 그 물체를 만지기 전과 달라지지 않았다고 생각하겠지만, 실은 자기 에너지장의 일부를 그 물체에 내어 주고, 그 대가로 그 물체의 에너지장의 일부를 얻은 것입니다. 그런 접촉이 있을 때마다 우리는 정보와 에너지를 교환하면서 조금씩 변화되어 갑니다.

이런 식으로 우리는 우리가 물리적 영역에서 다른 모든 것과 자신이 연결되어 있다는 사실을 알 수 있습니다. 우리 모두는 서로 에너지장의 일부를 끊임없이 공유하고 있으므로 양자 영역, 즉 마음과 '자아'의 차원에서 서로 연결되어 있습니다. 우리는 이처럼 상호 연관되어 있습니다.

따라서 우리의 제한된 감각이 순수한 에너지와 정보로부터 단단한 세계를 만들어 내는 것은 오직 우리의 의식 안에서입니다. 하지만 만약 우리가 양자 영역을 볼 수 있다면, 즉 우리에게 '양자의 눈'이 있다면 어떤 일이 일어날까요? 양자 영역에서는 우리가 물리적 영역에서 단단하다고 생각했던 모든 것이 실제로는 무한한 허공 안팎에서 빛의 속도로 깜빡거리는 것에 불과할 뿐임을 알게 될 것입니다.

영화 필름의 각 프레임들 사이에 간격(틈)이 있는 것처럼, 우주 역시 깜빡이는 현상입니다. 세상의 연속성과 단단함은 오직 상상 속에서만 존재하는 것이지요. 이는 양자 영역에서 존재를 구성하는 에너지와 정보의 파동을 식별하지 못하는 우리의 감각이 만들어 낸 현상일 뿐입니다.

그러므로 실제로 우리 모두는 존재하는 모든 순간 늘 깜빡이고 있는 존재입니다. 만약 우리가 우리의 감각을 미세하게 조정할 수만 있다면 우리는 우리 존재 안에 있는 프레임들 사이사이의 간격(틈)을 실제로 볼 수 있을 것입니다. 우리는 여기 있다가 어느 순간 여기 없게 되고, 그런 다음 또다시 여기 있게 됩니다. 연속되고 있다는 느낌은 오직 우리의 기억으로 유지될 뿐입니다.

이를 잘 설명해 주는 비유가 있습니다. 과학자들에 의하면, 달팽이가 빛을 인식하는 데 약 3초가 걸린다고 합니다. 그러니 이렇게 상상해 보세요. 달팽이가 나를 지켜보고 있는데 내가 방을 나가 은행을 털고 3초 안에 돌아왔다고 말입니다. 달팽이의 관점에서 나는 결코 방을 나간 적이 없습니다. 그렇다면 나는 달팽이를 법정에 데려가 완벽한 알리바이를 제시할 수 있습니다. 달팽이에게 내가 방에서 나가 있던 순간은 깜빡이는 존재, 즉 프레임들 사이의 간격(틈) 중 하나에 속할 것입니다. 만약 달팽이에게 연속성이 있다고 가정한다면, 달팽이의 감각은 그 사이의 연속성을 전혀 기억하지 못한 것입니다. 따라서 모든 생명체의 감각적 경험이란 순전히 상상 속에서 만들어진 인위적인 인식일 뿐입니다.

선불교에서 널리 알려진 이야기 하나를 소개하겠습니다. 두 승려가 바람에 흔들리는 깃발을 바라보고 있었습니다. 한 승려가 말했습니다.

"깃발이 움직이고 있습니다."

다른 승려가 말했습니다.

"아니요, 바람이 움직이는 것입니다."

이때 스승이 다가오자 그들은 스승에게 질문했습니다.

"스승님, 누구 말이 맞습니까? 저는 깃발이 움직인다고 말하고, 그는 바람이 움직인다고 말합니다."

스승이 답했습니다.

"둘 다 틀렸다. 오직 의식만이 움직일 뿐이다."

우리의 의식이 움직이면서 세상이 존재한다고 상상하는 것입니다. 그러므로 마음은 에너지와 정보가 담긴 장입니다. 모든 생각 역시 에너지와 정보입니다. 당신은 지금껏 에너지 수프를 뚜렷한 물리적 실체로 인식함으로써 자신의 육체와 물리적 영역이 존재한다고 상상해 온 것입니다. 그렇다면 이러한 상상을 불러일으키는 마음이란 대체 어디에서 오는 것일까요?

존재의 세 번째 차원: 초공간적 영역

존재의 세 번째 차원은 지성, 즉 의식으로 구성됩니다. 이를 가상 영역, 영적 영역, 잠재력의 장, 보편적 존재 또는 초공간적(nonlocal) 지성이라고 부릅니다. 이 영역은 가능성의 바다로부터 정보와 에너지가 생겨나는 곳입니다. 본질의 가장 근본이자 기본적인 차원은 물질이 아닙니다. 심지어 에너지 수프나 정보의 수프도 아닙니다. 바로 순수한 가능성입니다. 이러한 초공간적 영역은 공간과 시간의 범위를 초월해 작동하는데, 이 영역에서는 공간과 시간이 전혀 존재하지 않습니다. 우리가 이 차원을 초공간적이라고 부르는 이유는 어떤 장소로 한정 지을 수 없기 때문입니다. 초공간적 영역은 당신 '안'이나 '저기 어디엔가'에 있지 않습니다. 그저 존재할 뿐입니다.

영적 영역에 있는 지성은 에너지 수프를 우리가 인식할 수 있는 실체로 조직화합니다. 양자 입자를 결합해 원자로 만들고, 원자를 분자로 만들고, 분자를 다시 일정 구조로 만드는 것입니다. 이것이 모든 것의 배후에 존재하는 조직력입니다.

이 개념은 이해하기 어려울 수 있습니다. 이 가상 영역에 대해 비교적 단순하게 이해할 수 있는 한 가지 방법은 생각의 이중성을 인식하는 것입니다. 지금 이 책을 읽고 있는 당신의 눈은 종이 위에 새겨진 검은 인쇄물을 보고 있고, 당신의 마음은 그 인쇄물을 상징, 즉 글자와 단어로 변환해 의미를 추론하고 있습니다. 하지만 한 걸음 물러나서 생각해 봅시다. 이렇게 읽는 행위는 누가 하나요? 무엇이 당신 생각의 기초가 되는 의식인가요? 당신 내면에서 일어나는 이 과정의 이중성을 인식해 보십시오. 당신의 마음은 해독하고, 분석하고, 번역하느라 바쁩니다. 그렇다면 누가 이 책을 읽고 있는 것인가요? 조금만 주의를 기울이면 당신은 당신 안에 어떤 존재(언제나 무엇인가를 경험하게 하는 힘을 가진 존재)가 있다는 것을 깨닫게 될 것입니다. 이것이 바로 영혼 또는 초공간적 지성이며, 이 경험은 가상 영역에서 일어납니다.

정보와 에너지가 물리적 영역을 형성하듯이, 초공간적 영역은 정보와 에너지의 활동을 만들어 내고 조직화합니다. 베스트셀러 작가이자 형이상학 분야의 선구자인 의사 래리 도시에 따르면, 초공간적 일에는 물리적 영역에서의 일과 구별되는 세 가지 중요한 특성이 있습니다. 초공간적 일들은 서로 연관되어 있는데, 이러한 상관관계는 '매개체가 없고'(unmediated), '약화되지 않으며'(unmitigated), '즉각적'(immediate)이라는 것입니다. 그 의미를 간단히 살펴보겠습니다.

첫째, '매개체가 없다'는 말부터 보겠습니다. 원자보다 작은 차원에서 일어나는 두 가지 이상의 행위는 '비인과적 연관성'을 갖습니다. 이 말은 '한 사건이 다른 사건의 원인이 되지는 않지만, 하나의 사건은 즉시 다른 일과 연관되거나 조화를 이룬다'는 의미입니다. 즉 두 가지 일이 일반적인 의미로 서로 소통하고 있지 않음에도 불구하고, 같은 음악에 맞춰 춤을 추듯 보인다는 것입니다. 이것이 바로 '매개체가 없다'는 말의 의미입니다.

둘째, '약화되지 않는다'는 말은 무엇일까요? 이러한 초공간적 일들의 연관성은 줄어들지 않는다는 뜻입니다. 즉 시간과 공간이 다르다는 이유로 약화되지 않고 그대로 유지된다는 말입니다. 예를 들어, 당신과 제가 방 안에서 대화를 나눌 때와 도로를 사이에 두고 대화를 나눌 때를 생각해 보세요. 제 목소리는 각각 다르게 들릴 것입니다. 거리가 멀수록 훨씬 작게 들리겠지요. 하지만 당신이 초공간적 영역에 있다면 제가 바로 당신 옆에 서 있든, 길 건너편에 서 있든, 1km 떨어져 있든, 심지어 다른 대륙에 있든 관계없이 당신은 제 말을 또렷이 들을 수 있습니다.

셋째, '즉각적'이라는 말에 대해 살펴봅시다. 이는 초공간적 일에는 이동 시간이 필요하지 않다는 뜻입니다. 우리는 빛과 소리가 서로 다른 속도로 이동한다는 사실을 잘 알고 있습니다. 천둥소리가 들리기에 앞서 저 멀리 번쩍이는 번개를 볼 수 있지 않습니까. 초공간적 일에서는 이 같은 시간 지연 현상이 발생하지 않는데, 그 이유는 초공간적 상관관계가 (반드시 어떤 것을 거쳐야만 하는) 고전 물리학의 법칙을 따르지 않기 때문입니다. 초공간적 영역에는 어떤 신호도 없고, 빛도 없고, 소리도 없습니다. 그곳에는 이동해야 하는 '사물'이 존재하지 않습니다. 초공간적 또는 가상 영역에서 발생하는 일들의 상관관계는 즉각 발생합니다. 어떤 원인도 없고, 시간이나 거리 때문에 약화되는 일도 없습니다.

초공간적 지성은 한 번에 모든 곳에 존재하며 수많은 곳에서 수많은 결과를 동시에 일으킬 수 있습니다. 이 가상 영역에서 세상의 모든 일이 조직되고 동시에 일어납니다. 따라서 초공간적 영역은 동시성 운명에서 매우 중요하게 여기는 우연의 일치의 원천입니다. 이 차원에서 사는 법을 배우면 당신은 자신이 바라는 모든 소망을 이룰 수 있습니다. 그리고 바라는 대로 이루어지는 기적을 만들어 낼 수 있습니다.

존재의 세 번째 차원에서 우리가 바라던 기적이 일어난다

가상 영역은 상상의 산물이 아닙니다. 그것은 인간이 자신보다 더 큰 보편적 힘을 갈망한 결과입니다. 철학자들은 수천 년 동안 영의 존재에 대해 논의하고 토론해 왔습니다. 하지만 과학이 초공간적 지성이 존재한다는 증거를 제시할 수 있게 된 때는 20세기 들어서였습니다. 이제부터 다룰 내용은 다소 논란이 있으나 끝까지 읽는다면 당신 역시 제가 처음 이 내용을 접했을 때 느꼈던 경이와 설렘을 느낄 수 있으리라 기대합니다.

과학 시간에 배웠듯이, 우주는 단단한 입자와 파동으로 이루어져 있습니다. 또한 입자는 세상에 있는 모든 단단한 물체의 기본 요소라고 배웠습니다. 예를 들어, 원자 안에 있는 전자처럼 물질의 가장 작은 단위를 입자라고 하지요. 또한 우리는 소리와 빛의 파동 같은 파동들은 단단한 물체가 아니라고도 배웠습니다. 이 점에 대해서는 어떤 논란도 없었습니다. 입자는 입자이고, 파동은 파동이었습니다.

그러나 물리학자들이 원자 안에 있는 입자가 파동묶음(wave packer, 파속, 여러 파장의 파동들이 특별하게 합쳐져 공간적으로 모여 있는 상태)의 일부라는 사실을 발견했습니다. 에너지의 파동은 보통 일정 간격을 두고 고점과 저점이 반복되지만, 파동묶음은 에너지가 집중된 상태입니다(파동의 진폭이 고점과 저점을 오르내리며 빠르고 날카롭게 이어지는 모양을 떠올려 보세요).

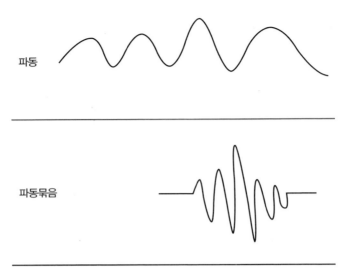

파동

파동묶음

　이 파동묶음에 있는 입자에 대해 우리는 두 가지 질문을 할 수 있습니다. 첫째, 입자는 어디에 있는가? 둘째, 입자의 운동량은 얼마인가? 물리학자들은 두 가지 질문 중 하나씩만 물어볼 수는 있지만 둘 다를 한꺼번에 물어볼 수는 없다는 사실을 발견했습니다. 예를 들어, "입자는 어디에 있는가?"라고 질문하면, 당신은 파동-입자를 한 장소에 고정시키게 될 것이며, 그것은 곧 입자가 됩니다. 만약 "입자의 운동량은 얼마인가?"라고 묻는다면, 당신은 운동이 결정적인 요소라고 생각한 것이며, 따라서 파동에 대해 이야기하고 있는 것이 틀림없습니다. 그렇다면 당신이 지금 질문한 파동-입자는 파동인가요, 입자인가요?

이것은 우리가 앞서 제시한 두 가지 질문 중 어떤 질문을 하기로 결정하느냐에 달려 있습니다. 어떤 순간에 파동-입자는 입자이거나 파동일 수 있는데, 파동-입자의 위치와 운동량 둘 다를 알 수는 없기 때문입니다. 실제로 파동의 위치나 운동량을 측정하기 전까지 파동은 '입자이면서 동시에 파동'입니다. 이 개념은 현대 물리학의 기본 개념 중 하나인 '하이젠베르크의 불확정성 원리'로 알려져 있습니다.

파동-입자가 들어 있는 밀폐된 상자를 상상해 보세요. 파동-입자의 정체성이 무엇인지는 어떤 식으로든 관찰되거나 측정되기 전까지는 분명히 알 수 없습니다. 관찰하기 전에 파동-입자의 정체성은 순수한 가능성으로만 존재합니다. 그것은 파동이자 입자이며, 오직 가상 영역에만 존재합니다. 관찰이나 측정이 이루어진 후 그 가능성은 입자 또는 파동과 같은 단일 개체로 '붕괴'됩니다. 즉 입자가 되거나 파동이 되는 것입니다. 사물이 동시에 두 가지 이상의 상태로 존재할 수 있다는 생각은 오감으로 세상을 인식하는 우리로서는 도저히 받아들일 수가 없습니다. 하지만 이것이 바로 양자 영역의 신비입니다.

물리학자 에르빈 슈뢰딩거의 유명한 사고 실험(thought experiment)은 양자 물리학에서만 가능한 신비로운 현상을 잘 보여 줍니다. 파동-입자, 고양이, 지렛대, 뚜껑이 살짝 덮인 고양이 사료 그릇이 놓인 밀폐된 상자가 놓여 있다고 상상해 보세요. 파동-입자가 입자라면 지렛대를 누를 것이고, 그러면 사료 그릇 뚜껑이 열리고, 고양이는 사료를 먹을 수 있을 것입니다. 반면, 파동-입자가 파동이라면 사료 그릇 뚜껑은 그대로 덮여 있을 것입니다. 밀폐된 상자를 열어 관찰하면 빈 사료 그릇(그리고 배불러 행복한 고양이)이나 사료가 가득 찬 그릇(그리고 배고픈 고양이)을 볼 수 있습니다. 이것은 우리가 어떤 방식으로 관찰하느냐에 달려 있습니다.

여기에 놀라운 사실이 있습니다. 우리가 상자를 들여다보고 관찰하기 전에 사료 그릇은 비어 있기도 하고 가득 차 있기도 했으며, 고양이는 배불러 행복한 상태이기도 하고 배고픈 상태이기도 했다는 것입니다. 즉 그 순간 두 가지 가능성이 동시에 존재하고 있었다는 의미이지요. 가능성을 현실로 바꾸는 것은 오직 관찰뿐입니다. 이 점이 놀랍게 여겨질지 모르지만, 최근 물리학자들은 이를 입증하는 실험에 성공했습니다. 전하를 띠고 있지만 관찰되지 않은 베릴륨 원자가 동시에 두 장소에 존재할 수 있다는 사실을 증명한 것입니다.

의식적 행위 없이는 순수한 가능성만 존재한다

더 놀라운 것은 두 장소가 떨어져 있다는 생각 자체도 인간의 의식이 만들어 낸 것일 수 있다는 것입니다. 즉 서로 다른 두 장소에서 일어난 서로 연관된 두 사건이 실제로는 하나의 사건일 수 있다는 의미이지요.

어항에 있는 물고기 한 마리의 움직임을 촬영하고자 비디오카메라 두 대를 설치해 두었다고 생각해 보세요. 비디오카메라 두 대는 각각 한 마리 물고기를 중심으로 직각을 이루도록 설치되었고, 촬영되는 영상은 다른 방에 연결된 두 대의 스크린에 투영됩니다. 그 방에 앉아 두 대의 스크린을 보고 있는 당신의 눈에는 마치 어항에 물고기가 두 마리가 있는 듯 보일 것입니다. 그런데 물고기 한 마리가 몸을 한 방향으로 틀거나 움직일 때 그 행동이 즉시 다른 물고기의 행동과 연결되는 광경을 보고는 깜짝 놀랄 것입니다. 비디오카메라가 설치된 방에서 무슨 일이 일어나고 있는지 모르기 때문입니다. 만약 알았다면 어항 속 물고기는 한 마리뿐이라는 사실 역시 알았을 테지요.

만약 여러 대의 비디오카메라를 여러 각도로 배치하고 그 영상이 다른 방이 아닌 같은 방에 설치해 놓은 여러 대의 스크린들에 투영된다면 어떨까요? 당신은 스크린들 속 모든 물고기가 서로 즉각적으로 상호작용하는 광경에 놀랄 것입니다.

신비주의 전통의 위대한 선각자들은 우리가 매일 경험하는 일들이 일종의 투영된 실재라고 말합니다. 사건과 사물이 시간과 공간 속에서 분리된 것처럼 '보일 뿐'이라는 것입니다. 더 깊은 차원에서 우리 모두는 한 몸의 지체이며, 몸의 한 부분이 움직이면 몸의 다른 모든 부분이 즉시 영향을 받는다는 것이지요.

또한 과학자들은 '민코프스키의 8차원 초공간'이라는 존재의 영역을 제안하기도 합니다. 수학적으로 상상한 이 영역에서는 두 사건이 시공간 속에서 아무리 멀리 떨어져 있어도 둘 사이의 거리는 항상 0입니다. 이것은 다시 한 번 우리가 불가분 하나인 존재의 영역에 있다는 사실을 시사합니다. 분리되어 있다는 것은 단지 환상일 수 있습니다.

우리가 어떤 형태로든 사랑을 느낄 때 분리되었다는 환상은 점차 붕괴되기 시작합니다.

오로지 관찰로써만 파동-입자를 하나의 실체로 정의할 수 있기에, 닐스 보어와 일부 물리학자들은 의식만이 파동-입자를 붕괴시키는 데 책임이 있다고 믿었습니다. 만약 의식이 없다면 모든 것은 정의되지 않은 잠재적 에너지 묶음, 즉 순수한 가능성으로만 존재할 것입니다.

이것이 이 책의 핵심 중 하나입니다. 너무 중요한 내용이므로 반복해서 말하겠습니다. 관찰자이자 해석자 역할을 하는 의식적인 행위가 없다면 모든 것은 순수한 가능성으로만 존재할 뿐입니다. 그 순수한 가능성이 활동하는 영역이 가상 영역, 즉 존재의 세 번째 차원입니다. 이 가상 영역은 초공간적인 것으로 결코 고갈될 수 없으며, 무한하고, 모든 것을 포괄합니다. 바로 그 잠재력, 그 가능성의 문을 두드릴 때 우리는 바라는 대로 이루어지는 기적을 만들어 낼 수 있습니다.

'기적'이란 그렇게 신기한 단어가 아닙니다. 과학자들이 이러한 가능성의 영역에서 일어날 수 있는 놀라운 사건들을 어떻게 기록해 왔는지 물리학으로 돌아가서 설명해 보겠습니다.

양자 물리학이 제시하는 가능성에 흥미를 느끼고 고민하던 아인슈타인은 독창적인 사고 실험을 고안해 냈습니다. 동일한 파동-입자를 두 개 만든 다음 서로 반대 방향으로 발사한다고 상상하는 것입니다. 우리가 파동-입자 A의 위치를 묻고 나서 파동-입자 B의 운동량을 묻는다면 어떻게 될까요? 여기서 한 가지 기억할 점이 있습니다. 입자들은 동일하므로 한 입자에 대해 계산된 측정값은 정의상 다른 입자에 대해서도 동일하게 적용된다는 것입니다. 파동-입자 A의 위치를 아는 것은(따라서 그것이 입자로 붕괴되면) 동시에 파동-입자 B의 위치를 알려 주므로 파동-입자 B 또한 입자로 붕괴됩니다.

이 사고 실험(실험적으로뿐만 아니라 수학적으로도 확인된)은 엄청난 사실을 암시합니다. 파동-입자 A를 관찰하는 것이 파동-입자 B에 영향을 미친다면, 그것은 초공간적 상관성 또는 의사소통이 이루어졌다는 뜻이 되기 때문입니다. 이때 정보가 에너지의 변환 없이 빛의 속도보다 빠르게 교환됩니다. 이는 세상의 모든 상식에 반하는 것입니다.

이 사고 실험은 '아인슈타인-포돌스키-로젠 역설'로 알려져 있습니다. 그리고 실제로 실험실에서 진행된 이 실험을 통해 양자 물리학의 법칙이 유효하며, 초공간적 의사소통 또는 상관성이 실재한다는 사실이 밝혀졌습니다.

다소 과장된 예를 소개함으로써 이 주제가 얼마나 중요한지를 설명해 보겠습니다. 다음 상황은 적어도 물리적 영역에서 일어나는 일이기에 그 효과를 더 쉽게 알 수 있습니다.

한 회사에서 똑같은 소포 두 개를 부치는데, 하나는 캘리포니아에 있는 저에게, 또 하나는 집에 있는 당신에게 동시에 발송한다고 가정해 보겠습니다. 각 상자는 상호 연관된 관찰되지 않은 파동-입자이자 순수한 가능성입니다. 당신과 저는 소포를 받고 정확히 같은 시간에 개봉합니다. 테이프를 뜯고 덮개를 열기 직전에 저는 상자에 들어 있기를 바라는 것을 머릿속으로 그려 봅니다. 상자를 열어 본 저는 제가 상상했던 바로 그것, 즉 바이올린을 발견합니다! 하지만 이것은 기적의 절반에 불과합니다. 당신이 당신의 상자를 열어 보니 거기에도 바이올린이 들어 있는 것입니다! 제가 상자에 무엇이 들어 있기를 바라는지 상상하자 파동-입자는 특정 형태로 붕괴되었습니다. 그리고 제가 상상한 것이 무엇이었든지 간에 그것이 당신 상자의 파동-입자에도 영향을 미쳤습니다.

우리는 이 실험을 몇 번이고 끝없이 반복할 수 있으며, 항상 그때마다 같은 결과를 얻을 것입니다. 제가 저 자신에 대해 상상한 것이 무엇이든 간에 정확히 바로 똑같은 시간에 당신에게도 똑같이 나타납니다. 제가 파동-입자의 한쪽에 영향을 미칠 수 있을 뿐만 아니라, 파동-입자는 어떻게든 저의 집에서 당신의 집 사이의 거리를 빛의 속도보다 빠른 속도로 가로질러 자신의 형태를 다른 파동-입자에게 전달할 것입니다. 이것이 바로 초공간적 의사소통 또는 상관성이 의미하는 바입니다.

초공간적 의사소통 또는 상관성과 관련된 흥미로운 실험

초프라 센터의 공동 운영자이자 동료 연구원인 클리브 백스터가 흥미로운 실험을 했습니다. 1972년 그는 인간의 신체에서 분리한 인간 세포를 연구하는 방법을 개발했습니다. 그 실험 중 한 사례입니다. 그는 인간의 정자를 채취하여 시험관에 넣고 전극을 연결한 후 뇌파 측정기를 사용해 정자의 전자기 활동을 측정하는 연구를 했습니다. 정자 기증자는 실험실에서 복도를 따라 10여 미터 떨어진 방에 있었습니다. 정자 기증자가 성적 쾌감을 유발하는 약품이 들어 있는 질산 아밀 캡슐을 깨뜨리고 들이마신 순간, 세 개의 방이나 떨어져 있는 실험실에 있던 정자의 전자기 활동을 나타내는 그래프가 순식간에 치솟았습니다.

또 어느 날 백스터는 백혈구를 연구하기 위해 백혈구를 분리하면서 매우 흥미로운 경험을 했습니다. 실험 과정 중 하나로서 그는 농축된 백혈구를 얻기 위해 자신의 침을 원심분리기에 넣고 돌렸습니다. 그 다음 그 백혈구를 작은 시험관에 넣고, 뇌파 측정기와 연결된 금 전선을 삽입했습니다. 그때 갑자기 그의 머릿속에 '손등에 작은 상처를 내면 내 백혈구에 영향을 미칠 수 있을까?'라는 생각이 들었고, 확인해 보고 싶었습니다. 그는 근처 선반에 놓인 살균된 바늘을 가지러 갔습니다. 돌아와서는 백혈구의 전자기 활동을 기록한 차트를 흘끗 보았는데, 그 차트에는 그가 바늘을 찾는 동안 이미 백혈구가 왕성하게 활동하고 있었던 기록이 남아 있었습니다. 즉 백스터의 백혈구는 실제로 그의 손에 상처가 나기도 전에 그가 그렇게 하려는 '의도'에 반응했던 것입니다.

또 한 번은 백스터가 동료에게 구강에서 백혈구를 채취하는 연습을 시키고 있었을 때입니다. 그들은 당시 논란이 많았던 과학자 윌리엄 쇼클리의 인터뷰 기사를 놓고 토론을 벌였습니다. 그리고 그 기사는 「플레이보이」 잡지에 실려 있었지요. 백스터는 문득 동료의 사무실 책상에 그 잡지가 있다는 사실을 기억해 냈고, 급히 달려가 토론 중인 이슈가 담긴 해당 잡지를 찾아 연구실로 가져왔습니다. 그때 연구실 동료인 스티브는 세포 채취를 마치고 세포에 전선을 연결해 놓고 있었습니다.

백스터는 삼각대에 비디오카메라 한 대를 설치한 후 스티브의 어깨 너머로 초점을 맞추었습니다. 나중에 스티브가 보고 있는 것과 그의 세포의 상관관계를 파악하기 위해서였습니다. 그리고 한 대의 비디오 카메라는 기록 중인 차트 위쪽에 장착했습니다. 그런 다음 두 대의 비디오카메라가 찍고 있는 화면을 분할 스크린으로 함께 띄웠습니다. 이를 통해 반응이 일어난 시점을 정확하게 기록할 수 있었습니다.

스티브는 「플레이보이」 잡지를 훑어보며 해당 기사를 찾던 중 잡지 중앙의 접힌 페이지에서 여배우 보 데릭의 누드 화보를 발견했습니다. 다음은 백스터가 전한 말입니다.

"스티브가 '그녀가 대단한 미인은 아닌 것 같아요'라고 큰 소리로 말하는 순간, 시험관 속 백혈구가 굉장한 반응을 보였다. 차트 기록이 고점과 저점을 오르내렸다."

그런 반응이 2분간 지속되자 백스터는 스티브에게 잡지를 덮으라고 제시했고, 곧 전선이 연결된 그의 세포는 진정되었습니다. 그리고 1분 후 스티브가 다시 잡지를 펼치려고 손을 뻗는 순간, 세포의 반응 그래 프가 급격히 오르내리기 시작했습니다. 백스터는 이렇게 말했습니다.

"스티브는 이 심오한 관찰을 통해 자신의 감정과 생각을 알게 되었다. 그 순간 이 실험은 의심할 여지가 없었다. 우리는 회의론에 종지부를 찍었다."

백스터는 식물과 다양한 박테리아를 포함한 모든 생물학적 유기체의 세포가 의사소통을 할 수 있는 능력을 가졌다는 사실을 밝히는 유사 실험을 여러 차례 수행했습니다. 모든 살아 있는 세포는 세포 의식을 가지고 있으며, 아무리 서로 멀리 떨어져 있어도 같은 종이나 다른 종의 세포와 의사소통을 할 수 있습니다. 게다가 이러한 의사소통은 즉각적으로 이루어집니다. 공간적 거리는 시간적 거리를 의미하기도 하므로, 시간적으로 일정 기간 서로 떨어져 있는 과거에 발생한 사건 또는 미래에 발생할 사건들 역시 즉각적으로 연결된다고 말할 수 있습니다.

이러한 연구의 연장선상에서, 사람들 사이에서의 초공간적 의사소통 역시 입증되었습니다. 1987년 발표된 유명한 '그린버그-질버바움' 실험에서 과학자들은 뇌파 측정기를 사용해 함께 명상하는 두 사람의 뇌파를 측정했습니다. 과학자들은 측정한 서너 쌍의 실험 대상자들의 뇌파에서 강한 상관관계를 발견했는데, 이는 그 두 사람 사이에 긴밀한 유대감이나 영적 관계가 있다는 것을 시사합니다. 두 명상가들은 서로가 '직접 의사소통하고 있다'고 느낀 순간을 식별할 수 있었고, 이는 뇌파 측정기에 의해 확인되었습니다.

이렇게 강한 유대감을 가진 두 사람에게 나란히 앉아 20분 동안 함께 명상하도록 요청했습니다. 그다음 한 사람을 다른 방으로 데려가 문을 닫았습니다. 그 상태에서 두 사람에게 서로 직접 의사소통을 시도해 볼 것을 요구했습니다. 방을 옮겼던 명상가는 방 안의 번쩍이는 밝은 불빛에 자극을 받았고, 이로 인해 그의 뇌파에 유발 전위(감각수용기나 말초감각 신경로에 빛, 소리, 전기 등 외적 자극을 가할 때 일정 잠복기 후에 중추신경계에 나타나는 전위 변화)라고 하는 작은 파형이 발생했습니다. 두 명상가의 뇌파가 계속 측정되고 있었기 때문에 과학자들은 실제로 빛에 노출된 명상가가 보인 유발 전위의 작은 파형을 볼 수 있었습니다.

하지만 이 실험의 흥미로운 부분은 빛에 노출되지 않은 명상가의 뇌파에서도 작은 파형이 보였다는 것입니다. 그 변화는 빛에 자극받은 명상가의 유발 전위 파형과 일치했습니다. 결국 두 사람은 명상을 통해 깊은 차원에서 서로 연결되었고, 그 연결은 빛의 자극에 노출되지 않은 사람에게서도 눈으로 측정 가능한 신체 반응을 불러일으켰습니다. 한 사람에게 일어난 일이 다른 사람에게도 자동적이고 즉각적으로 일어난 것입니다.

우리는 이러한 결과를 모든 것을 연결하고, 조직화하며, 동시에 일어나게 하는 영적 영역, 즉 가상 영역에서 일어나는 초공간적 상관성 외에는 달리 설명할 방법이 없습니다. 이 무한한 지성 또는 의식의 영역은 어디에나 존재하며, 모든 것에서 자신을 드러냅니다. 우리는 초공간적 상관성이 모든 것을 구성하는 요소인 원자보다 작은 입자 수준에서 작동하는 것에 대해 살펴보았고, 분리를 초월한 영역에서 두 사람을 연결하는 것도 보았습니다. 하지만 초공간적 지성이 작동하는 것을 보기 위해 반드시 실험실에 갈 필요는 없습니다. 그 증거는 우리 주변, 즉 동물과 자연, 심지어 우리 몸속에도 있기 때문입니다.

2장

초공간적 지성은 어디에나 있다

우리는 자연에서 동시성의 사례를 너무 자주 보기 때문에 그런 현상을 평범하게 여기곤 합니다. 하지만 일어나기가 거의 불가능한 상황에 초점을 맞춰 다시 한 번 보세요. 그러면 동시성이라는 개념이 이해되기 시작할 것입니다. 예를 들어, 어느 여름날 하늘을 쳐다보며 무리지어 날아가는 새 떼를 기다려 보는 거예요. 앞 장에서 언급한 물고기떼처럼 새들은 마치 떼로 움직이는 듯 보입니다. 방향을 바꿀 때 동시에 다 같이 이동하기 때문입니다.

리더가 이끄는 새 떼도 있지만, 리더 없이 그저 다른 새들과 조화롭게 날아다니는 새 떼도 있습니다. 그럼에도 그들은 방향을 순식간에 바꿉니다. 모든 새가 정확히 같은 순간에 경로를 바꾸며 완벽하게 하나 되어 움직이지요. 당신이 새들이 날다가 서로 부딪히는 모습을 볼 일은 절대 없습니다. 그들은 마치 무언의 명령을 수행하는 듯 하나의 유기체처럼 날아오르고, 방향을 바꾸고, 아래로 곤두박질칩니다. 어떻게 이런 일이 일어날 수 있을까요? 새들끼리 서로 정보를 주고받을 시간이 충분히 주어지는 것이 아닐 텐데 말입니다. 그런 까닭에 새들의 행동에서 볼 수 있는 이러한 상관성은 초공간적으로 일어난 것임이 분명합니다.

물리학자들은 새들의 이 같은 움직임을 가능하게 하는 특성을 발견하고자 수년간 노력해 왔습니다만, 지금까지도 성공하지 못했습니다. 새들이 보이는 복잡한 행동과 완벽할 정도의 정확성은 매번 물리학자들을 당황케 합니다. 공학자들은 새들의 움직임을 연구해 교통 체증을 해결할 일종의 원리를 찾아내려고 애써 왔습니다. 새들의 감각 메커니즘을 파악해 도로나 자동차 설계에 활용한다면 더 이상 교통사고가 발생하지 않을 수 있을 테니까요. 도로 위 모든 차량이 매 순간 어떻게 움직일지 예측이 가능해질 것이기 때문입니다.

그러나 이 프로젝트는 절대 성공할 수가 없습니다. 왜냐하면 초공간적 일을 기계적인 세계로 가져올 수는 없기 때문입니다. 새 떼와 물고기 떼에서 흔히 볼 수 있는 즉각적인 의사소통은 영적 영역, 즉 가상 영역에서 세상을 조직화하는 초공간적 지성에서 비롯한 것입니다. 그 결과가 바로 동시성인데, 그 순간 모든 존재는 주변 환경과 다른 존재들과 서로 완벽한 조화를 이루면서 우주의 리듬에 맞춰 춤을 춥니다.

새와 물고기는 자연 속에서 일어나는 동시성을 가장 잘 보여 주는 예입니다. 하지만 그 외에도 이 지구상에 있는 생물의 숫자만큼이나 많은 동시성의 예가 존재합니다. 모든 사회적 생명체들이 초공간적 의사소통의 증거를 보여 주지요. 곤충 및 동물 집단에 대한 광범위한 연구가 계속해서 진행 중인데, 이 연구는 위협이 가해졌을 때 동물들이 보이는 반응이 일반적인 의사소통 방식과 비교하면 설명할 수 없을 정도로 즉각적이고 빠르다는 것을 보여 줍니다.

동물과 사람 간에 이루어지는 초공간적 의사소통

과학자 루퍼트 셸드레이크는 개와 사람 사이에 일어나는 초공간적 의사소통의 예에 대한 몇 가지 흥미로운 연구를 했습니다. 사람과 개는 매우 친밀한 유대감을 형성할 수 있습니다. 이에 셸드레이크는 주인이 집에 오는 시간을 알고 있는 듯한 개들의 사례들을 보고했습니다. 그 개들은 주인이 도착하기 10분에서 2시간 전부터 마치 주인이 돌아올 줄 알았다는 듯이 문 앞에서 기다리고 앉아 있었습니다.

물론 회의론자들은 단순히 개의 습관이라고, 주인이 매일 정해진 시간에 귀가하기 때문이라고, 또는 개가 멀리서도 주인의 차 소리를 듣거나 주인의 냄새를 맡을 수 있기 때문이라고 주장하지요. 그러나 그 개들은 심지어 주인이 불시에 집에 오거나, 다른 차를 타고 오거나, 걸어서 오거나, 바람이 반대 방향으로 불어와 주인의 냄새를 맡을 방법이 전혀 없을 때조차 주인의 도착 시간을 예측했습니다. 물론 이런 일이 모든 개와 모든 주인에게 일어나는 것은 아닙니다. 하지만 이런 일이 발생한다면, 이는 매우 의미심장하다고 할 수 있겠지요.

그런데 더 놀랍게도, 셸드레이크는 개가 주인의 의도를 알아차릴 수 있다는 것을 실제로 증명해 보여 주었습니다. 주인이 2주간 휴가 차 프랑스 파리에 체류하는 동안 개는 영국 런던에 있는 집에 있다고 해 봅시다. 주인이 갑자기 계획을 변경해 일주일 일찍 집에 돌아오기로 결정한다면, 개도 일주일 일찍 앞서와 같은 기대 징후를 보인다는 것입니다. 주인이 '이제 집에 가야겠어'라고 생각하자마자 개가 엎드려 있던 자리에서 일어나 문 앞에 앉아 꼬리를 흔들며 주인이 오기만을 기다리고 있는 것입니다.

이러한 관찰이 단지 주인의 희망 사항에 불과한 것이 아니라는 사실을 확인하기 위해 연구팀은 주인이 귀가하려는 의도에 따라 개가 구체적으로 어떻게 반응하는지를 살펴보았습니다. 그들은 집 안에 비디오카메라를 설치해 침대, 문 앞, 부엌 등 개가 있을 만한 장소를 비추었습니다. 주인은 목적지나 귀가 시간을 모르는 채 외출하라는 지시를 받았습니다. 장소와 시간은 과학자들이 정했지요. 주인은 차에 탄 후에야 목적지가 어디인지 알았습니다. 집에 돌아갈 시간도 물론 과학자들이 알려 주었습니다.

이제 그 시간을 기록한 후 비디오카메라에 녹화된 개의 행동과 비교해 보았습니다. 놀랍게도, 개는 주인이 어디에 있든, 그때가 몇 시든,

또는 실제로 집에 도착할 때까지 얼마나 걸리든 상관없이 주인이 집을 향해 출발한 바로 그 시간에 거의 항상 문 앞에 가서 주인이 돌아오기를 기다렸습니다.

어떤 사람들은 반려견과 매우 강한 유대감을 형성하고 있습니다. 그들은 개와 서로 연결되어 있고, 둘은 서로 동시에 움직입니다. 이러한 유대감을 통해 주인과 개는 초공간적 의사소통을 경험합니다.

초공간적 의사소통은 사람들 사이에서도 일어난다

동시성의 예는 동물의 세계에서 가장 자주 발견됩니다. 왜냐하면 동물은 생물의 기본적인 본성에 민감하기 때문입니다. 우리 인간은 집세를 지불해야 하고, 어떤 차를 살지 고민하는 등 주의를 산만하게 하는 수백만 가지 엄청난 걱정에 둘러싸여 있기에 자신이 다른 생물들과 연결되었다는 감각을 잃어버린 채 살아갑니다. 우리가 다른 사람과 다른 '나'라는 에고를 강하게 느끼는 순간, 그 연결들은 희미해지지요.

하지만 어떤 사람들은 동시성을 강하게 경험합니다. 명상가들만은 아닙니다. 일란성 쌍둥이가 같은 감정과 생각을 갖기 쉽다는 이야기를 들어 본 적이 있지요? 이 같은 종류의 연결은 유대감이 강한 이들 사이에서도 찾아볼 수 있습니다. 언젠가 제가 한 환자와 이야기를 나누고 있을 때입니다. 갑자기 그가 복부를 찌르는 듯한 통증을 느끼더니 바닥에 뒹굴기 시작했습니다. 무슨 일인지 묻자 "누군가 이쪽을 찌른 것 같아요!"라고 대답했습니다. 나중에 알게 된 사실인데, 바로 그 순간 그의 어머니가 필라델피아에서 강도가 휘두른 칼에 복부를 찔렸습니다. 그는 어머니와 매우 강력하게 연결되어 있었던 것입니다. 그의 삶에서 어머니와의 관계는 매우 중요했습니다. 둘은 너무도 밀접하게 연결되어 있기 때문에 생리적 기능이 하나 된 것이었습니다. 우리는 이를 두 사람이 '동조된'(entrained) 상태라고 말할 수 있습니다.

'동조화'(Entrainment)는 상관성 또는 동시성을 가리키는 또 하나의 표현입니다. 과학자들이 다른 물질이나 힘에 의해 '사로잡힌' 상태를 설명할 때 자주 사용하지요. 예를 들어, 입자는 액체의 흐름에 '동조되어' 그 안에 잠긴 채 함께 흐를 수 있습니다. 동조성이라는 단어는 사물이 어떻게 상호 연관되는지를 설명하는 데 도움이 됩니다. 여기서 기억해야 할 것이 있습니다. 사람과 동물, 그리고 사물 사이에 밀접한 연관성이 있을 때만, 다시 말해 서로 동조될 때만 동시성이 일어난다는 것입니다.

동조화의 예를 들어 보겠습니다. 한 연구자들이 어머니와 자녀들의 관계가 매우 밀접한 아프리카 부족을 관찰했습니다. 그 관계는 아이가 어머니 배 속에 있을 때부터 시작되었습니다. 임신 사실을 알게 된 순간, 어머니는 아이의 이름을 정하고 아이를 위한 노래를 짓습니다. 어머니는 아이가 모태에 있는 임신 기간 내내 이 노래를 부릅니다. 그리고 아이가 태어나면 이웃들이 모두 와서 아이를 위해 이 노래를 불러

줍니다. 그 후에도 생일이나 성인식, 약혼식 및 결혼식 등 중요한 순간마다 아이를 위해 이 노래를 부릅니다. 이 노래는 어머니와 아이 사이에 존재하는 원초적인 유대감을 유지하는 지지대가 되는데, 심지어 죽은 후에도 이어져 장례식에서도 불립니다. 이는 아이가 어머니와 자기 부족의 세계에 동조되는 하나의 방법입니다. 어머니가 들에 나가 있는 동안 아이가 덤불 어딘가에서 고통을 느끼고 있다면, 그 순간 어머니에게 그 고통이 똑같이 느껴질 정도로 친밀한 관계를 형성시킵니다.

어머니와 아이 사이의 초공간적 의사소통에 대하여 잘 알려진 또 하나의 예는 아이가 배가 고파 울 때 어머니의 젖에서 모유가 흘러나오는 경우입니다. 심지어 두 사람이 서로 떨어져 있을 때도 말이지요.

앞 장에서 언급한 명상가들은 실험 전에도 서로를 알고 좋아했지만 명상을 통해 더 깊이 동조되었습니다. 이처럼 초공간적 의사소통이 일어나려면 사회적인 연결이나 남편, 아내, 형제, 자매 등으로 연결되는 것도 중요하지만 그보다 깊은 연결이 필요합니다.

우리 몸에서 일어나는 초공간적 의사소통

이렇게 말하면, 이런 종류의 연결을 만들어 내기란 너무 어렵게 느껴질지 모르겠습니다. 하지만 실은 우리 모두 초공간적 지성과 끊임없이 접촉하고 있다는 사실을 알고 있나요? 우리 몸이 존재한다는 것 자체가 전적으로 초공간적 의사소통에 달려 있기 때문입니다. 그렇다면 우리 몸처럼 실재하고 실체적인 것이 어떻게 초공간적 의사소통에 의존할 수 있을까요?

인체는 약 100조 개의 세포로 구성되어 있습니다. 그것은 은하수의 밝게 빛나는 수많은 별이 각각 약 1,000개의 세포로 구성되어 있는 것과 비슷합니다. 100조 개의 세포가 생성되기 위해서는 단세포 수정란에서 시작해 단지 50번의 복제만 거치면 됩니다. 첫 번째 복제는 2개의 세포를 만들어 내고, 두 번째 복제는 4개의 세포를, 세 번째 복제는 16개의 세포를 생성하는 식으로 계속 복제가 진행됩니다. 50번째 복제가 이루어지면 우리 몸에는 100조 개의 세포가 생기고, 여기서 복제가 멈추지요.

이처럼 우리 몸의 모든 세포는 단 하나의 세포에서 시작됩니다. 이 하나의 세포가 복제를 거듭하는 과정에서 어느 순간 세포들은 차별성을 갖게 됩니다. 인체에는 원형의 단순한 지방 세포에서부터 가늘고 가지처럼 뻗은 신경 세포까지 약 250개 유형의 세포들이 있지요. 하나의 세포가 어떻게 이처럼 다양한 세포로 분열해 위장, 뇌, 피부, 치아 등 신체의 고도로 전문화된 부위로 스스로를 조직화할 수 있는지에 대해 과학자들조차 아직 알지 못합니다.

각각의 세포는 신체에서 고유한 역할을 수행할 뿐 아니라 단백질 생성, 세포막 투과성 조절, 영양소 처리 등 몸의 기능을 유지하기 위해 초당 수백만 가지의 작업을 함께 합니다. 이들은 또한 다른 세포가 하는 일도 알아야 합니다. 만약 모른다면 우리 몸은 무너질 것입니다. 인체는 동시에 작동할 때만 기능할 수 있으며, 이 모든 일은 초공간적 상관성을 통해서만 일어날 수 있습니다. 그렇지 않고서야 초당 수백만 가지 일을 하는 100조 개의 세포들이 어떻게 조화롭게 작업하면서 인간의 몸이 살아 숨 쉬도록 유지할 수 있겠습니까. 초공간적 지성이 아니고서 어떻게 인간의 몸이 생각을 하고, 몸에서 독소를 제거하고, 아기를 보며 미소를 짓고, 심지어 아기를 만드는 일을 동시에 할 수 있을까요.

발가락을 움직이려고 할 때 저는 먼저 '발가락을 움직이고 싶다'고 생각합니다. 그 생각이 대뇌피질을 활성화하고, 그것이 신경을 자극해 척수를 통해 다리로 전달되어 발가락을 움직이게 하지요. 이것 자체가 기적적인 일입니다.

도대체 생각은 어디에서 왔을까요? 생각이 있기 전에 거기에는 어떤 에너지도 없었습니다. 하지만 제가 발가락을 움직이려는 생각과 의도를 갖자마자 그것은 저의 뇌 속에서 강력한 전자기를 발생시켰고, 이것이 신경을 따라 내려가 특정 화학 물질을 배출시켰습니다. 그러자 제 발가락이 꿈틀거렸지요. 이는 매우 직선적이고, 기계적이며, 국소적인 현상입니다. 단, 이 모든 일을 시작한 첫 번째 출발점인 생각만 제외하고 말입니다. 그렇다면 생각은 처음에 어떻게 전기를 만들어 낸 것일까요?

과학자들은 활동 전위(근육이나 신경 등 흥분성 세포의 흥분에 따른 막 전위의 일시적 변화), 신경 전달 물질, 근육 수축 등 신체가 움직이는 메커니즘을 모두 이해하고 있습니다. 하지만 어떤 과학자도 생각이 어디에서 오는지 실험을 통해 입증할 수 없습니다. 생각은 눈에 보이지 않습니다. 하지만 생각이 없으면 우리는 마비될 것입니다. 생각이 없으면 발가락도 움직일 수 없습니다. 어떤 방식으로든 당신의 인식(생각)은 정보와 에너지가 됩니다. 그렇다면 그런 일은 도대체 어디에서 일어나는 것일까요? 이 질문의 정답은, 생각은 가상 영역에서 시작된다는 것입니다.

우리 몸이 유지되는 원리는 초공간적 지성 때문

신체는 항상 동시에 작동합니다. 우리 몸에 약간이라도 혼란이 생길 때마다 몸 전체가 같이 반응합니다. 예를 들어, 당신이 하루 종일 아무것도 먹지 않아서 혈당 수치가 떨어지기 시작했다고 가정해 봅시다. 즉시 혈당을 보충하기 위한 일련의 활동이 동시적으로 일어납니다. 췌장은 글루카곤이라고 불리는 호르몬을 분비해 간에 저장된 당을 포도당으로 전환해 즉시 에너지로 사용할 수 있도록 합니다. 또한 지방 세포는 지방산과 포도당을 혈액 속으로 흘려보내고, 신경계는 골격근이 자신에게 저장된 포도당을 포기하도록 자극합니다. 이 모든 일이 한꺼번에 일어납니다.

인슐린 수치는 낮아질 것이고, 심장은 에너지를 동원하기 위해 심박

수가 빨라질 것입니다. 혈당 수치를 정상으로 되돌리기 위해 거의 백만 가지의 일들이 몸속에서 일어나는 것입니다. 그리고 이것은 몸 전체에서 동시에 일어나는 다른 모든 기능 중 겨우 하나에 불과하지요. 이 모든 일은 물리학의 한계를 벗어나 빛의 속도보다 더 빠르게 전달되는 상호 연결된 정보로서 초공간적 의사소통으로만 일어날 수 있습니다.

이러한 초공간적 의사소통이 심장의 전기적 활동의 공명으로 이루어진다는 주장이 있습니다. 심장에는 심박조율기(pacemaker)가 있어서 정상적인 심장이 분당 약 72회 심장 박동을 유지하도록 해줍니다. 심박조율기는 몇 초마다 전기 자극을 일으키는데, 그 전기 자극은 심장을 기계적으로 수축시킵니다. 당신의 몸속에 전류가 흐를 때마다 그 주변에 전자기장이 만들어집니다(전자기장은 기본적으로 특정 방식으로 움직이는 광자를 말합니다).

따라서 심장은 한 번 박동할 때마다 자신의 전자기적 에너지를 몸의 다른 부위에 전달합니다. 심지어 전자기장을 신체 외부로 보내기도 합니다(전자기장이 증폭되면 다른 사람들도 그 신호를 감지할 수 있습니다). 에너지는 몸 전체로 전달됩니다. 이처럼 심장은 자신만의 전자기장을 가진 우리 몸의 주 발진기(전기를 발생하는 장치)입니다. 심장은 공명이라는 장을 만들어 신체의 모든 세포가 다른 세포들과 동조하도록 만드는데, 이로써 모든 세포가 다른 세포들과 동시에 조화를 이루게 합니다.

세포가 동일한 공명의 장에 들어와 있을 때 그 세포들 모두 같은 음악에 맞춰 춤을 춥니다. 연구에 따르면, 우리가 창의적인 생각을 하거나 평화로움을 느낄 때, 또는 사랑에 빠질 때 이러한 감정들은 매우 일관된 전자기장을 생성합니다. 그리고 그 전자기장은 우리 몸의 나머지 부분으로 전달되고, 그것은 또다시 신체의 모든 세포를 연결시키는 공명의 장을 만들어 냅니다. 모든 세포는 다 같은 일을 하기 때문에 다른 세포가 무슨 일을 하는지 알고 있습니다. 그러면서 동시에 자기 고유의 기능을 효율적으로 수행하지요. 위장 세포는 염산을 만들고, 면역 세포는 항체를 생성하며, 췌장 세포는 인슐린을 제조하는 등 말입니다.

건강한 몸속에서는 이러한 동시성이 완벽하게 이루어집니다. 건강한 사람의 몸은 이러한 리듬에 정확히 맞추어져 있습니다. 병이 생긴다면 이 리듬 중 하나가 잘못된 것입니다. 혼란을 주는 가장 큰 요인은 스트레스입니다. 만약 당신이 스트레스를 받거나 적개심을 느낀다면 당신의 몸은 균형이 깨집니다. 스트레스는 우리와 다른 모든 것의 초공간적 연결을 끊어 버립니다. 당신이 병(disease, dis-ease, 편안함에서 분리됨)을 앓는다는 것은 당신 몸의 일부가 억압받기 시작했다는 뜻입니다. 그러다 보면 초공간적 지성의 장에 대한 관심이 무뎌지게 되지요.

다양한 감정들이 심장의 전자기장을 방해할 수 있는데, 그중 가장 정확하게 밝혀진 감정은 분노와 적개심입니다. 이로 인해 우리 몸에서 동시성이 혼란에 빠지면 우리 몸은 조각조각 분리되어 움직이기 시작합니다. 면역 체계가 약해지고, 암이나 감염에 쉽게 노출되고, 노화가 촉진되는 등 여러 문제로 이어집니다. 분노와 적개심은 그 영향력이 너무 강력해서 동물도 느낄 수 있을 정도입니다. 만약 개가 적개심을 품은 사람을 본다면 큰 소리로 짖고 사나운 행동을 보일 것입니다. 당신은 어디를 가든 자신이 어떤 상태인지를 드러내는 것입니다.

거대한 우주가 유지되는 원리도 초공간적 지성 때문

초공간적 지성과의 연결은 우리 몸속에서 일어나는 것으로 끝이 아닙니다. 우리 몸이 균형을 이루듯 우주도 균형을 이루고 있는데, 우주는 그 균형을 리듬이나 주기로 나타냅니다.

지구는 태양 주위를 돌면서 계절이라는 리듬을 만들어 냅니다. 겨울은 봄으로 바뀌고, 철새들은 이동을 시작하고, 물고기들은 산란지를 찾고, 꽃들은 피고, 나무들은 새싹을 틔우고, 과일들은 익고, 알들은 부화합니다. 자연에서 일어난 한 가지 변화(지구의 축이 약간 기울어진 것)가 일련의 초공간적 사건들을 수없이 일으킵니다. 모든 자연은 하나의 유기체처럼 움직입니다. 심지어 사람들의 기분도 계절에 따라 달라지지 않나요? 어떤 사람들은 겨울에 우울해지고 봄에 사랑에 빠지곤 합니다. 생화학적으로 우리 몸의 특정 변화는 지구의 움직임과 일치합니다. 자연의 모든 것은 하나의 교향곡이요, 우리는 그 곡의 일부인 것입니다.

지구는 자전축을 중심으로 돌면서 우리에게 일주기 또는 일주기 리듬(하루를 주기로 나타나는 생물 활동이나 이동의 변화 현상)을 제공합니다. 야행성 동물은 밤에 깨어나고 낮에 잠을 잡니다. 새들은 '새들의 시간'으로 알려진 특정 시간에 먹이를 찾아 나섭니다. 우리 몸 또한 일주기 리듬에 맞춰져 있습니다.

저는 대부분의 시간을 캘리포니아주에서 보내는데, 의식적으로 노력하지 않아도 제 몸은 캘리포니아 시간대의 리듬에 맞춰져 있습니다. 제 몸은 일출을 예상해 매일 거의 같은 시간에 깨어나고, 저녁에는 몸의 움직임이 느려지면서 잠잘 준비를 합니다. 수면 중에도 제 몸은 여전히 활발하게 움직이며 수면의 여러 단계를 거치며 뇌파를 변화시킵니다. 잠을 자는 동안 다양한 신체 기능을 제어하고 조절하는 호르몬이 여전히 생성되고 분비되지만, 깨어 있을 때와는 그 분비량이 다릅니다. 각 세포는 여전히 자신에게 주어진 수백만 가지의 다양한 활동을 계속하는데, 그러면서 몸 전체가 밤의 주기를 완성합니다.

지구에 사는 우리는 일주기 리듬에 따라 태양의 영향을 느끼기도 하고, 달이 차고 기우는 월주성 리듬에 따라 달의 영향도 받습니다. 달의 주기는 우리 몸속에서도 일어나며, 지구의 움직임과 즉각적으로 연결됩니다. 여성의 월경 주기 28일은 달의 영향을 받은 것입니다. 그밖에 모든 사람의 기분과 생산성에 영향을 미치는 한 달을 주기로 한

월간 리듬도 미묘하지만 있습니다. 태양과 달의 중력이 지구에 영향을 미쳐 조수 간만의 차를 일으키고, 이는 우리 몸에도 영향을 미칩니다. 수백만 년 전에는 우리도 바닷속에 살았습니다. 나중에 해안으로 올라올 때 바다의 일부도 함께 가져왔습니다. 우리 몸의 80%는 한때 우리의 집으로 불린 바다와 화학 성분이 동일하며, 우리는 여전히 조수의 영향을 받고 있습니다.

이 모든 리듬들, 즉 일주기, 음력과 계절 등은 서로 조화를 이루고 있습니다. 리듬 안에 리듬이 있고, 그 리듬 안에 또다시 리듬이 있습니다. 그리고 이 리듬의 메아리가 우리 주변과 우리 내면에서 울려 퍼지고 있습니다. 우리는 이 과정과 동떨어져 있는 외부인이 아니라 일부로서, 우주의 맥박에 맞춰 함께 박동하고 있습니다.

초공간적 지성은 우리 내면에 있고 우리 주변 모든 곳에 있습니다. 그것은 영이며, 모든 것이 생겨나는 가능성입니다. 초공간적 지성은 우리 존재의 근간으로서 어떤 제한도 없고, 부피나 에너지나 질량도 없으며, 어떤 공간도 차지하지 않습니다. 심지어 시간 속에도 존재하지 않습니다. 모든 경험은 하나의 통일된 가능성인 초공간적 실재가 일정한 곳에 투영된 것입니다. 그곳에서는 모든 것이 분리될 수 없는 하나입니다. 이러한 실재의 보다 깊은 차원에서 당신은 바로 이 초공간적 지성이며, 인간의 신경계를 통해 스스로를 관찰하는 우주적 존재입니다. 프리즘이 하나의 광선을 다양한 색을 가진 스펙트럼으로 분리하듯이, 초공간적 지성은 스스로를 관찰함으로써 하나의 실재를 다양한 모습으로 분리합니다.

우주가 하나의 거대한 유기체라고 생각해 보세요. 거대한 우주란 하나의 개념이자 투영된 실재입니다. 당신이 비록 '어딘가'에서 수천 명의 관중으로 가득 찬 거대한 축구 경기장을 보더라도, 실제로 일어난 현상은 당신의 뇌 속에서 일어난 작은 전기 자극일 뿐입니다. 초공간적 존재인 당신이 그 작은 전기 자극을 축구 경기장으로 해석한 것이지요. 고대 베다 경전에서 요가 바시슈타는 이렇게 말했습니다.

"세상은 거울에 투영된 거대한 도시와 같다. 마찬가지로 우주는
당신의 의식 속에 거대한 모습으로 투영된 것이다."

간단히 말해, 우주는 모든 것의 영혼입니다.

3장

영혼과 접촉할 때 일어나는 놀라운 일

거대한 바다에는 에고가 없습니다. 달이나 인공위성에서 보듯 저 멀리 보이는 바다는 고요하고 생명력이 없으며, 단지 지구를 감싸고 있는 커다란 푸른색 띠처럼 보일 뿐입니다. 하지만 바다에 점점 더 가까이 다가갈수록 바다는 해류와 조수, 소용돌이와 파도 등에 의해 끊임없이 움직이고 있다는 사실을 알게 됩니다. 우리는 이러한 바다의 모습들을 하나하나의 실체로 여깁니다. 파도 하나가 만들어질 때마다 우리는 파도가 치고 부서지면서 해안으로 밀려 들어오는 광경을 볼 수 있습니다. 하지만 파도를 바다로부터 분리하는 것은 불가능합니다. 양동이를 들고 와서 파도를 퍼서 집으로 가져갈 수는 없습니다. 하나의 파도 사진을 찍고, 다음 날 다시 같은 자리에 돌아와 아무리 기다려도 어제 본 파도와 정확히 일치하는 파도를 찾을 수 없습니다.

우리가 영혼을 이해하려 할 때 바다는 멋진 비유가 됩니다. 바다가 초공간적 실재, 무한한 가능성의 장, 모든 것을 동시에 일어나게 하는 가상 영역이라고 상상해 보세요. 우리 한 사람, 한 사람은 바다의 파도와 같습니다. 우리는 가상 영역으로부터 만들어지며, 이는 우리 존재의 핵심을 구성합니다. 파도가 특정 형태를 띠듯 우리 역시 초공간적 실재에서 비롯한 복잡한 형태를 갖고 있습니다. 이 거대하고 무한한 가능성의 바다는 물리적 영역에 존재하는 모든 것의 본질입니다. 바다는 초공간성을 상징하고, 파도는 국소성을 의미합니다. 둘은 밀접하게 연결되어 있습니다.

우리 각 사람은 초공간적 형태로서 공간에 갇혀 있다

영혼을 초공간적 또는 가상 영역에서 생겨나는 것으로 정의하면 우주에서 우리의 위치는 놀랍도록 명확해집니다. 우리는 국소적이면서 동시에 초공간적입니다. 즉 우리는 초공간적 지성에서 생겨난 개별 형태로서, 모든 사람과 모든 것 속에 포함되어 있습니다. 그러므로 우리는 영혼이 두 부분으로 구성되어 있다고 생각할 수 있습니다. 거대한 초공간적 영혼은 가상 또는 영적 영역에 존재합니다. 이는 강력하고 순수하며 무슨 일이든 할 수 있습니다. 한편, 영혼의 개인적이고 국소적인 부분은 양자 영역에 존재합니다. 그것은 우리의 일상생활에 맞닿아 있고 우리 모습의 본질을 담고 있습니다. 이것 역시 강력하고 순수하며 무슨 일이든 할 수 있습니다. 무한한 영의 무한한 가능성은 모든 사람에게 똑같이 존재합니다. 우리가 '자아'라고 생각하는 개인의 영혼은 영원한 영혼이 밖으로 표출된 것입니다.

영혼의 차원에서 사는 법을 배울 수만 있다면, 우리는 자신의 가장 훌륭하고 빛나는 부분이 우주의 모든 리듬과 연결되어 있다는 사실을 깨닫게 될 것입니다. 즉 우리는 우리 자신이 바라는 대로 이루어지는 기적을 만들어 내는 존재라는 것을 진정으로 알게 될 것입니다. 그러면 두려움, 욕망, 증오, 불안, 망설임에서 벗어나게 됩니다. 영혼의 차원에서 산다는 것은 우리가 에고를 초월해, 물리적 영역에서의 일과 결과에서 벗어나지 못하는 마음의 한계를 넘어서는 것을 의미합니다.

거대한 바다에는 누군가의 관심을 끌려고 발버둥 치는 개별적인 '자아'가 존재하지 않습니다. 파도와 소용돌이와 조류가 있지만 그 모든 것이 결국 다 바다입니다. 우리는 모두 사람으로 가장한 초공간적 형태들입니다. 결국 그 모든 것은 영입니다.

그럼에도 불구하고 우리 모두는 자기 자신의 개별성을 '느낍니다.' 그렇지 않나요? 우리의 감각이 우리 몸이 실재한다며 우리를 안심시키지 않습니까? 게다가 자신의 개인적이고 개별적인 생각이 있다는 것을 느낌으로써 안심하지 않습니까? 우리는 배우고, 사랑에 빠지고, 아이를 낳고, 각자의 직업을 갖고 일합니다. 그런데 어떻게 우리는 자기 내면에서 이 거대한 바다가 출렁이고 있다는 것을 느끼지 못하는 것일까요? 왜 우리의 삶은 이처럼 공간이라는 한계에 갇힌 것일까요? 이 질문들에 답하려면 세 가지 차원의 존재의 본질로 돌아가야 합니다.

우리 영혼은 관찰 대상을 해석하는 역할을 한다

우리가 현실 세계라고 부르는 물리적 영역에서 영혼은 열심히 관찰하는 중인 관찰자입니다. 우리가 무언가를 관찰할 때마다 거기에는 세 가지 요소가 연관됩니다. 첫 번째 요소는 관찰의 대상으로서 물리적 영역에서 일어납니다. 두 번째 요소는 관찰의 과정으로서 마음의 차원에서 일어납니다. 세 번째 요소는 실제 관찰자로서, 우리가 영혼이라고 부르는 것입니다.

다음은 관찰의 세 가지 구성 요소를 보여 주는 간단한 예입니다. 먼저, 다리가 네 개인 털이 복슬복슬 난 동물을 관찰 대상으로 삼아 봅시다. 당신의 눈은 대상의 시각적 이미지를 받아들여 그 신호를 마음에 전달하고, 마음은 그 대상이 개라고 해석합니다. 하지만 '누가' 개를 관찰하고 있나요? 당신의 인식을 내면으로 돌려 보세요. 그러면 당신은 당신 안에 존재하는 어떤 존재를 인식하게 됩니다. 그 존재가 바로 당신의 영혼입니다. 거대한 초공간적 지성이 확장되어 당신 안에 생겨난 것입니다. 마음은 이처럼 인식하고 알아 가는 과정에 연관되지만, 인식하는 자 곧 아는 자는 바로 영혼입니다. 이 존재, 이 인식, 이 아는 자, 이 영혼은 변하지 않습니다. 이러한 영혼은 물리적 영역에서 모든 광경이 변화하는 가운데 존재하는 변하지 않는 기준입니다.

우리 각자는 영혼을 가지고 있습니다. 하지만 각자 다른 장소에서 다른 경험을 하며 관찰하기 때문에 같은 것을 보면서도 완전히 똑같은 방식으로 관찰하지는 않습니다. 우리의 관찰 결과가 다양한 이유는 우리 마음이 해석을 하기 때문입니다.

예를 들어 봅시다. 만약 당신과 제가 똑같은 개를 관찰하더라도 둘의 생각은 서로 다를 수 있습니다. 저는 개를 사나운 동물로 보고 두려움을 느낄 수 있고, 당신은 그 개를 친근한 반려동물로 생각할 수 있습니다. 우리의 마음은 관찰한 대상을 다르게 해석해 냅니다. 저는 개를 보면 도망치는 반면, 당신은 개를 보면 휘파람을 불며 함께 장난치며 놉니다.

해석은 마음의 영역에서 일어나는데, 그것은 경험에 의해 제한되는 개별적 영혼들이며, 영혼은 과거의 경험을 되살리는 기억을 통해 삶 속에서 우리의 선택과 해석에 영향을 미칩니다. 이러한 작은 기억의 낟알 또는 씨앗은 평생에 걸쳐 개별적인 영혼 속에 쌓이는데, 이러한 경험을 바탕으로 한 기억과 상상력이 조합된 것을 가리켜 '카르마'(Karma, 업)라고 합니다.

카르마는 영혼의 개인적인 부분, 우리 존재의 핵심에 있는 파도에 쌓이고 색을 입힙니다. 이 같은 개인의 영혼은 의식을 지배하며 우리 각자가 나중에 어떤 사람이 될 것인지를 결정하는 기본 틀을 제공합 니다. 아울러 우리가 취하는 행동은 무엇이든 개인의 영혼에 영향을 미쳐 좋은 방향으로든 나쁜 방향으로든 우리의 카르마를 변화시킬 수 있습니다.

영혼의 보편적이고 초공간적 영역은 우리의 행동에 의해 영향을 받 지 않으며 순수하고 변함없는 영에 연결되어 있습니다. 사실 우리는 '깨달음'을 다음과 같이 정의할 수 있습니다.

"깨달음은 특정한 국소적 관점에서 보거나 보이며, 관찰하거나 관 찰되는 무한한 존재가 바로 나라는 것을 인식하는 것이다."

우리가 어떤 존재이든, 얼마나 많은 혼란을 겪으며 살았든 우리는 언제나 보편적 영혼, 즉 순수한 가능성으로 존재하는 무한한 장을 활 용해 운명을 바꿀 수 있습니다. 이 일은 누구에게나 가능합니다. 이것 이 바로 바라는 대로 이루어지는 동시성 운명입니다. 동시성 운명은 우리의 삶을 만들어 가기 위해 개인의 영혼과 보편적 영혼의 연관성 을 활용하는 방법입니다.

물론 경험에 의해 형성된 기억의 씨앗, 즉 카르마는 우리가 누구인 지를 결정하는 데 도움을 줍니다. 그러나 우리의 개인적 영혼에 담긴 특성은 카르마를 넘어서서 만들어지며, 우리의 관계 또한 영혼을 구 성하는 데 중요한 역할을 합니다.

인간이라는 존재의 다양한 측면을 좀 더 자세히 살펴보면서 설명하겠습니다. 사실 우리의 물리적 육체를 생각해 보면, 우리 몸은 끝없이 재활용되는 분자들의 집합체라고 할 수 있습니다. 우리 몸의 세포는 일생에 걸쳐 여러 번 생성되고, 죽고, 대체됩니다. 우리는 끊임없이 자기 자신을 재생시키지요.

스스로를 재생시키기 위해 우리 몸은 자신이 먹은 음식을 생명에 필요한 기본 구성 요소로 변환시킵니다. 이 땅은 우리를 재생시키는 데 필요한 영양분을 공급해 줍니다. 그러다 우리가 세포로 구성된 육체를 벗어버릴 때 그 세포는 다시 이 땅으로 돌아갑니다. 따라서 우리는 이 땅을 재활용함으로써 끊임없이 우리의 물리적 육체를 변화시키고 있다고 말할 수 있겠습니다.

다음으로 우리의 감정에 대해 생각해 봅시다. 감정은 재활용된 에너지일 뿐입니다. 감정은 우리에게서 시작된 것이 아닙니다. 감정은 상황, 환경, 관계, 사건에 따라 우리 안으로 들어오고 빠져나갑니다. 2001년 9월 11일, 세계무역센터 참사가 일어났던 날, 그 사건으로 촉발된 공포와 테러는 누구나 느끼는 보편적 감정이었습니다. 그처럼 강력한 감정이 몇 달 동안 지속되었습니다. 감정은 결코 다른 일들과 무관하게 생겨나지 않습니다. 감정은 항상 환경과의 상호작용을 통해 일어납니다. 환경이나 관계가 존재하지 않는다면 감정 역시 존재하지 않지요. 따라서 만약 내가 분노에 휩싸였다면, 사실 그것은 '나의' 분노가 아닙니다. 그것은 단지 그 순간 나에게 들어와 자리를 잡은 분노인 것이지요.

성난 군중, 장례식장을 방문한 조문객들, 승리로 환호하는 축구 팬들 등 비슷한 감정을 느끼는 무리에 둘러싸여 있던 때를 생각해 보세요. 수많은 사람이 동시에 표출해 내는 감정은 너무도 강력합니다. 따라서 그 감정에 휩쓸리지 않기란 거의 불가능합니다. 이러한 상황에서 그 감정은 바로 당신의 분노나 당신의 슬픔, 당신의 기쁨이 아닐 수 있습니다. 이처럼 모든 감정은 그 감정을 느낀 순간 당신이 처한 현실 상황과 맥락, 관계에 달려 있습니다.

그렇다면 우리의 생각은 어떨까요? 사실 우리의 생각은 재활용된 정보입니다. 우리가 갖고 있는 모든 생각이란 실제로 집단적 정보의 일부에 불과합니다. 100년 전에 "나는 델타항공을 타고 디즈니월드에 갈 거야"라고 말하는 것이 과연 가능했겠습니까. 당시 세상에는 그 개념조차 없었기에 그런 생각을 하는 것은 불가능했습니다. 그 시절에는 디즈니월드도, 델타항공도, 상업용 항공 여행도 없었지요. 가장 독창적인 생각을 제외하고는 모든 생각은 단순히 재활용된 정보에 불과합니다. 물론 가장 독창적인 생각조차도 실은 재활용된 집단적 정보를 바탕으로 창조성이 양자 도약을 한 결과이지만 말이지요.

창조성이 양자 도약을 한 결과

우리는 흔히 일상적인 대화를 나누는 중에 '양자 도약'이라는 표현을 사용합니다. 그런데 실제로 이 단어는 매우 특별한 의미가 있습니다. 과학 시간에 배운 원자를 떠올려 보세요. 원자 속에 양성자와 중성자를 포함한 원자핵이 있고, 전자가 각각 다른 고정된 궤도에서 원자핵 주위를 돌고 있다고 배웠을 것입니다.

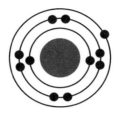

나트륨 원자(Na)

또한 전자는 특정 궤도에 고정되어 있지만 때로 다른 궤도로 자리를 옮긴다는 설명도 들었을 것입니다. 전자는 에너지를 흡수하면 더 높은 궤도로 도약할 수 있고, 에너지를 방출하면 더 낮은 궤도로 떨어질 수 있습니다.

대부분의 사람들이 모르는 사실이 있는데, 전자가 다른 궤도로 자리를 옮길 때 공간을 거쳐서 이동하는 것이 아니라는 점입니다. 즉 전자는 한 순간에 궤도 A에 있다가 곧 다음 순간에 '그 사이의 공간을 이동하지 않고' 궤도 B에 있습니다. 이것이 바로 양자 도약의 의미입니다. 양자 도약은 중간 상황을 거치지 않고 하나의 상황에서 다른 상황으로 변화가 즉시 일어나는 것을 말합니다.

과학자들은 양자 도약이 언제 어디서 일어날지 예측할 수 없다는 것을 알게 되었습니다. 그들은 양자 도약을 추정할 수 있는 수학적 모델을 만들어 낼 수는 있지만, 양자 도약을 완벽하게 예측할 수는 없습니다. 물론 원자보다 작은 아원자 차원에서는 이처럼 작은 예측 불가능성은 그리 중요하지 않아 보입니다. 전자가 한 궤도에서 다른 궤도로 도약한다는 것이 나와 무슨 상관이 있단 말입니까. 하지만 세상의 모든 원자와 그 모든 예측 불가능성을 고려해 본다면요? 그러면 우리는 세상을 완전히 새로운 시각으로 바라볼 수밖에 없습니다.

과학자들은 자연에 예측 불가능성이 있다는 사실을 인식하고 이를 이해하려고 노력해 왔습니다. 가장 단순해 보이는 사건조차도 예측하기가 어렵습니다. 물이 끓을 때 기포는 언제 어디서 생겨나는 것일까요? 불붙은 담배는 어떤 모양의 연기를 만들어 낼까요? 폭포 위쪽에 있는 물 분자들의 위치는 바닥에 닿는 물 분자들의 위치와 어떤 관련이 있을까요? 제임스 글릭은 그의 저서 『카오스』에서 이렇게 말한 바 있습니다.

> "표준 물리학에 관한 한, 신이 모든 물 분자를 테이블 아래로 가져가서 마음대로 뒤섞는 편이 나을 것이다."

카오스(kaos, 혼돈)에 대한 새로운 과학적 접근은 복잡한 수학적 모델로 예측할 수 없는 것을 예측하려고 시도하고 있습니다. 고전적인 예로 나비 효과를 생각해 보세요. 나비 한 마리가 브라질에서 날갯짓을 하면 얼마 후 미국 텍사스에 토네이도가 발생한다는 식입니다. 둘 사이가 관련되어 있다고 분명히 말할 수는 없지만 어쨌든 연관성은 존재하지 않습니까. 나비가 일으키는 작은 기압의 변화가 배가되고 확대되어 토네이도를 일으킬 수는 있겠습니다만, 그것이 원인이라고는 딱 집어 말할 수 없는 것입니다. 일기 예보가 자주 틀리는 것처럼 보이고, 48시간 뒤의 기상 예측을 신뢰할 수 없는 이유가 바로 여기에 있습니다. 하지만 세상에서 일어날 수 있는 모든 일 중에서 날씨는 비교적 예측이 쉬운 편이지요.

이는 우리에게 영적 영역에서 우리의 삶은 어떤 방향으로 흘러갈지 알 수 없으며, 나비의 날갯짓 같은 작은 의도와 행동이 우리의 운명에 어떤 변화를 일으킬지 결코 알 수 없다는 것을 말해 줍니다. 아울러 우리는 신의 마음을 진정 알 수 없다는 것도 이야기해 주지요. 우리는 끓는 물의 기포 사례처럼 단순한 현상조차도 언제, 어디서, 어떻게 일어나는지 결코 완전히 이해할 수 없습니다. 따라서 우리가 할 일은 그 복잡한 아름다움을 그저 감상하면서 그 예측 불확실성을 순순히 받아들이는 것입니다.

모든 창조성은 양자 도약과 예측 불확실성에 기반을 둡니다. 어떤 순간에 튀어나오는 진짜 참신한 아이디어는 정보의 집합체에서 나온 것입니다. 창조적 아이디어는 운 좋은 개개인이 아니라 집단적 의식에서 비롯된 것입니다. 중요한 과학적 발견이 때로 여러 사람에 의해 동시에 이루어지는 이유가 바로 여기에 있습니다. 그러한 창조적 아이디어가 이미 집단 무의식 속에 퍼져 있고, 준비된 사람은 그 정보를 해석할 준비가 되어 있는 것이지요. 누구라도 알 수 있는 정보를, 그 정보가 존재한다는 사실을 아무도 알아차리지 못할 때 파악하는 것이 곧 천재의 본성입니다.

혁신적이거나 창조적인 아이디어를 생각해 보세요. 이 순간에는 존재하지 않다가 다음 순간에는 어느새 우리 의식 세계의 일부가 되지 않습니까. 그 사이에 그 아이디어는 어디에 있었을까요? 창조적 아이디어는 모든 것이 가능성으로 존재하는 영역, 보편적 영의 차원, 가상 영역에서 나옵니다. 때때로 이 가능성은 예측 가능한 것을 만들어 내고 때로 독창적인 것을 창조하지만, 이 영역에서 모든 가능성은 이미 존재하고 있습니다.

그러므로 나는 누구이며 영혼이란 무엇인가?

우리의 몸이 재활용된 이 땅이고, 우리의 감정이 재활용된 에너지이며, 우리의 생각이 재활용된 정보라면 당신을 한 개인으로 만드는 것은 무엇일까요? 당신의 성격은 또 어떻게 만들어지는 것일까요?

사실 성격도 우리 자신에게서 비롯된 것이 아닙니다. 성격은 주변 상황에 선택적으로 동화됨으로써, 그리고 다양한 관계를 통해 만들어집니다. 친한 친구를 생각해 보세요. 당신은 그 친구를 어떻게 정의하나요? 대부분의 사람들은 그를 정의할 때 그의 배우자, 자녀, 부모, 함께 일하는 동료 등 주변 사람들을 언급합니다. 또 그가 어떤 직업을 가지고 있는지, 어디에 살고 있는지, 취미는 무엇인지 등 그가 처한 삶의 상황과 맥락을 고려해 설명하기도 하지요. 이처럼 우리가 성격이라고 부르는 것은 관계와 상황이라는 토대 위에 만들어지는 것입니다.

그렇다면 이제 우리는 이렇게 질문할 수 있겠습니다.

"만약 내 몸, 내 감정, 내 생각, 내 성격이 원래 내 것이 아니거나 내가 만들어 낸 것이 아니라면 나는 과연 누구인가?"

위대한 영적 전통들이 말하는 위대한 진리 중 하나는 이렇습니다.

"나는 곧 다른 사람이다."

다른 사람들이 없었다면 우리는 존재할 수 없을 것입니다. 당신의 영혼은 다른 모든 영혼이 투영된 것이니까요. 지금의 당신을 만든 상호작용이라는 복잡한 그물망을 이해하려고 노력해 보세요. 가족, 친구, 지금까지 만났던 모든 선생님과 같은 반 친구들, 그간 방문한 모든 상점의 직원들, 인생의 어느 시점에서든 함께 일했거나 만났던 사람들 모두를 말입니다.

그들이 당신에게 어떤 영향을 미쳤는지 이해하려면 당신은 '그들'이 누구인지 알아야 합니다. 그러므로 이제 당신은 관계의 그물망을 형성하고 있는 모든 사람을 이해하기 위해 그들을 둘러싼 또 다른 관계의 그물망을 설명해야만 합니다. 결국 당신은 한 사람을 정의하기 위해서는 온 우주를 설명해야 한다는 사실을 깨닫게 되겠지요. 따라서 모든 개인은 실제로 우주 전체입니다. 당신은 무한한 존재로서, 구체적이고 국소적인 시각을 통해 나타나 보이고 있을 뿐입니다. 당신의 영혼은 보편적인 동시에 개별적인 당신의 일부이며, 당신의 영혼에는 다른 모든 영혼이 투영되어 있습니다.

따라서 영혼을 이런 식으로 정의하는 것은 당신의 영혼은 개인적이면서 동시에 보편적이며, 당신의 개인적 삶의 경험을 넘어서는 의미와 함의를 지니고 있다는 사실을 이해하는 것이 됩니다. 영혼은 수많은 관계가 만나는 지점에서 해석을 하고 선택을 하는 관찰자입니다. 이러한 관계들은 우리 삶의 이야기를 구성하는 배경과 환경, 인물, 사건을 제공해 줍니다. 영혼이 관계를 통해 만들어지고 또 모든 관계를 투영하고 있는 것처럼, 삶의 경험은 맥락과 의미로써 만들어집니다.

여기서 '맥락'(context)이란 개인의 행동, 말, 사건, 그 밖의 것들의 의미를 이해할 수 있도록 우리를 둘러싸고 있는 모든 것을 의미합니다. 예를 들어, 하나의 단어는 그 단어를 둘러싼 상황이나 문맥에 따라 다른 의미를 가질 수 있지 않습니까. 만약 제가 아무런 맥락 없이 "bark"('개 짖는 소리'와 '나무껍질'을 의미하는 다의어)라고 말한다면, 당신은 그 말이 개 짖는 소리를 의미하는지, 나무껍질을 가리키는지 알지 못할 것입니다.

누군가가 우리가 한 말이 "맥락에서 벗어났다"고 말한다면, 우리는 곧 우리가 한 말의 의미가 잘못 전달되었다는 것을 깨닫게 되지요. 왜냐하면 맥락이 모든 것의 의미를 결정하기 때문입니다. 의미의 흐름은 곧 삶의 흐름입니다. 우리의 맥락은 우리가 삶에서 마주치는 일들을 어떻게 해석할지를 결정하며, 이러한 해석은 곧 우리의 경험이 됩니다.

마침내 우리는 영혼에 대한 보다 완전한 정의에 이르렀습니다.

"영혼은 카르마에 기반해 해석을 하고 선택을 하는 관찰자다. 또한 영혼은 수많은 관계가 만나는 지점이며, 그로부터 맥락과 의미가 나타나고, 이러한 맥락과 의미의 흐름은 경험을 만들어 낸다."

우리는 영혼을 통해서 우리 자신의 삶을 만들어 냅니다.

기억과 상상은 불러내기 전까지 어디에 있었는가?

나중에 논의하겠지만, 영혼의 이중적 본질을 이해하고 초공간적 가능성을 활용하는 가장 좋은 방법은 명상입니다. 명상은 일반적으로 우리의 관심을 물리적 영역에 묶어 두려는 생각과 감정의 얽힌 실타래에서 벗어나 영혼의 영역에 이르게 해줍니다. 명상을 하기 위해 눈을 감으면 여러 생각이 저절로 떠오릅니다. 당신이 할 수 있는 생각은 오직 두 가지뿐인데, 바로 기억과 상상입니다. 하지만 앞서 논의했듯이 이러한 생각들은 당신의 물리적 육체에서 생겨난 것이 아닙니다.

생각과 관련된 작은 실험을 해보겠습니다. 어제 저녁 식사를 생각해보세요. 무엇을 먹었는지 기억할 수 있나요? 음식 맛은 어땠나요? 주변에서 어떤 대화가 오고 갔나요? 자, 제가 이 질문들을 하기 전에 그 질문들에 답할 정보들은 어디에 있었나요?

저녁 식사를 한 것은 실제로 있었던 일입니다. 그러나 그에 대한 정보는 잠재적인 정보로서밖에는 존재하지 않았지요. 외과 의사가 당신의 뇌 속에 들어가서 아무리 살펴보아도 저녁 식사로 먹은 음식에 대한 정보를 흔적조차 찾을 수 없을 것입니다.

기억은 우리가 불러내기 전까지는 영혼의 영역에 머물러 있습니다. 우리가 의식적으로 저녁 식사를 떠올리기로 결심하면 전기적 활동이 일어나고 화학 물질이 분비되어 뇌가 활동하고 있다는 신호를 보냅니다. 하지만 기억을 불러내기 전에 그 기억은 뇌 속 어디에도 없습니다. 단순히 질문을 하거나 사건을 떠올리려는 시도가 가상의 기억을 실제적 기억으로 전환시키는 것입니다.

상상도 마찬가지입니다. 가상의 영역에서 생각이 일어나기 전까지 그 상상은 당신의 정신적 또는 육체적 삶 가운데 존재하지 않습니다. 하지만 상상은 우리 몸과 마음에 강력한 영향을 미칠 수 있습니다. 잘 알려진 매우 효과적인 실험이 하나 있지요. 레몬을 크게 잘라 치아 사이에 끼우고 꽉 깨물면 입 안 가득 상큼한 레몬 과즙이 폭발하는 상상을 하는 것입니다. 대부분의 사람들은 그 상황을 상상만 해도 입 안에 침이 흥건히 고일 테지요. 이것이 바로 당신의 육체가 당신의 마음이 말하는 바를 믿는 방식입니다. 하지만 다시 한 번 질문합니다. 제가 레몬을 생각하라고 하기 전에 레몬은 어디에 있었을까요? 그것은 어디에도 존재하지 않았으며, 오직 가능성의 영역에만 존재했습니다.

따라서 의도, 상상, 통찰, 직관, 영감, 의미, 목적, 창조성, 이해 등이 모든 것은 뇌와 아무런 관련이 없습니다. 이것들은 뇌를 '통해' 자신들의 활동을 조직화하지만, 초공간적 영역의 특성을 지녔기에 공간과 시간을 초월합니다. 그럼에도 그런 생각들이 미치는 영향은 여전히 매우 강력하게 느껴집니다. 일단 그 생각들이 우리 마음속에 들어오면 우리는 그 생각들로 무엇인가를 해야 합니다. 그리고 자신이 하는 그 일을 통해 당신은 조금씩 자기 자신을 정의해 갑니다. 왜냐하면 우리는 합리적으로 사고하고 이러한 생각들 속에서 이야기를 만들어 내는 경향이 있기 때문입니다.

당신은 이렇게 생각할 수 있습니다. '배우자는 나를 사랑한다', '내 아이들은 행복하다', 또는 '나는 내 일을 즐긴다'라고 말이지요. 당신은 이러한 생각들 속에서 합리적인 이야기를 창조해 내고, 그다음 그 이야기에서 의미를 만들어 냅니다. 그러고 나서 당신은 현실 세계에서 그 이야기들을 실제로 살아 내는데, 바로 그것을 우리는 '일상'이라고 부릅니다.

영혼과 접촉할 때 삶의 이야기가 풍성해진다

우리의 이야기는 카르마와 경험에서 비롯된 기억을 통해 맺어진 관계와 맥락 및 의미에서 생겨납니다. 우리는 이러한 이야기를 실제로 살아 내면서 그 이야기가 처음이 아니라는 사실을 깨닫기 시작합니다. 이야기의 세부적인 내용들은 개인마다 다르지만, 주제와 모티브는 시대를 초월해 끝없이 반복되는 기본적인 원형들입니다. 이를테면 영웅과 악당, 죄와 구원, 신적 존재와 악마, 금지된 욕망과 무조건적인 사랑 등이지요. 이 주제들은 드라마, 가십 칼럼, 잡지 등에 등장해 수많은 사람을 매료시킵니다. 그러한 매체들에서 이 주제들은 다소 과장되게 표현되곤 하지요. 우리가 이러한 이야기에 끌리는 까닭은 그 속에서 우리 영혼의 특징을 확인할 수 있기 때문입니다.

이러한 원형들은 신화에서 과장되게 표현된 것과 마찬가지입니다. 인도 신화나 그리스 신화, 이집트 신화를 살펴보면 동일한 주제와 모티브를 발견할 수 있습니다. 이런 이야기를 다룬 드라마는 우리의 영혼 속에서 울려 퍼지기 때문에 소설보다 더 설득력 있고 극적이지요.

자, 이제 우리는 영혼에 대한 정의를 더욱 구체화할 수 있겠습니다.

"영혼은 수많은 의미, 맥락, 관계, 신화적 이야기 또는 원형적 주제가 만나는 지점이다. 이것들은 일상적인 생각과 기억, (카르마에 의해 제한되는) 소망을 불러일으킨다. 그리고 우리가 참여하는 이야기를 만들어 낸다."

거의 모든 사람이 스스로 의식하지 못하는 사이에 자기 삶의 이야기에 참여합니다. 우리는 한 번에 한 줄의 대사만 주어진 연극 속 배우처럼 살아갑니다. 연극의 전체 스토리를 이해하지 못한 채 그 삶을 이어 가는 것이지요. 그러나 자신의 영혼과 접촉할 때, 당신은 드라마의 전체 대본을 볼 수 있고 이해하게 됩니다. 여전히 그 이야기에 참여하고 있지만 이제는 즐겁게, 의식적으로, 그리고 온전히 참여하게 되는 것이지요. 당신은 그 정보를 이용해 자유롭게 선택할 수 있습니다. 매 순간 당신은 자기 삶의 맥락에서 그 순간이 갖는 의미를 이해하기에 보다 품위 있는 삶을 살 수 있습니다. 더욱 설레는 것은 우리 자신의 의도대로 대본을 다시 작성하거나 우리가 맡은 역할을 바꿀 수도 있다는 것입니다. 우연의 일치가 가져다주는 기회를 잡아 영혼이 바라는 바에 충실할 수 있게 되는 것이지요.

4장

기적의 시작, 의도 다루기

동화 『알라딘』의 이야기를 들어 본 아이들이라면 누구나 문지르면 소원을 들어주는 지니가 나오는 요술 램프를 갖고 싶어 합니다. 하지만 어른이 된 우리는 요술 램프란 존재하지 않고, 지니 역시 없다는 것을 알고는 이루어지기를 바라는 자신의 모든 소원을 마음속에 가둬둡니다.

그런데 정말 바라는 대로 이루어진다면 어떨까요? 당신은 무슨 소원을 빌겠습니까? 가장 깊고 근본적인 차원에서 무엇이 당신이 바라는 바를 만족시킬까요? 당신의 영혼이 자신의 운명을 완성하게 만드는 것은 무엇일까요?

의도, 여기서 모든 일이 시작된다

우주에서 일어나는 모든 일은 의도에서 시작됩니다. 제가 발가락을 움직이고, 아내를 위해 생일 선물을 사고, 커피를 마시고, 이 책을 쓰기로 결심할 때 그 모든 일은 의도에서 시작되었습니다. 의도는 항상 초공간적 영역, 즉 보편적 마음에서 생겨나지만 개별적인 마음에 국한됩니다. 그리고 의도가 한 곳에 국한되면 물리적 실재가 되지요.

사실 물리적 실재는 의도가 없었다면 존재하지 않았을 것입니다. 의도는 뇌에서 초공간적으로 연결된 일들을 동시에 활성화합니다. 물리적 실재를 인지하거나 지각할 때마다 뇌의 서로 다른 영역이 그곳의 위상과 고유한 주파수를 보여 줍니다. 그 고유한 주파수는 뇌에서 발생하는 신경 세포들의 점화 패턴과 관련되어 있습니다. 이는 주파수 40Hz(초당 40회 진동) 주변에 있는 초공간적 동시성입니다. '결합'이라고도 불리는 이 동시성은 사물을 인지하는 데 필수 요건입니다. 이 기능이 없으면 사람을 사람으로 보지 못하고, 집을 집으로, 나무를 나무로, 사진 속 얼굴을 얼굴로 보지 못합니다. 그저 흑백의 점, 흩어져 있는 선, 밝고 어두운 파편만 관찰할 수 있을 뿐이지요.

사실 우리가 인식하는 대상은 뇌에서 오직 온-오프 전자기 신호로만 나타납니다. 의도에 의해 조직화된 동시성이 점과 얼룩, 흩어진 선, 전기 방출, 빛과 어둠의 파편들을 게슈탈트(gestalt, 형태 또는 양식, 그리고 부분 요소들이 일정한 관계에 의하여 하나의 의미 있는 조직된 전체 혹은 형태로 지각됨),

즉 전체 형태로 변환하는 것입니다. 주관적으로 경험하는 이 형태가 세상에 대한 그림을 만들어 내는 것이지요.

세상은 그림들로 존재하지 않으며, 이처럼 온−오프의 전자기 신호 자극, 점과 얼룩, 무작위적인 전기적 점화 같은 디지털 코드로만 존재합니다. 의도가 일으키는 동시성은 그것들을 뇌 속에서 소리, 질감, 형태, 맛, 냄새와 같은 경험으로 조직화합니다. 초공간적 지성인 당신이 그 경험에 '이름표'를 붙이면 그 순간 주관적인 의식 속에서 물리적 대상이 만들어지는 것이지요.

세상은 마치 로르샤흐 검사(Rorschach blot, 잉크 반점이 있는 카드를 사용하여 피험자의 반응을 통해 심리 상태와 성향을 이해하는 심리 검사) 같습니다. 우리는 우리가 의도한 대로 조직화하는 동시성을 통해 그 잉크 반점을 물리적 대상으로 변환합니다.

관찰되기 이전의 세상과 무언가를 관찰하려는 바람이나 의도가 있기 전 신경계는 어떠했습니까? 둘 다 균형 없이 불안정하게 활동하며 끊임없이 동시다발적으로 변화하는 혼란의 도가니였습니다. 초공간적 우주에서 의도는 이처럼 극도로 가변적이고, 혼란스럽고, 관련이 없어 보이는 활동들이 한순간에 매우 질서 있고, 조직적이고, 역동적인 시스템을 갖추도록 만듭니다. 세상이 관찰되는 순간, 그 관찰된 세상과 신경계에 동시에 이런 현상이 일어나는 것입니다.

의도는 물론 신경계에 의해 통제를 받기는 하지만 그 의도 자체가 신경계에서 발생하지는 않습니다. 그러나 의도는 인지와 지각을 뛰어

넘어 더 많은 부분을 맡고 있지요. 모든 학습, 기억, 추리, 추론 도출, 근육 운동이 의도에 의해 일어납니다. 의도는 곧 창조의 기초인 것입니다.

우파니샤드(Upanishades)로 알려진 고대의 베다 경전은 이렇게 선언합니다.

"당신은 당신의 가장 깊은 소망이다. 당신의 소망이 있을 때, 거기에 당신의 의도도 있다. 당신의 의도가 있을 때, 거기에 당신의 의지가 있다. 당신의 의지가 있을 때, 거기에 당신의 행동이 있다. 당신의 행동이 있을 때, 거기에 당신의 운명이 있다."

우리의 운명은 궁극적으로 가장 깊은 영역에서 나오는 소망과 의도로 시작됩니다. 소망과 의도, 이 둘은 서로 밀접하게 연관되어 있습니다.

의도를 통해 불가능이 가능으로 바뀐다

의도란 무엇일까요? 대부분의 사람들은 의도는 삶에서 성취하고 싶은 것 또는 자기 자신을 위해 이루기 원하는 그 무언가라고 말합니다. 하지만 실제로는 그 이상이지요. 의도는 물질이든, 관계든, 영적 성취든, 사랑이든 당신이 바라는 소망을 충족시키는 방식이며, 그 소망을 이루도록 도와주는 생각입니다. 그리고 그 논리는 '일단 그 소망을 충족시키기만 하면 당신은 행복해질 것이다'라는 것입니다.

이렇게 보면 모든 의도의 목표는 행복해지는 것, 그리고 무엇인가를 성취하는 것입니다. 먼저, 누군가 우리에게 무엇을 원하냐고 묻는다면 우리는 이렇게 답할 수 있겠습니다.

"돈이 더 많으면 좋겠어요."

또는 "나는 새로운 관계를 원해요"라고 말할 수도 있겠지요. 왜 그것을 원하는지를 묻는다면 이렇게 말할 수 있습니다.

"그러면 아이들과 더 많은 시간을 함께 보낼 수 있을 것 같아서요."

왜 아이들과 더 많은 시간을 보내고 싶은지를 묻는다면요? 이렇게 대답할 테지요.

"그러면 행복해질 테니까요."

이처럼 우리가 바라는 모든 것의 궁극적인 목표는 우리가 '행복', '기쁨', 또는 '사랑'이라고 부르는 영적 영역에서의 성취라는 것을 알 수 있습니다.

우주의 모든 활동은 의도에 의해 생겨납니다. 인도의 베단타 철학에 따르면, "의도는 자연의 힘"이라고 합니다. 의도는 우주가 계속 진화할 수 있도록 우주의 모든 요소와 힘들이 균형을 유지하게 합니다.

심지어 창조성도 의도로 조직화됩니다. 창조성은 개별적 영역에서 생겨나지만 보편적으로도 발생하는데, 이로써 세상은 주기적으로 양자 도약으로 진화합니다. 궁극적으로 우리가 죽을 때 우리 영혼은 창조성 안에서 양자 도약을 합니다. 사실상 영혼은 이렇게 말하는 것이지요.

"이제 나는 새로운 몸과 마음의 시스템을 통해서나 화신으로 나 자신을 표현해야 한다."

의도는 보편적 영혼에서 나오고, 개별적 영혼에 국소화되며, 마침내 개별적이고 국소적인 마음을 통해 표현됩니다.

우리는 과거의 경험으로부터 기억을 만들어 내는데, 기억은 상상과 소망의 근간이 됩니다. 그리고 소망은 다시 한 번 행동의 근간이 되지요. 이런 식의 순환은 계속됩니다. 베다 전통과 불교에서는 이 순환을 '삼사라(Samsara, 윤회)의 수레바퀴', 즉 이 땅을 살아가는 존재의 토대라고 합니다. 초공간적 '나'는 이러한 카르마의 과정을 거치면서 국소적 '나'가 됩니다.

의도가 반복될 때 습관이 만들어집니다. 의도가 더 많이 반복될수록 보편적 의식은 동일한 패턴을 만드는데, 이로 인해 물리적 영역에서 의도가 나타날 가능성이 높아집니다.

앞 장에서 언급했던 물리학에 관한 논란을 떠올려 보세요. 관찰되지 않은 상자 속에 있는 파동-입자는 파동인 동시에 입자인데, 일단 관찰될 때라야 확실한 형태를 갖습니다. 그리고 관찰하는 순간, 가능성은 명확한 어떤 형태로 붕괴됩니다. 의도도 똑같습니다. 의도가 반복되는 경우에만 초공간적 마음에 있는 패턴이 의도한 방향으로 붕괴될 가능성이 더 높아지며, 따라서 물리적 실재로 나타날 것입니다. 이것은 쉬운 것과 어려운 것에 대한 환상, 가능한 것과 불가능한 것에 대한 환상을 만들어 냅니다. 바로 이것이 우리가 정말 일상에서 벗어나고 싶다면 불가능해 보이는 일을 생각하고 가능하도록 꿈꾸는 법을 배워야만 하는 이유입니다. 오직 생각을 반복하는 것만이 초공간적 마음의 의도를 통해 불가능을 가능으로 만들 수 있기 때문입니다!

당신 안에 있는 초공간적 마음은 사실 제 안에 있는 초공간적 마음과 같습니다. 또한 코뿔소나 기린, 새, 벌레 안에 있는 초공간적 마음과도 동일합니다. 심지어 돌멩이에도 초공간적 지성이 있습니다. 이 초공간적 마음, 즉 순수한 의식이 우리에게 '나'라는 감각, 즉 "나는 초프라다"라고 말하는 '나', "나는 새다"라고 말하는 '나', 그리고 당신이 '나'라고 말하거나 믿는 '나'에 대한 느낌을 갖게 하는 것입니다.

이 보편적 의식에는 오직 '나'만 있습니다. 그러나 하나뿐이고 보편적인 '나'가 수많은 관찰자와 관찰 대상, 보는 자와 보이는 풍경, 생물과 무생물 등 물리적 영역을 구성하는 모든 존재와 물체로 분화하는 것입니다. 보편적 의식이 특정 의식으로 분화하는 이러한 습성은 해석 이전에 존재합니다. 따라서 "나는 초프라다", "나는 기린이다", "나는 벌레다"라고 말하기 전에는 그 말을 하는 '나'는 단순히 '나'일 뿐입니다. '나'의 무한한 창조적 가능성은 공통의 '나'를 당신이자 저이며, 또는 우주의 다른 모든 존재이기도 한 '나'로 조직화합니다.

이것은 영혼의 두 가지 차원이라는 개념과 똑같지만, 개별적 맥락에 놓여 있습니다. 인간으로서 우리는 더 크고 보편적인 '나'(보편적 영혼이라고도 불리는)를 알아차리거나 인식하지 못한 채 개별적 자아를 '나'라고 생각하는 데 익숙해져 있습니다. '나'라는 단어를 사용하는 것은 보편적 영혼 안에서 자신만의 고유한 관점을 찾기 위해 사용하는 적절한 기준점이 될 뿐입니다. 그러나 우리 자신을 오로지 개별적 '나'로만 정의할 때, 우리는 전통적으로 가능하다고 여겨지는 것들의 경계를 뛰어넘는 상상을 할 능력을 상실하게 됩니다. 보편적 '나'에서는 모든 것이 가능할 뿐만 아니라 이미 그 가능성이 존재하고 있으며, 단지 그것을 물리적 영역의 실재로 붕괴하려는 의도만 있으면 됩니다.

국소적 마음과 초공간적 마음

개별적 '나'(또는 국소적 마음)와 보편적 '나'(또는 초공간적 마음)의 차이점을 정리해 보았습니다.

국소적 마음과 초공간적 마음의 차이는 평범함과 비범함의 차이입니다. 국소적 마음은 우리 각자에게 개인적이고 개별적입니다. 그것은 우리의 에고, 즉 우리의 제한된 습관들의 노예가 되어 세상을 떠돌아다니는 자기 자신이 정의한 '나'를 붙들고 있습니다. 국소적 마음은 그 본질상 우리 자신을 다른 피조물로부터 분리시킵니다. 그것은 대다수의 사람들이 자신을 방어해야 한다고 느끼게 해 두껍고 인위적인 장벽을 세우게 합니다. 심지어 국소적 마음은 우리가 보편성에 속한 무언가를 느낄 때 경험하는 더 심오한 의미와 기쁨을 안겨 주는 연결로부터도 우리 자신을 단절시킵니다. 국소적 마음은 기발함이나 창조성이 전혀 없이 단조롭고 지루하며 합리적입니다. 그것은 사람들로부터 끊임없이 인정받기를 원하며, 따라서 두려움과 실망과 고통에 빠지기 쉽습니다.

개별적 나(국소적 마음)	보편적 나(초공간적 마음)
에고의 마음	영
개별적 마음	영혼
개별적 의식	보편적 의식
제한된 의식	순수한 의식
직선적	동시적
공간, 시간, 인과관계 속에서 작동	공간, 시간, 인과관계를 초월해 작동
시간에 제약, 제한적	시간을 초월하고 무한함
합리적	직관적/창조적
개인 및 집단적 경험에 의해 형성된 습관적 사고 및 행동 방식의 지배를 받음	제약 없음, 무한한 연결, 무한한 창조성
분리	통합
내면의 대화: "이것은 나이고 내 것이다"	내면의 대화: "모든 것이 나이며 내 것이다"
두려움이 지배	사랑이 지배
에너지 필요	에너지 없이 작동
인정받는 것이 필요	비판과 아첨에 영향받지 않음
관찰하는 '나'와 관찰되는 '나'를 다르게 해석	관찰하는 '나'와 관찰되는 '나'를 동일한 '나'로 인식
인과관계 틀 속에서 사고	비인과적 연관성 또는 상호 독립된 연관성
알고리즘	비알고리즘
연속성	비연속성
의식적	의식 초월
감각적인 경험이 국소적이기 때문에 감각이 활성화될 때만 활동	항상 활동하지만 수면, 꿈, 명상, 졸음, 몽환, 기도 등 감각이 멈춰 있거나 절제될 때 더 많이 사용할 수 있음
의지로 조절되는 자발적 신경계(개인적인 선택)로 자신을 표현	자율신경계 및 내분비계를 통해, 그리고 가장 중요한 것은 이러한 체계를 동시에 작동함으로써(또한 개별과 보편, 소우주와 대우주의 동시성을 통해) 자신을 표현

반면에 초공간적 마음은 보편적 의식으로 알려진 순수한 영혼 또는 영입니다. 일반적인 시공간의 범주 밖에서 활동하는 초공간적 마음은 우주를 조직하고 통합하는 위대한 힘이며, 무한한 영역 속에서 무한하게 지속됩니다. 초공간적 마음은 본질상 모든 것이기 때문에 모든 것을 하나로 연결합니다. 그것은 어떤 관심도, 에너지도, 인정도 필요로 하지 않습니다. 초공간적 마음은 그 자체로 온전합니다. 따라서 사랑과 수용하는 마음을 끌어들입니다. 초공간적 마음은 창조적이며 모든 창조성이 샘솟는 원천입니다. 초공간적 마음은 국소적 마음이 '가능하다'고 여기는 것의 경계를 초월해서 상상하게 하고, '상자 밖'을 생각하게 하며, 기적을 믿게 합니다.

초공간적 '나'와 국소적 '나'가 소통하는 방식

초공간적 마음에서 일어나는 창조적 도약은 과학으로도 입증되었습니다. 진화 과정에서 화석 기록의 간격은 자연에서 상상의 창조적 도약이 일어났음을 암시합니다. 즉 '단속 평형설'(斷續平衡說. 많은 종의 진화는 오랜 시간 동안 진화적 변동이 없는 안정된 상태를 유지하다가, 급격한 환경의 변화에 의하여 존속 기간에 비해 상대적으로 짧은 기간 동안 현저하고 급속한 종 분화가 이루어진다는 가설)로 알려진 가설입니다.

예를 들어, 고대 양서류의 화석과 고대 조류의 화석은 있지만, 양서류와 조류 사이를 연결해 주는 생물의 화석에 대한 기록은 존재하지 않습니다. 이는 양서류가 하늘을 나는 법을 배우고 싶었고 그 의도의 결과 새가 나타나는 상상의 양자 도약이 일어났음을 암시합니다. 과학자들은 영장류가 인간으로 진화했다고 믿지만, 그 사이에 있는 단계에서는 화석 기록이 남아 있지 않습니다. 그것은 '잃어버린 연결 고리'입니다. 처음에는 영장류만 있었는데 갑자기 인간이 등장한 것입니다. 그 사이에는 무엇이 있었습니까? 아무것도 없었습니다.

이러한 상상의 도약은 우리가 우주로 보는 모든 것으로 끊임없이 진화하고 있습니다. 살면서 우리는 텔레비전, 인터넷, 이메일, 원자력 기술, 우주 탐사 등의 발전을 목격하지 않았습니까. 상상은 우리를 모든 곳으로 인도합니다. 상상은 보편적 의식의 특징이지만, 모든 국소적 표현을 통해 제약을 받습니다. 인간은 그 한계를 뛰어넘을 수 있는 능력이 있습니다. 인간은 국소적 마음, 국소적 '나'를 통해 의도를 가지고 선택할 수 있는 능력을 갖고 있습니다. 그리고 초공간적 마음, 초공간적 '나'는 그 의도를 실현하기 위해 세부적인 일들을 동시에 처리해 내지요. 이것이 바로 바라는 대로 이루어지는 방식, 꿈을 현실로 만드는 방법입니다.

예를 들어 보겠습니다. 국소적 '나'인 초프라는 운동과 체중 감량을 해 행복해지기를 바랍니다. 그래서 국소적 '나'인 초프라는 매일 러닝머신을 하거나 해변을 달립니다. 초프라의 초공간적 '나'는 초프라의 신체가 여러 기능을 동시에 수행하게 함으로써 이를 가능하게 합니다. 즉 심장은 더 빨리 박동하며 더 많은 혈액을 뿜어 내야 하고, 세포는 더 많은 산소를 소비해야 하며, 폐는 더 빠르고 더 깊게 호흡해야 하고, 몸의 연료인 당은 빠르게 연소되어 이산화탄소와 물로 변해 에너지를 생산해야 합니다. 연료 공급이 부족해지면 간에 저장된 글리코겐이 연료로 사용될 수 있도록 인슐린이 분비되어야 합니다. 면역 세포는 자극을 받아 이곳저곳을 달릴 때 몸이 감염을 이겨 내도록 저항력을 키워야 합니다.

이것들은 달리고자 하는 저의 의도를 충족시키기 위해 동시적으로 일어나야 하는 일들을 아주 간략하게 나열한 목록일 뿐입니다. 사실 초프라가 달리기를 즐기기 위해서는 수조 개의 행위들이 초공간적으로 동시에 일어나야 합니다.

이처럼 우리 신체의 모든 활동은 초공간적 마음에 의해 조직화됩니다. 그리고 이 모든 활동이 동시에 일어나는 동안 초프라는 달리기를 즐기는 것이지요.

초프라는 심장이 적절한 양의 혈액을 뿜어 낼지, 또는 간이 글리코겐을 당으로 바꾸는 일을 잊어버리지는 않을지 걱정하지 않습니다. 이것이 바로 초공간적 지성이 하는 역할입니다. 국소적 '나'는 의도하고, 초공간적 '나'는 모든 세부적인 일들을 동시에 조직화하는 것입니다.

하지만 국소적 '나'가 항상 협조적이지는 않고, 때로는 잘못된 결정을 내리기도 합니다. 예를 들어, 파티를 즐기고 있는 짐 스미스라는 사람이 있다고 생각해 보겠습니다. 국소적 짐 스미스는 "파티가 정말 즐거운 걸"이라고 말하며 샴페인을 가볍게 한 모금 마시며 긴장을 풀고 새로운 친구를 사귑니다. 파티에 참석한 초공간적 짐 스미스도 즐거워하며 모든 것과 연결된 채 그 순간을 누립니다. 하지만 만약 국소적 '나'가 이렇게 말한다면 어떨까요? "정말 재밌다. 더 많이 마시고 취해야겠어"라고 말이지요.

술에 취하는 것은 연결을 끊는 방법입니다. 따라서 초공간적 '나'는 국소적 '나'에게 그 결정에는 대가가 따른다는 것을 알려 주지요. 초공간적 '나'는 다음 날 아침 국소적 '나'에게 두통과 숙취를 안겨 줍니다. 이것이 초공간적 '나'가 "자기 몸을 함부로 사용하면 병이 난다"고 말하면서 국소적 '나'와 소통하는 방식입니다.

잘못된 결정을 못하게 하려고 애쓰는 초공간적 '나'를 국소적 '나'가 무시한다면 어떻게 될까요? 더 나쁜 결과를 마주하게 될 것입니다. 예를 들어, 만약 국소적 '나'가 그 메시지를 무시하고 매일 술에 취한다면요? 국소적 짐 스미스는 직장을 잃고, 수입이 사라지고, 가족 관계가 깨지고, 어쩌면 간경화 증상으로 결국 사망할 수도 있습니다. 왜 그럴까요? 술을 마시기로 한 결정이 국소적 짐 스미스와 초공간적 짐 스미스 모두에게 유익이 되지 않기 때문입니다. 그것은 순수한 의도가 아니었습니다. 왜냐하면 국소적 '나'가 왜곡했기 때문입니다. 그 의도는 초공간적 마음에서 국소적 마음으로 이동하면서 형태가 변했습니다.

의도는 국소적 '나'와 초공간적 '나' 모두에게 유익이 될 때만 동시적으로 충족될 수 있습니다. 초공간적 의도는 항상 진보적이며, 따라서 더 큰 선을 서로 조화롭게 추구하는 방향으로 움직입니다.

누구의 의도가 그 일을 만들어 내는가?

의도는 항상 보편적 영역에서 나옵니다. 궁극적으로 국소적 의도를 충족시키는 것은 보편적 의도입니다. 국소적 마음과 초공간적 마음의 요구를 모두 만족시킬 때만 국소적 마음과 초공간적 마음이 협력합니다. 하지만 여기에는 혼란스러운 요인이 작용합니다.

지구상에는 수십억 명의 인간과 수조 개에 달하는 다른 존재들이 있으며, 그들 모두 국소적 의도를 가지고 있습니다. 만약 제가 파티를 열기로 하고 많은 과자와 케이크를 구울 계획이라고 해보지요. 파티 준비를 위해 저는 설탕, 밀가루 및 기타 필요한 모든 재료를 구입합니다. 모든 재료를 식료품 저장고에 넣어 두자 개미와 쥐들이 몰려듭니다. 그들의 의도 역시 설탕과 밀가루를 먹으려는 것이겠지요. 저는 쥐들이 들끓는 모습을 발견하고는 쥐덫과 살충제를 구입합니다. 쥐 몇 마리가 죽습니다. 그러자 박테리아가 나타나 쥐의 사체를 분해하기 시작합니다.

한 걸음 물러서서 이 시나리오를 좀 더 넓게 살펴보면 관련 사건들이 서로 공조하듯 일어났다는 사실을 알 수 있습니다. 이 모든 일은 다 함께 일어나고 다 함께 만들어진 것입니다. 이 드라마를 위해서는 밀과 사탕수수가 재배되어야 합니다. 농장, 농부, 비, 햇빛, 트랙터, 소비자, 소매상, 도매상, 트럭 운전사, 철도, 금융 시장, 식료품점과 직원, 투자자, 살충제, 화학 약품 공장, 화학 지식 등이 여기에 필요하지요. 이 일에 관련된 국소적 마음의 숫자는 헤아릴 수 없이 많습니다.

그렇다면 당연하게 이런 질문이 생길 수 있습니다.

"누가 무엇에 영향을 미치는가? 누구의 의도가 그 일을 만들어 내는가?"

제 의도는 과자와 케이크를 굽는 것이었습니다. 그러한 제 의도가 농부부터 주식 시장 분석가, 밀 가격에까지 영향을 미치는 것일까요? 저의 그 의도가 식료품 저장고의 개미와 쥐들의 행동은 말할 것도 없고 우주의 다른 요소와 힘들의 활동에까지, 즉 지구상에서 일어나는 전체 활동에 영향을 줄까요? 과자와 케이크를 준비하려는 제 의도는 전 우주가 공조해야만 하는 단 하나의 의도였을까요?

만약 쥐가 의도를 가질 수 있다고 가정한다면, 쥐는 곡물 거래상의 활동부터 기상 조건, 케이크를 만들기로 한 저의 결정에 이르기까지 일련의 사건이 자신의 의도에 의해 발생했다고 믿을지도 모르겠습니다. 박테리아 역시 자신의 의도가 전체 우주에서 일어나는 활동들을 조직화했다고 쉽게 믿을 수 있겠습니다. 독약으로 쥐를 죽여 박테리아들에게 먹이를 제공하는 단백질을 만들어 낸 저의 결정을 포함해서 말이지요. 이처럼 "어떤 사건을 조직한 의도가 누구의 의도인가?"라고 묻기 시작하면 우리는 큰 혼란에 빠질 수 있습니다.

그렇다면 누구의 의도가 이 모든 활동을 만들어 내는 것일까요? 더 깊은 실재에서 보면, 이 모든 사건을 조직화하는 '나'는 초공간적이고 보편적인 '나'입니다. 초공간적이고 보편적인 '나'의 조직화하는 힘이 무한히 많은 사건을 동시에 조직화하고 동시에 일어나게 합니다. 초공간적 마음은 끊임없이 자기 자신에게로 돌아가서 자기 자신과 자신의 창조성을 새롭게 합니다. 그리하여 오래된 것이 결코 부패하지 않고 매 순간 새롭게 태어나게 하지요.

의도는 저 자신, 쥐, 개미, 박테리아, 그리고 파티 참석자들의 초공간적 '나'에서 생겨난 것이지만, 개인적인 '나'의 의도인 것처럼 보입니다. 모든 장소에 있는 모든 생물은 '그것은 내 의도다!'라고 생각할 수 있습니다. 각자는 무엇인가를 하고 있는 주체인 자신이 개인적이고 국소적인 '나'라고 생각합니다. 하지만 더 큰 계획에서 보면, 모든 다른 국소적 마음들은 실제로는 초공간적 마음이 가진 의도를 통해서 다 함께 일어나고 다 함께 만들어지는 것입니다.

나무들이 호흡을 해야 나도 숨을 쉴 수 있습니다. 강이 흘러야 내 피도 순환할 수 있습니다. 결국 활기차고, 풍요롭고, 영원하고, 리듬을 타고, 분리할 수 없는 단 하나의 '나'가 있는 것입니다. 모든 분리는 환상입니다. 오직 서로 연결되었을 때만 국소적 '나'가 초공간적 '나'를 자각하는 일이 일어납니다. 그 순간 당신은 하나뿐인 보편적 '나'가 존재한다는 것을 느끼기 시작합니다. 그리고 그렇게 연결될 때 당신은 신뢰, 사랑, 용서, 감사, 연민, 항복, 무위를 경험하게 됩니다. 이것이 바로 기도가 작동하는 방식입니다. 위대한 시인 알프레드 테니슨은 이렇게 말했습니다.

"이 세상이 꿈꾸는 것보다 더 많은 일이 기도로 이루어진다."

여기서 기도는 강요된 의도로 이루어지는 기도가 아닙니다. 능숙함, 적절한 때, 항복, 감사, 신뢰, 사랑, 연민을 가질 때 국소적 '나'가 초공간적 '나'를 경험하고 초공간적 '나'가 되는 일이 이루어집니다.

우리는 우리의 국소적이고 개별적이며 개인적인 '나'에 너무 집착해 그 너머에 존재하는 장엄함을 보지 못하고 있습니다. 무지는 제한된 의식입니다. 무언가를 알아차리려면 다른 모든 것을 무시해야 합니다. 이것이 초공간적인 것이 국소적인 것이 되는 방법입니다. 내가 무엇인가를 알아차릴 때 나는 주변의 다른 모든 것을 무시합니다. 그것들이 내가 알아차린 무엇인가의 존재에 기여하고, 따라서 그 일부임에도 불구하고 말이지요. 나의 에고인 '나'가 관찰할 때 그 '나'는 특정한 것만 관찰하고 보편적인 것은 무시합니다. 그러나 '나'라는 영이 볼 때 그 '나'는 특정한 것을 가능하게 하는 우주의 흐름을 봅니다.

우리의 삶을 가능하게 할 뿐만 아니라 바라는 대로 이루어지는 기적적인 삶을 만드는 것이 바로 이러한 상호 연관성, 불가분성입니다. 서로 연결된 세상의 바다는 하나하나의 파도로 부서지고, 그 파도는 다이아몬드처럼 반짝이는 거품을 머금은 물방울로 흩어지며, 그 물방울들은 잠시 서로를 투영하다가 다시 바다 깊숙이 가라앉습니다. 그곳에는 오직 영원한 순간(영원한 사랑, 영이나 의식)만 존재할 뿐이며, 그것은 끊임없이 보는 자가 되고 보이는 풍경이 됩니다. 우리는 그 수정 같은 물방울들로서, 한순간 고유하고 아름답게 빛나며, 각각의 물방울은 서로의 일부이자 서로를 투영합니다.

우리 모두는 영원한 사랑, 영이나 의식, 즉 보편적 '나'의 상상 속에서 생겨납니다. 우리는 해석, 기억, 습관을 통해 매 순간이 친숙하거나 동일하게 끝없이 이어진다는 환상을 만들어 내지만, 실제로 우리의 중심에 있는 것은 무한한 가능성입니다. 그리고 그 가능성을 현실로 만드는 것은, 다시 말해 바라는 대로 이루어지게 하는 것은 오로지 의도입니다.

어떤 의도를 가져야 바라는 대로 이루어지는가?

의도는 무한한 가능성을 조직화합니다. 그러면 당신은 어떤 종류의 의도가 이상적인지 궁금할 것입니다. 지금 당장 당신의 의도가 이루어질 수 있다면 당신은 무슨 소원을 빌겠습니까? 만약 당신의 의도가 단순히 개인적 소망이고 오직 개인의 만족만을 위한 것이라면, 국소적 '나'와 초공간적 '나'가 일치하지 않을 수 있습니다. 당신은 사람들이 복권에 당첨되기를 바란다고 하는 말을 몇 번이나 들어 보았나요? 복권이 당첨되는 일이 일어날 수도 있습니다. 하지만 그러한 의도는 자신은 물론 더 큰 목적에 기여할 때만 실현될 수 있습니다. 당신은 스스로 이렇게 말할 수도 있습니다.

"복권에 당첨되어 새로 나온 BMW를 사고 싶다."

물론 이러한 의도조차도 많은 사람에게 도움이 됩니다. 당신을 포함해 자동차 제조업체, 그 회사 직원들, 투자자들, 그리고 국가 경제 등에 말이지요. 그러나 그것은 테레사 수녀와 같은 사람들의 의도만큼 강력하지는 않습니다. 왜냐하면 후원금을 모으고자 하는 그녀의 소망은 다른 이들에게 성취감을 안겨 주기 위해, 보다 깊은 차원에서 위대한 삶에 헌신하려는 열망에서 생겨났기 때문입니다. 초공간적 마음의 의도를 국소적 마음이 뒷받침할 때 그것은 더욱 하나 되며, 따라서 더 효과적으로 이루어질 수 있습니다.

모든 의도에 대해 우리는 이렇게 물어볼 수 있습니다.

"이 의도가 나에게 어떤 도움이 될까? 그리고 내가 만나는 모든 사람에게 어떤 도움을 줄까?"

이 질문에 대해 "나와 내 행동의 영향을 받는 모든 사람에게 진정한 기쁨과 성취감을 줄 것이다"라는 답변이 나온다면, 곧이어 그 의도는 초공간적 마음이 원하는 대로 자신의 목적을 조직화합니다.

당신의 운명이 달려 있는 순수하고 올바른 의도를 발견하는 데는 여러 기법이 있습니다. 이에 대해서는 나중에 자세히 논의하겠습니다. 핵심적인 방법만 말하자면, 조용하고 안정된 자각에서 시작해, 당신의 마음속에 올바른 의도를 만들어 낸 다음, 당신의 국소적 '나'가 초공간적 '나'로 다시 합쳐져 신의 의지가 당신을 통해 이루어지기를 받아들이는 것입니다. 저는 이 기법을 수천 명의 사람들에게 가르쳤는데, 그들은 자신들에게 효과가 있다고 말해 주었습니다. 저에게 효과가 있었던 것처럼 말이지요.

이때 어려운 일이 있습니다. 그것은 바로 우주의 의도를 방해하지 않는 의도를 갖는 것입니다. 한때 식량이 부족한 개발도상국 과학자들이 풍작을 거두고자 천연 살충제가 든 유전자 조작 변종인 '황금 벼'를 도입하려고 시도했습니다. 하지만 몇 가지 문제가 있었지요. 먹이 사슬을 유지하기 위해서는 곤충들의 역할이 매우 중요한데, 유전자 조작 변종 벼에는 곤충들을 유인하는 자연의 냄새가 없었습니다. 생태학자들은 이 벼가 지역 생태계를 교란해 결국 날씨에 영향을 미쳐 지구 전체에 끔찍한 결과를 초래할 수 있다고 우려했습니다.

특정 상황만을 바라보는 협소한 인식 또는 국소적 인식은 문제를 국소적으로 해결하려고 합니다. 확장된 인식, 초공간적 '나'는 관계된 모든 것, 즉 새, 벌, 다람쥐, 두더지, 날씨(어떤 날씨가 발생하려면 일정한 수의 나무와 동식물의 개체군이 필요합니다)까지도 봅니다. 좋은 의도라 할지라도 초공간적 '나'의 의도를 무시하면 역효과를 낼 수 있습니다. 복잡한 상호 연관성은 이타심만 필요한 것이 아니라 보편적 '나'를 방해하는 모든 다른 개별적 '나'와의 조화를 필요로 합니다.

의도가 자체 성취 메커니즘을 발휘하게 하라

의도는 밀어붙이거나 강요나 협박에 의해 억지로 가져서는 안 됩니다. 의도를 갖는 것은 공기 중에 떠다니는 비눗방울을 잡는 일과 같다고 생각하면 됩니다. 서두르거나 밀어붙여서 될 일이 아니라, 섬세한 노력이 필요합니다. 이 점에서는 명상이나 수면도 마찬가지입니다. 억지로 명상에 잠기거나 잠이 들려고 하면 안 되는 것이지요. 오히려 편안하게 내려놓는 일이 필요하며, 애써 노력하면 할수록 성공할 확률은 낮아집니다. 명상은 그냥 일어나는 것입니다. 수면도 저절로 일어나는 것입니다. 의도도 마찬가지입니다. 의도에 덜 간섭할수록 우리는 의도가 가진 '무한한 조직력'을 더 많이 보게 됩니다.

의도는 그 자체에 일을 성취하는 메커니즘이 있습니다. 씨앗이 나무, 꽃, 열매가 되기 위해 필요한 모든 것을 가지고 있는 것처럼 말이지요. 저는 단지 그 씨앗을 땅에 심고 물을 주기만 하면 됩니다. 그 외에는 아무 일도 할 필요가 없습니다. 씨앗은 제가 재촉하지 않아도 스스로 알아서 나무, 꽃, 열매를 만들어 냅니다. 의도는 의식이나 영에 들어 있는 씨앗입니다. 당신이 주의를 기울이기만 하면 의도는 자신의 목적을 이룰 수 있는 방법을 자기 안에 갖고 있습니다. 의도가 가진 무한한 조직력은 무수히 많은 세부적인 일들을 동시에 조직화합니다.

의도는 우연의 일치를 만들어 냅니다. 이것이 바로 당신이 무언가를 생각할 때 그 일이 실제로 일어나는 이유입니다. 어떤 사람들이 저절로 병이 낫거나 자연 치유가 이루어지는 것도 의도 때문입니다. 의도는 우주에 있는 모든 창조성을 조직화합니다. 그리고 인간인 우리는 의도를 통해 우리 삶에 긍정적인 변화를 일으킬 수 있습니다.

그런데 왜 우리는 그 능력을 잃어버리는 것일까요? 우리의 왜곡된 자아상이 자아를 가릴 때, 즉 우리가 에고를 위해 우리의 진정한 자아를 희생시킬 때 그 능력은 상실되고 맙니다.

'나'와 '너'가 분리되어 있다는 깨달음을 얻는 것은 2-3세 무렵 시작됩니다. 이 단계에 아이들은 '나'와 '내 것', '내가 아닌 것'과 '내 것이 아닌 것'을 구분하기 시작합니다. 이러한 분리는 불안을 야기합니다. 이 세상의 실재는 우리와 분리된 것이 아니라 연속된 의식의 일부입니다. 의도는 우주에 내재되어 있는 창조적 힘을 활용함으로써 작동합니다. 우리가 개인적인 창조력을 가진 것처럼 우주도 창조력을 발휘합니다. 우주는 살아 있고 의식을 갖고 있습니다. 우리가 우주와 친밀한 관계를 맺고 우주를 분리된 것이 아니라 우리의 확장된 몸, 즉 우리 몸의 연장으로 볼 때 우주는 우리의 의도에 반응합니다.

우리는 진정한 자아로 돌아감으로써, 또는 자아실현을 통해 의도의 힘을 회복할 수 있습니다. 자아를 실현한 사람들은 초공간적 마음과 다시 연결됩니다. 그들은 다른 사람을 조종하거나 통제하려 하지 않습니다. 그들은 비판은 물론 아첨에도 반응하지 않고, 열등감이나 우월감을 느끼지도 않습니다. 그들은 자신의 에고가 아니라, 내면의 기준점인 자신의 영혼과 접촉합니다. 불안은 더 이상 그들에게 문제가 되지 않습니다. 왜냐하면 불안은 에고가 자신을 보호하려고 할 때 생기는 감정이기 때문입니다. 바로 그 불안이 의도의 자발적 활동을 방해하는 요인입니다. 의도는 영을 물리적 실재로 변환하는 메커니즘인 것입니다.

보편적 영역, 거대한 미지의 세계로 뛰어들라

영적으로 성숙하려면 의식이 맑아야 합니다. 만약 의식이 맑다면 당신은 상대방의 반응에는 민감하지만, 비판과 아첨은 개의치 않게 됩니다. 당신은 편안하게 내려놓는 법을 배우고, 결과를 걱정하지 않습니다. 결과를 확신하며, 항상 주변에서 일어나는 동시성이 보이기 시작합니다. 의도는 당신이 민감하게 감지해야만 잡을 수 있는 기회를 제공합니다. 행운은 기회이며, 준비될 때 찾아옵니다. 의도가 당신에게 여러 기회를 가져다줄 것입니다. 당신은 기회가 주어질 때 계속해서 다음과 같이 행동하세요. 행동을 할 때마다 마치 그 행동을 하고 있지 않은 듯한 태도를 취하세요. 당신의 행동이 진정 보편적 영을 조직화하는 초공간적 지성이라는 듯한 태도를 가지세요. 그러면 불안이 크게 줄어드는 느낌이 들기 시작할 것입니다. 또한 결과에 대해 집착하는 태도도 줄어들 것입니다.

스트레스는 불안 증세 중 하나입니다. 스트레스를 받으면 동시성에 대해서는 생각조차 할 수가 없습니다. 동시성은 신과 접촉하는 하나의 방법으로서, 당신 삶의 의미와 목적에 이르는 길입니다. 동시성은 사랑과 연민을 경험하는 수단이며, 우주의 초공간적 지성에 연결되는 방법입니다. 만약 우리의 관심이 스트레스를 유발하는 상황에 집중되어 있다면 동시성에 접근하기란 어렵습니다. 동시성에 효과적으로 접근하려면 우리가 상상할 수 있는 그 무엇보다 훨씬 더 거대한 보편적 영역에 자신을 내어 맡기는 태도를 가져야 합니다. 이를 위해서는 믿음의 도약, 알지 못하는 세계로 뛰어드는 일이 필요합니다. 그때 당신은 마음속으로 이렇게 말하면서 스스로를 다독일 수 있습니다.

"무슨 일이든 내 뜻대로 되지는 않아. 나는 일이 어떻게 되어야 한다는 생각을 편안하게 내려놓는 중이야. '나'와 '내 것'을 느끼는 감각이 확장될 필요가 있어."

만약 당신이 이러한 믿음의 도약을 한다면 당신의 삶은 아주 풍성해질 것입니다. 혹시 다음 달 청구서를 걱정하는 자신을 발견한다면 자신의 의도를 상기시켜 보세요. "나의 의도는 나의 필요를 충족시키는 것뿐 아니라 자녀들을 학교에 보내는 것이고, 이 지역 사회에 이바지하는 것이다"라고 말이지요. 모든 사람은 자신의 삶에서 자신의 필요를 충족시키기 원합니다. 그러나 이러한 필요를 충족시키겠다는 의사를 명확히 표현하는 것이 중요합니다. 이는 당신으로 하여금 무한한 마음을 갖게 하며, 사실상 이렇게 말하는 것과 같거든요.

"나는 이 모든 것을 당신의 처분에 맡긴다. 그대, 즉 내 안에 있는 초공간적 지성이 알아서 해줄 테니 나는 걱정하지 않겠다."

위대한 예술가, 재즈 음악가, 작가, 과학자들은 창작을 할 때 개인의 정체성을 초월해야 한다고 말하곤 합니다. 저는 많은 음악가와 작곡가들과 함께 일해 왔지만, 곡을 쓸 때 그 곡으로 벌어들일 수입을 먼저 생각하는 사람은 단 한 명도 본 적이 없습니다. 새로운 노래나 곡을 만들기 위해서는 모든 것을 편안하게 내려놓은 채 초공간적 영역에서 품고 있는(incubating) 과정이 필요하며, 그다음에 음악이나 곡이 당신에게 오도록 내버려 두어야(allowing) 합니다. 모든 창작 과정은 품는 과정과 오도록 내버려 두는 단계에 달려 있습니다. 동시성은 창조적 과정입니다. 그러나 이 경우 창조적 마음은 우주 그 자체입니다. 자기중심적 태도에서 벗어날 때 초공간적 지성이 들어옵니다.

다시 한 번 언급하지만, 당신의 생각이 우주의 의도와 충돌해서는 안 된다는 것을 기억하세요. 복권 당첨을 소망하는 마음은 자신이 우주로부터 분리되었다는 느낌을 더 크게 안겨 줄 수 있습니다. 대개 복권에 당첨된 사람들은 친구와 가족으로부터 소외되고 더 큰 행복을 느끼지 못한다고 하지요. 오로지 돈이 목표가 될 때 당신은 소외됩니다.

그렇다면 질문하겠습니다.

"당신의 의도들 중에서 어떤 의도가 이루어질 가능성이 높은지 어떻게 알 수 있을까요?"

답은 이렇습니다.

"초공간적 마음이 주는 단서에 주의를 기울이세요."

즉 당신의 삶에서 일어나는 우연의 일치를 알아차리세요. 우연의 일치는 메시지입니다. 우연의 일치는 신이나 영, 또는 초공간적 실재가 보내는 단서로서, 카르마로 주어진 조건과 익숙한 사고방식에서 벗어나라고 당신을 재촉합니다. 우연의 일치는 당신에게 의식의 영역으로 들어갈 수 있는 기회를 제공합니다. 당신의 근원인 무한한 지성이 당신을 사랑하고 보살피고 있다고 느끼게 해주는 바로 그 영역 말입니다. 영적 전통들에서는 이를 가리켜 '은총의 상태'(the State of Grace)라고 부릅니다.

5장

우연의 일치가 우리에게 주는 선물

우연의 일치를 초공간적 지성이 보내는 암호화된 메시지라고 한다면 삶이 마치 추리 소설같이 느껴질 것입니다. 주의를 기울이고, 단서를 찾고, 우연의 일치가 주는 의미를 해독하세요. 그러면 결국 진실이 눈앞에 드러날 것입니다. 사실 여러 면에서 우리에게 일어나는 일들이 정말 그렇지 않나요? 궁극적으로 삶은 신비 그 자체이지요.

삶이 신비로운 까닭은 우리의 운명이 우리를 피해 숨은 듯 보이기 때문입니다. 삶의 마지막에 가서 뒤돌아보고서야 우리가 그때까지 걸어온 길을 바라볼 수가 있지요. 과거를 돌아보면 우리 삶의 이야기는 완벽하게 논리적으로 보이잖아요? 내 삶의 경험들을 연결해 놓은 끈을 따라가기란 참 쉽습니다. 지금 이 순간 당신이 인생의 어느 지점에 와 있든 뒤돌아 보면, 당신의 삶은 한 이정표에서 다음 이정표로, 한 장소나 직장에서 다른 장소나 직장으로, 한 환경에서 완전히 다른 환경으로 아주 자연스럽게 흘러왔다는 것을 알 수 있습니다. 그때 그 당시에 내가 가는 길이 어디로 향하는지만 알았더라도 삶이 얼마나 수월했을까요. 대부분의 사람들은 과거를 돌아보며 이렇게 말하곤 합니다.

"내가 왜 그렇게 걱정했지? 왜 나 자신과 아이들을 그렇게 힘들게 했을까?"

우연의 일치는 초공간적 영역에서 보내는 메시지

우리가 항상 영혼의 영역에서 살 수만 있다면 우리에게는 삶의 위대한 진리를 알아보는 통찰력이 필요하지 않을 것입니다. 그 삶의 위대한 진리들을 미리 알 수 있을 테니까요. 그러면 아마도 살면서 모험적인 일들에도 더 많이 참여할 것입니다. 길이 명확하게 표시되어 있으니 이정표나 단서, 우연의 일치도 필요 없겠지요. 그러나 우리 대부분은 영혼의 영역에서 살고 있지 않습니다. 따라서 우리는 우주의 의지를 우리에게 나타내 보여 주는 우연의 일치에 의존해야만 합니다.

우리 모두는 삶에서 우연의 일치를 경험해 보았습니다. '우연의 일치'(coincidence)라는 단어 자체가 그 의미를 완벽하게 설명합니다. 'co'는 '함께'를 의미하고, 'incidence'는 '사건'을 가리킵니다. 즉 이는 다른 사건과 '함께' 발생하는 '사건', 다시 말해 두 가지 이상의 사건이 동시에 일어나는 것을 의미합니다.

사실 우연의 일치를 경험하는 것은 평범하기에 대부분의 사람들은 이를 당연하게 여깁니다. 잠깐 경이로워하며 신기해하다가 금새 잊어버리고 마는 인생의 작고 별난 순간 정도로 받아들이지요. 하지만 우연의 일치는 단순한 즐거움 이상입니다. 우연의 일치는 보편적 영의 의도를 알려 주는 단서이기 때문입니다. 따라서 우연의 일치는 아주 많은 의미를 갖고 있습니다.

어떤 사람들은 '의미 있는 우연의 일치'(meaningful coincidence)라는 표현을 사용하는데, 이는 그 사건을 경험한 사람에게는 특별한 의미가 있는 사건들이 동시에 일어났다는 것을 설명하기 위해 사용하는 말입니다. 하지만 저는 '의미 있는 우연의 일치'라는 말은 중복된 표현이라고 생각합니다. 왜냐하면 모든 우연의 일치는 의미가 있기 때문입니다. 그렇지 않다면 그런 일은 애초에 일어나지도 않았을 것입니다. 그런 일이 일어났다는 사실 자체가 의미 있는 것이지요. 다만 우리가 때로 그 의미를 얼핏 엿볼 수도 있고, 그렇지 않을 때도 있을 뿐입니다.

우연의 일치에 담긴 의미가 무엇일까요? 당신의 마음속 깊은 영역에서는 이미 알고 있을 텐데, 당신은 그 인식을 끌어올려야 합니다. 의미는 우연의 일치 그 자체에서 오지 않습니다. 우연의 일치에 담긴 의미는 그 경험을 하는 사람인 당신으로부터 옵니다. 사실 우리가 참여하지 않는다면 어떤 사건도 본질적으로 의미가 없으며, 우주 전체가 무의미합니다. 우리는 사건에 의미를 부여하는 사람이며, 우리는 의도를 통해 사건에 의미를 담습니다.

우연의 일치는 우리가 바라는 소망과 의도를 이루기 위해 행동하는 방법으로 우리를 이끌어 가고자 초공간적 영역에서 보낸 메시지입니다. 그러니 당신은 먼저 의도를 가져야 하고, 그다음에는 당신의 영적 자아와 접촉해야 합니다. 그렇게 할 때만 우연의 일치를 사용해 당신이 의도하는 대로 이루어지게 하는 방법을 당신의 것으로 만들 수 있습니다.

의도를 갖는 것은 쉽습니다. 자기 삶에 대해 소원을 비는 것만큼이나 간단하지요. 하지만 영적으로 깊어지기란 어렵습니다. 자신이 영적으로 깊이 있는 사람이라고 믿는 많은 이들이 여전히 거대한 영의 바다에 뛰어들지 못하고 있습니다. 오히려 거대한 바다의 표면을 헤엄쳐 가로지르기만 할 뿐, 우주적 경험의 심오함을 깨닫고자 물속에 잠기지는 않습니다.

실제로, 기적은 존재한다

기적은 실제로 존재하는 현상입니다. 모든 종교가 기적을 다루지만 다 다른 언어를 사용하고 있습니다. 우리는 바라던 결과가 극적인 방식으로 실현될 때 그 사건을 기적이라고 부릅니다. 예를 들면 이런 식이지요. 우리는 끔찍한 질병에서 치유되기를 원하고, 돈을 벌기 원하며, 삶의 목적을 찾기 원합니다. 그런데 그런 일이 진짜로 일어나면 "기적이 일어났다!"라고 말합니다. 누군가가 어떤 의도나 소망, 생각을 가지고 있었는데 정말로 그런 일이 일어난 것입니다. 기적은 우리가 영적 영역을 활용해 자신의 의도를 운명으로 만드는 아주 극적인 경우입니다.

놀라운 우연의 일치의 예를 하나 들어 보겠습니다. 데이비드는 조안나라는 이름을 가진 여자와 사랑에 빠졌습니다. 그는 조안나를 깊이 사랑했지만 결혼이나 헌신을 해야 한다는 생각에 있어서는 조금 망설였습니다. 그러다 마침내 공원에서 조안나에게 프로포즈를 하기로 결심했습니다. 그는 여전히 헌신에 대한 두려움이 있었지만, 그날 아침 일어났을 때 모든 일이 잘될 것이라는 기분과 평화로운 느낌에 사로잡혔습니다.

데이비드가 공원 바닥에 깔개를 깔며 청혼하려고 용기를 낸 순간이었습니다. 비행기 한 대가 현수막을 꼬리에 단 채 머리 위로 날아갔습니다. 조안나가 고개를 들어 "저 현수막에 뭐라고 쓰여 있지?"라고 말했습니다. 데이비드는 아무 생각 없이 "현수막에 '조안나, 나와 결혼해 줘'라고 쓰여 있네"라고 불쑥 말했습니다. 두 사람이 자세히 살펴보니 정말로 그 현수막에는 "조안나, 나와 결혼해 줘"라고 쓰여 있었습니다!

조안나는 데이비드의 품에 안겨 그에게 키스했고, 그 순간 데이비드는 그녀와의 결혼이 옳은 선택이라는 사실을 깨달았습니다. 그리고 다음 날 그들은 지역 신문에서 그 일과 관련된 기사를 읽었는데, 내용인 즉 누군가가 여자친구인 '조안나'에게 청혼하려고 공원 위에 현수막을 단 비행기를 띄웠다는 것이었습니다. 데이비드에게 정확하게 필요한 순간, 그 비행기가 바로 그들 머리 위를 지나간 것이지요. 이 놀라운 우연의 일치는 데이비드의 미래를 보여 주는 단서이자 기적이었습니다. 둘은 지금까지도 행복하게 잘 살고 있습니다.

영에 관심이 없는 사람들은 이런 종류의 사건을 행운으로 돌립니다. 저는 개인적으로 이런 일들은 (우리가 흔히 말하는) 행운과는 관련이 없다고 믿습니다. 대부분의 사람들이 행운이라고 부르는 것은 우리의 의도를 성취하는데 어떤 일이 동시에 일어난 것에 불과합니다. 미생물이 병을 일으킬 수 있다는 사실을 발견한 과학자 루이스 파스퇴르는 이렇게 말했습니다.

"기회는 준비된 마음을 좋아한다."

이 말을 간단한 공식으로 바꾸면 이렇습니다.

기회 + 준비 = 행운

동시성 운명이 우리에게 가르쳐 주는 교훈은 삶에는 적절한 순간이 있으며, 그것을 알아차리고 붙잡으면 모든 것이 바뀐다는 것입니다. '행운'이라는 단어는 현대 사회에서 우리가 기적적인 일을 설명하는 데 사용하는 단어일 뿐입니다. 따라서 동시성, 의미 있는 우연의 일치, 기적, 행운 등은 모두 같은 것을 설명하는 다른 용어입니다. 앞서 살펴본 바와 같이 육체의 지성은 우연의 일치와 동시성을 통해 작동합니다. 자연과 생태계의 확장된 지성, 즉 생명의 거대한 그물망도 우주의 근본적 지성과 마찬가지로 우연의 일치와 동시성을 통해 작동합니다.

우주 전체가 당신의 운명을 창조하기 위해 공조하고 있다

우연의 일치를 삶의 기회로 보기 시작할 때, 모든 우연의 일치는 의미가 있어집니다. 모든 우연의 일치는 창조성을 발휘할 기회가 됩니다. 모든 우연의 일치는 당신이 우주가 의도한 바로 그 사람이 될 수 있는 기회가 됩니다.

이것이 바로 동시성 운명의 궁극적인 진리입니다.

"우주 전체가 당신 개인의 운명을 창조하기 위해 공조하고 있다."

이를 위해 우주는 '비인과적 연결'과 '초공간적 상관성'을 사용합니다. 여기서 '비인과적 연결'이란 무엇일까요? 우리의 삶에서 일어나는 모든 사건을 깊이 들여다보면 모두 개인의 운명과 서로 얽히고설켜 있다는 것을 알 수 있습니다. '비인과적'이란 사건들이 서로 연결되어 있지만 적어도 표면적으로는 직접적인 '원인과 결과'의 관계가 없다는 것을 의미하지요. 그런 사건들이 서로 비인과적이라는 것을 뜻하는데, 이 단어는 '원인 없이'라는 뜻의 라틴어에서 유래했습니다.

이 책 "들어가며"에서 언급했던 내용으로 돌아가 봅시다. 마운트배튼 경의 아내가 제 아버지를 좋아해 친구가 된 것이 제가 싱클레어 루이스의 책을 읽거나 절친인 오포에게서 영감을 얻은 것과 무슨 관련이 있나요? 그것들은 모두 제 개인적인 역사의 일부이며 저를 특정 운명으로 이끌었다는 것 외에는 아무런 연관성이 없습니다. 그 사건들 중 어느 하나도 다른 사건을 발생시키지 않았습니다. 마운트배튼 경의 아내가 저에게 싱클레어 루이스의 책을 주라고 아버지에게 말한 적은 없습니다. 그럼에도 그 두 사건이 제 운명을 만드는 데 함께 작용한 것입니다. 그 사건들은 모두 더 깊은 영역에서 연결되어 있었습니다.

우리는 삶에서 일어나는 모든 사건의 배후에 숨어 있는 복잡한 힘들을 상상조차 할 수 없습니다. 우연의 일치가 공조해 카르마나 운명의 그물망을 엮어 당신과 나 같은 개인의 삶을 만들어 냅니다. 우리가 일상에서 동시성을 경험하지 못하는 유일한 이유는 우리가 그 일이 일어나는 영역에서 살고 있지 않기 때문입니다.

보통 우리는 원인과 결과의 관계만 봅니다. 이 일이 저 일이 일어나게 하고, 저 일이 그 일을 일으키고, 그 일이 이 일이 일어나게 하는 식으로, 즉 직선적이지요. 하지만 표면 아래에서는 다른 일들이 일어나고 있습니다. 우리 눈에는 보이지 않는 전체적인 관계의 그물망이 존재합니다. 그것이 드러나면 우리는 우리의 의도가 이 관계의 그물망에 어떻게 얽혀 있는지를 알게 됩니다. 그것은 표면적인 경험들에

비하면 훨씬 더 전체적인 맥락에 가깝고, 훨씬 더 관계적으로 밀접하며, 훨씬 더 전체적이고, 훨씬 더 우리를 성장시킵니다.

우리는 매우 자주 틀에 박힌 삶을 살아갑니다. 매일 같은 일상을 살아가고, 매일 같은 방식으로 예측이 가능한 행동을 합니다. 우리는 일정한 행동 방침을 마음속으로 정해 놓은 후 단순히 그 방침대로 행동해 나아갑니다. 삶을 살아가면서 아무 생각 없이, 아무 의식 없이 무의식적으로 앞으로 나아가기만 한다면 어떻게 기적이 일어날 수 있겠습니까?

우연의 일치는 길 한가운데 터지는 신호탄과 같아서 우리 삶에서 일어나는 중요한 일에 주의를 집중시키고, 산만한 일상 너머에서 일어나는 일들을 힐끗 엿볼 수 있게 해줍니다. 우리는 그 신호탄을 무시한 채 서둘러 가 버릴 수도 있고, 그 빛에 주의를 기울여 우리를 기다리고 있는 기적이 삶 속에서 실현되게 할 수도 있습니다.

초프라의 삶을 이끈 기적

의학 교육을 마칠 무렵, 저는 저의 관심이 뇌에서 분비되는 화학물질의 작용 원리를 연구하는 신경내분비학에 있다는 것을 깨달았습니다. 이미 그때 저는 그 분야가 과학과 의식이 만나는 지점임을 알았고, 그 분야를 평생 탐구하고자 마음을 먹었습니다. 그래서 세계적으로 가장 저명한 내분비학자와 함께 연구할 수 있는 연구소에 지원했습니다. 매우 존경받는 그 과학자는 노벨상을 받을 만한 연구를 진행 중이었고, 저는 그에게서 배울 기회가 오기만을 간절히 원했습니다. 그리고 수천 명의 지원자 중에서 1년 동안 그와 함께 연구할 6명 중 한 명으로 선발되었습니다.

하지만 일을 시작한 지 얼마 지나지 않아 저는 그 연구소가 진정한 과학을 연구하기보다 그 내분비학자의 이기적인 자아를 만족시키고자 하는 곳에 불과하다는 것을 깨달았습니다. 우리 연구자들은 과학지에 게재할 연구 논문을 대량 생산해 내는 기계 취급을 받았습니다. 지루하고 불만족스러운 일이었지요. 그처럼 유명하고 존경받는 과학자와 그런 식으로 일하는 방식에 정말 환멸을 느꼈고, 저는 그 일을 하면서 계속해서 불행하다고 느꼈습니다. 이상적인 일이라 생각해 그 자리까지 갔는데, 결국 하루 종일 하는 일이라곤 쥐에게 화학물질을 주사하는 일뿐인 저 자신을 발견했습니다.

실망스런 마음에 저는 매일 아침 「보스턴 글로브」지의 구인 광고란을 훑어보곤 했습니다. 하지만 그래도 이 일이야말로 제가 가야 할 유일한 길이라고 생각하고 있었습니다. 그러던 중 한 지역 병원의 작은 응급실에서 의사를 구한다는 조그만 광고가 눈에 들어왔습니다. 사실 매일 신문을 펼 때마다 그 구인 광고가 보였습니다. 아무리 신문을 빠르게 넘겨도 같은 광고가 실린 같은 면이 펼쳐졌던 것입니다. 저는 그 구인 광고를 보기는 했지만 제 마음에서 밀어냈습니다. 마음속 깊은 영역에서는 쥐에게 화학물질을 주사하는 대신 응급실에서 일하며 사람들을 실질적으로 돕는 제 모습을 상상할 수 있었지만, 저의 꿈은 저명한 내분비학자와 함께 일하는 것이었기 때문이지요.

그러던 어느 날이었습니다. 그 내분비학자가 저를 잔인하고 비열한 태도로 대했습니다. 말다툼을 벌이던 저는 마음을 진정시키기 위해 휴게실로 걸어갔습니다. 그때 탁자 위에 「보스턴 글로브」지가 놓여 있었는데, 제가 지난 몇 주 동안 무시하고 지나쳤던 그 조그만 구인 광고가 실린 면이 펼쳐져 있었습니다. 그 우연의 일치는 너무도 강력해서 무시하고 넘어갈 수가 없었습니다.

마침내 모든 일이 제자리를 찾았습니다. 저는 제가 잘못된 곳에서 잘못된 일을 하고 있다는 것을 깨달았습니다. 반복되는 일상에 지쳤고, 내분비학자의 이기심, 그리고 쥐들에게 지쳐 있었고, 제 마음이 원하는 일을 하고 있지 않다는 느낌에 신물이 났습니다. 저는 내분비학자의 사무실로 돌아가 사직서를 제출했습니다. 그러자 그가 주차장까지 따라와서는 "자네 경력은 이제 끝장났어! 아무도 자네를 고용하지 못하도록 하겠어!"라고 목이 터져라 외쳤습니다.

그의 목소리가 여전히 귓가에 맴도는 와중에 저는 곧바로 차를 몰고는 그 작은 응급실로 달려가 지원서를 냈고, 바로 그날부터 일을 시작했습니다. 처음으로 정말 고통받는 사람들을 치료하고 도울 수 있게 된 것입니다. 아주 오랜만에 정말 행복했습니다. 「보스턴 글로브」지에 실린 작은 구인 광고가 몇 주 동안 저를 향해 손짓하고 있었지만 저는 그것을 무시했습니다. 그러다 마침내 그 우연의 일치를 알아차렸고, 제 운명을 바꿀 수 있었던 것이지요.

연구소 실험실에서 하던 일은 제가 평생 추구해 온 바로 그 일인 듯했습니다. 하지만 그 우연의 일치에 주의를 기울이면서 저는 제 습관적인 행동 방식을 깨뜨릴 수 있었습니다. 그것은 오직 저를 향한 메시지이자 제 삶이 걸어가는 길 한가운데서 터진 신호탄이었습니다. 그때까지 제가 해온 모든 일은 그 변화를 위한 준비 과정이었을 뿐입니다.

어떤 사람들은 제가 내분비학 연구팀에 들어간 것 자체가 실수라고 생각했습니다. 하지만 그 연구팀에 들어가지 않았다면 저는 보스턴에 오지 못했을지도 모릅니다. 또한 내분비내과 연구실에서 일하지 않았다면 그 구인 광고를 보지 못했을 수도 있고, 제 마음속 진정한 소망이 무엇인지 알아차리지 못했을 수도 있습니다. 제 삶이 지금과 같이 펼쳐지려고 세부적인 일들이 끊임없이 그 방향에 맞도록 일어난 것입니다.

제가 가장 좋아하는 시인이자 철학자인 루미의 시에 이런 글귀가 있습니다.

"이것은 진정한 실재가 아니다. 진정한 실재는 커튼 뒤에 있다. 사실 우리는 여기 있지 않다. 이것은 우리의 그림자다."

우리가 일상에서 경험하는 실재는 단지 그림자 연극에 불과합니다. 커튼 뒤에는 영혼이 있습니다. 시공간을 초월한 살아 있고, 역동적이며, 불멸하는 영혼이 있습니다. 그 영혼의 영역에서 움직일 때 우리는 의식적으로 자신의 운명에 영향을 미칠 수 있습니다. 이 일은 동시성 운명을 통해 일어나지요. '비인과적'으로 보이는 관계들이 동시에 일어나 운명을 만들어 내는 동시성 운명 말입니다. 동시성 운명에서 우리는 감각 너머의 세계, 곧 영혼의 영역을 이해함으로써 자신의 삶을 만들어 내는 일에 의식적으로 참여합니다.

우주에서 일어난 우연의 일치

일련의 놀랄 만한 우연의 일치가 존재하지 않는다면 이 세상에는 아무것도, 절대적으로 아무것도 존재하지 않았을 것입니다. 저는 한때 우주를 탄생시킨 빅뱅에 대해 설명하는 한 물리학자의 논문을 읽은 적이 있습니다. 빅뱅이 일어난 순간 생성된 입자의 수는 반입자의 수보다 약간 더 많았습니다. 그 후 입자와 반입자가 서로 충돌하고 소멸시키면서 우주를 광자로 가득 채웠습니다. 초기의 불균형으로 인해 소멸 후 몇 개의 입자가 남았고 이것이 우리가 물리적 영역으로 알고 있는 것들을 만들어 냈습니다.

당신과 나, 그리고 모든 별과 은하를 포함한 우주의 나머지 부분들은 빅뱅의 순간에 남은 물질들입니다. 그때 남은 입자의 총수는 10^{80}(1 뒤에 0이 80개인 수)입니다. 입자의 수가 조금이라도 더 많았다면 중력이 어린 우주를 강제로 붕괴시켜 하나의 거대한 블랙홀을 형성했을 것입니다. 즉 당신도, 저도, 별도, 은하도 존재할 수 없었을 것이라는 뜻입니다. 한편 입자의 수가 조금이라도 더 적었다면 우주는 너무 빨리 팽창하여 지금과 같은 은하가 형성될 시간이 없었을 것입니다.

최초의 원자는 수소였습니다. 원자의 핵을 고정하는 강한 힘이 단 몇 퍼센트만 약했더라도 수소가 헬륨이 되기 전에 거치는 단계인 중수소는 발생하지 않았을 것이고, 그러면 우주는 여전히 순수한 수소로 남아 있었을 것입니다. 반면에 핵력이 조금이라도 더 강했다면 모든 수소는 빠르게 연소되어 별들을 위한 연료가 남아 있지 않게 되었을 것입니다. 따라서 별들이 초신성으로 진화하고 무거운 원소가 만들어질 수 있기 위해서 중력은 정확히 그 세기가 되어야 했고, 전자를 제자리에 고정해 두는 전자기력도 정확히 그 정도가 필요했습니다. 조금 더 강하거나 조금 더 약해선 안 되었습니다.

생물체의 탄생에 필수적인 탄소와 산소가 만들어지기 위해서는 빅뱅의 순간부터 많은 우연의 일치가 발생하고, 계속 발생해야 했습니다. 당신과 내가 존재하고 별과 은하, 행성이 있는 우주가 존재한다는 것은 정말 일어날 가능성이 희박한 사건인 것입니다! 완전한 우연의 일치입니다! 시간의 탄생까지 거슬러 올라가는 하나의 기적이지요.

만약 당신이 그때 어느 시점엔가 우주를 바라보았다면, 당신은 우주가 어떻게 발전해 나아갈지 전혀 알지 못했을 것입니다. 별들이 형성되고 있었을 때 행성을 상상할 수 있었을까요? 기린과 거미, 새와 인간은 말할 것도 없겠지요. 정자와 난자가 만나 당신과 같은 인간 존재를 만들어 냈을 때, 그 누구도 당신의 삶에 일어날 놀라운 이야기, 파란만장한 삶, 당신이 만나게 될 사람들, 당신이 낳게 될 아이들, 당신이 만들어 갈 사랑, 당신이 이 땅에 남기게 될 흔적 등을 상상조차 할 수 없었을 것입니다. 하지만 바로 여기 당신이 있잖아요. 당신은 매일 그런 기적을 보여 주는 살아 있는 증거입니다.

동시성의 메커니즘은 천천히, 그러나 반드시 적절한 때에

기적은 사람들로 하여금 순식간에 희열을 느끼게 하는 마법처럼 눈에 보이는 것은 아닙니다. 하지만 그렇다고 해서 기적이 일어나지 않는다고 말할 수는 없습니다. 많은 기적이 밖으로 드러나 인식되기까지는 시간이 걸립니다.

천천히 진행되는 동시성의 메커니즘을 설명해 주는 저의 사례를 또 하나 이야기하겠습니다. 제가 열 살이나 열한 살쯤이었던 어느 날 아버지가 저와 동생을 데리고 인도 팀과 서인도제도 팀 간에 치러진 크리켓 경기를 보러 가셨습니다. 서인도제도 팀에는 시속 150km로 공을 던질 수 있는 뛰어난 크리켓 선수들이 있었습니다. 경기 중에 인도 팀이 서인도제도 팀에 5점 차이로 뒤져 있었는데, 크리켓에서는 이 정도 점수 차면 이미 끝난 게임이었습니다. 그때 인도 팀에서 두 명의 젊은 선수가 등판했습니다. 개인정보 보호 차원에서 그들을 '살림'과 '모한'이라고 부르겠습니다.

두 선수의 활약은 정말 대단했습니다. 그들은 경기를 휘어잡았고, 모든 공을 방어해 냈으며, 등판할 때마다 '6점 타'를 기록했습니다. 두 선수 덕분에 인도 팀은 다 진 줄 알았던 경기에서 승리할 수 있었습니다. 경기장에서는 마치 폭동에 가까울 정도로 대단한 환호성이 터져 나왔습니다. 사람들이 투구장에 불까지 질렀을 정도였지요. 저와 동생에게 두 크리켓 선수는 영웅이 되었습니다. 그 후 우리는 오직 크리켓만 꿈꿨습니다. 크리켓 클럽을 창단했고 살림과 모한 두 선수에 대한 정보를 수집해 스크랩북을 만들기 시작했습니다.

그 후 40년이 지난 어느 날이었습니다. 친구 세 명과 저는 호주를 여행하고 있었는데 그날따라 공항까지 가는 택시가 도저히 잡히질 않았습니다. 호주 팀과 서인도제도 팀 간에 치러지는 크리켓 경기로 인해 택시가 만차인 데다 렌터카까지 예약이 완료되어 렌터카 대여도 할 수가 없었습니다. 결국 호텔 측에서 공항으로 가는 리무진이 있다고 알려 주어 가 보았더니 그 차에는 이미 다른 사람들이 타고 있었습니다. 다행히 동석해도 괜찮다고 하더군요. 저희는 운이 좋다고 생각하며 리무진에 탔습니다. 리무진에는 캄라라는 여성과 한 남성이 타고 있었습니다.

공항으로 가는 동안 가끔씩 리무진 운전기사가 탄식하는 소리를 내뱉어 무슨 일인지 궁금했습니다. 이유인 즉, 서인도제도 크리켓 팀이 호주 팀을 크게 이기고 있다는 것이었습니다. 바로 그 순간 제 의식은 어린 시절 관람했던 크리켓 경기에 대한 기억으로 가득 찼습니다. 정말 멋진 기억이었기에 동료 승객들과 그 이야기를 나누었습니다. 그 경기는 수십 년 전에 열렸지만 저는 여전히 그 경기를 세세하게 하나하나 묘사할 수 있었습니다.

마침내 공항 발권 창구에 도착했을 때입니다. 직원이 캄라에게 그녀의 항공편 예약이 다음 날로 되어 있다고 말했습니다. 그녀가 잘못된 날짜에 온 것이지요! 캄라는 당일 항공편을 구할 수 있는지 알아봐 달라고 부탁했지만 모든 항공편이 예약된 상태였습니다. 할 수 없이 호텔에 전화해 하룻밤 더 묵을 수 있는지 알아봤지만 크리켓 경기로 인해 호텔 역시 만실이었습니다. 그래서 저희는 캄라에게 호주 브리즈번으로 함께 가자고 제안했습니다. 그러면서 제 친구 중 한 명이 캄라에게 이런 이야기를 해주었습니다. 살다 보면 좀처럼 일어나기 힘든 일이 일어나기도 하지만, 그래도 그 우연의 일치라는 것이 우주의 의도를 알려 주는 단서일 수도 있다고 말이지요. 결국 그녀는 우리와 함께 비행기에 올라탔습니다.

비행기에서 제 왼쪽에 앉은 한 인도인이 저를 알아보고는 제가 쓴 책 중 하나인 『성공을 부르는 일곱 가지 영적 법칙』을 꺼내 사인을 부탁했습니다. 그의 이름을 물었더니 "라무"라고 하더군요. 저는 말했습니다.

"좋아요, 라무. 성이 어떻게 되시죠?"

그는 "메논"이라고 했습니다. 제가 말했습니다.

"모한 메논의 아들은 아니시죠? 혹시 그런가요?"

그러자 그렇다는 거예요. 모한 메논은 수십 년 전 제가 동생과 함께 관람했던 크리켓 시합에 등판했던 두 선수 중 한 명으로, 제 영웅이었습니다!

우리는 두 시간 동안 이야기를 나눴습니다. 저는 당시의 감정에 완전히 푹 빠졌습니다. 마치 미국의 야구 영웅 베이브 루스의 아들과 대화하는 것 같았지요. 그도 크리켓을 하냐고 물었더니 지금은 안 하지만 예전에는 대단한 크리켓 선수들과 함께 뛰었다고 하더군요. 누구와 함께 뛰었냐고 물었더니 "라비 메라"라고 답했습니다. 그 말을 하자마자 제 뒤에 앉아 있던 캄라가 비명을 질렀습니다. 라비 메라는 그녀의 오빠였던 것입니다!

대화를 시작하면서 둘은 서로가 서로에게 도움이 될 만한 사업적 인맥을 가졌다는 것을 알게 되었고, 후에 서로를 도와 큰돈을 벌었습니다. 그때 저는 방금 만난 낯선 두 사람의 삶을 변화시키는 행운의 촉매제 역할을 한 셈이었습니다! 첫 번째 크리켓 경기 관람 후 약 40년이 지나 복잡하고 예측할 수 없는 관계의 그물망이 새로운 기회를 만들어 낸 것입니다.

자신이 삶에서 겪은 경험이 언제 어떻게 다시 나타날지는 아무도 모릅니다. 언제 우연의 일치가 일어나 일생일대의 기회로 이끌어 갈지도 결코 알 수 없는 법이지요.

주의 집중과 의도가 우연의 일치에 미치는 영향

의식은 당신의 주의 집중과 의도 둘 다에 반응해 자신의 활동을 조직화합니다. 당신이 주의를 기울이는 것은 무엇이든 에너지를 얻고, 당신이 주의를 딴 데로 돌리는 것은 무엇이든 에너지를 잃어버립니다. 반면 우리가 앞서 살펴본 것처럼, 의도는 변화의 열쇠입니다. 따라서 주의 집중은 에너지장을 활성화하고, 의도는 정보의 장을 활성화하여 변화를 일으킨다고 할 수 있습니다.

당신이 말을 할 때마다 당신은 소리의 파동을 사용해 에너지장으로 정보를 전달합니다. 이메일을 보내거나 받을 때도 정보와 에너지를 모두 사용합니다. 당신이 선택한 단어에는 정보가 들어 있고, 에너지는 사이버 공간을 이동하는 전자기적 충격입니다. 이처럼 정보와 에너지는 떼려야 뗄 수가 없는 불가분의 관계입니다.

당신이 특정 단어나 색상 또는 사물에 주의를 기울일 때 주변에서 바로 그것들이 더 자주 눈에 띄는 경험을 해본 적이 있나요?

저의 첫 번째 차는 빨간색 폭스바겐 비틀이었습니다. 평소 저는 차에 관심이 별로 없어서 도로에서 폭스바겐을 거의 알아보지 못했습니다. 하지만 폭스바겐을 타게 되면서부터는 어디서나 폭스바겐이 보였습니다. 도로 위를 달리는 자동차 세 대 중 한 대꼴로 제가 타고 있는 빨간색 폭스바겐 비틀인 것 같았지요! 당시 그 작은 차가 우주에서 더 큰 역할을 맡고 있었다는 말은 아니지만, 그 차에 주의를 기울이면서 폭스바겐 비틀과 관련된 모든 것이 제 관심 영역에 갑작스레 등장했습니다.

우리의 매일의 일상에서는 우리의 의식을 뚫고 들어오지 못하는 수백만 가지의 일들이 일어납니다. 즉 거리에서 들려오는 소음, 주변 사람들이 나누는 대화, 눈으로 빠르게 훑어보고 지나가는 신문 기사, 옷에 새겨진 무늬, 신발의 색깔, 냄새, 질감, 맛 등이 그렇지요. 우리의 의식은 일정량의 정보만을 처리할 수 있기에, 우리는 선택해서 주의를 기울입니다. 우리가 주의를 집중하기로 선택한 것은 그 무엇이든 마음속 여과 장치를 통과할 것입니다.

예를 들어, 제가 파티에서 당신과 이야기를 나누고 있다고 가정해 봅시다. 우리는 흥미로운 주제로 대화를 나누고 있고, 파티에 참석한 다른 사람들은 우리 뒤에서 왁자지껄 떠들고 있습니다. 그런데 저쪽 방 끝에 있는 누군가가 당신에 대해 이야기하기 시작하자, 그 말이 당신의 귀에 들리고, 당신은 그 말에 바짝 귀를 기울입니다. 파티의 시끌벅적한 잡음들은 어느새 사라지고, 제가 아무리 당신 바로 옆에 서서 당신의 귀에 대고 이야기하고 있을지라도 제 말은 당신의 귀에 전혀 들리지 않습니다. 이것이 바로 주의 집중의 힘입니다.

물리적 영역에서 우리가 정보를 얻을 수 있는 방법은 많습니다. 신문이나 책, 텔레비전, 라디오, 휴대폰 등 다양하지요. 이는 다양한 정보를 활용하는 방법이며 그 외에도 많습니다. 단지 주변 환경을 보고, 듣고, 느끼고, 냄새 맡고, 맛보는 등 당신의 감각 기관을 열어 두면 됩니다. 하지만 영혼의 수준에서 정보를 활용하고 싶다면 다른 방법이 필요합니다.

우연의 일치를 끌어당기는 힘이 있다

우리는 보통 보이지 않는 영역에는 주의를 기울이지 않습니다. 하지만 보이는 세상에서 일어나는 모든 일이 그 영역에 뿌리를 두고 있습니다. 모든 것은 다른 모든 것과 연결되어 있습니다.

영적 영역에서는 이러한 연결이 눈에 보입니다. 그러나 물리적 영역에서 우리는 우연의 일치가 주는 단서에서만 그 연관성을 얼핏 엿볼 뿐입니다. 주의 집중이 에너지를 만들어 낸다면, 의도는 그 에너지를 변화시킵니다. 주의 집중과 의도는 영적 대가들이 사용하는 가장 강력한 도구입니다. 그것들은 특정 종류의 에너지와 정보를 끌어오는 촉매입니다.

따라서 우연의 일치에 더 많은 관심을 기울일수록 당신은 또 다른 우연의 일치를 더 많이 끌어오게 되는데, 이는 그 우연의 일치의 의미를 명확히 하는 데 도움이 됩니다. 우연의 일치에 주의를 기울이는 것은 에너지를 끌어오는 것이고, 그다음에 당신이 "이 일이 과연 무슨 의미일까?"라고 물으면 정보가 모입니다. 그 질문에 대한 답은 통찰이나 직관적 느낌, 또는 우연한 만남이나 새로운 관계를 통해 올수 있습니다. 당신은 전혀 관련이 없어 보이는 네 가지 우연의 일치를 경험한 후 저녁 뉴스를 보다가 문득 통찰을 얻을 수도 있습니다.

'아하! 그 일이 바로 나를 위한 것이었구나! 그런 의미였어!' 하면서 말이지요.

우연의 일치에 더 많은 주의를 기울이고 그 의미를 탐구하면 할수록 우연의 일치는 더 자주 발생하고 그 의미는 더 명확히 드러납니다. 일단 당신이 우연의 일치를 알아차리고 해석해 낼 수만 있다면, 당신이 바라는 대로 이루어지는 길이 나타날 것입니다.

대부분의 사람들이 경험하는 과거는 기억 속에만 존재하고, 미래는 상상 속에만 머물러 있습니다. 그러나 영적 영역에서는 과거와 미래, 그리고 삶에서 일어날 수 있는 모든 일이 동시에 존재합니다. 모든 일이 한꺼번에 일어나는 것입니다. 이는 마치 제가 25곡의 노래가 녹음된 CD로 음악을 들으면서 한 순간에 트랙 1에 녹음된 한 곡만 듣고 있는 것과 같습니다. 다른 곡들은 여전히 CD에 담겨 있지만 제가 듣고 있지 않을 뿐입니다. 만약 제가 그 곡들이 있다는 사실을 인식하지 않는다면 그 곡들은 존재하지 않는다고 생각할 수도 있겠지요. 하지만 만약 제 삶의 경험에 트랙을 바꿔 주는 장치가 있다면 저는 어제도, 오늘도, 내일도 쉽게 들을 수 있을 것입니다.

더 깊은 자아에 맞닿은 사람은 이처럼 더 깊은 영역에 접근할 수 있습니다. 왜냐하면 이 자아는 우주로부터 분리되어 있지 않기 때문입니다. 불교에서는 우리의 '자아'는 존재하는 모든 것과 연결된 '상호 연관된 존재'라고 말합니다. 당신은 우주의 양자 수프에서 분리될 수 없는 일부입니다.

무엇에 주의를 기울여야 우연의 일치가 끌어당겨질까?

이제 우리는 우연의 일치에 주의를 기울이면 더 많은 우연의 일치를 끌어올 수 있고, 그 일에 어떤 의도가 있다고 생각하면 그 우연의 일치에 담긴 의미가 드러난다는 것을 알게 되었습니다. 이런 식으로 우연의 일치는 우주의 의지를 알려 주는 단서가 되며, 우주의 동시성을 보며 삶의 무한한 가능성을 활용할 수 있는 방법을 제시해 줍니다.

하지만 수십억 개의 다양한 정보가 수시로 쏟아지는 상황에서 무엇에 주의를 기울여야 할지 어떻게 알 수 있을까요? 매일 차 한 잔을 마시거나 텔레비전 광고를 볼 때 또는 길거리에서 낯선 사람의 눈빛과 마주치는 등 그 하나하나의 무의미해 보이는 일들에서 의미를 찾으려는 헛수고를 하지 않으려면 어떻게 해야 할까요? 반대로, 어떻게 하면 그 소중한 기회를 놓치지 않을 수 있을까요?

이 질문에는 간단하게 답할 수 없습니다. 동시성 운명을 살아가는 법을 배우는 과정 중에는 주변 환경을 민감하게 느끼는 일이 포함되기 때문이지요. 지금 잠시 눈을 감아 보세요. 그리고 당신 주변 환경에 있는 모든 것을 느껴 보세요. 어떤 소리가 들리나요? 지금 이 순간 어떤 냄새가 나고, 어떤 느낌이 들고, 어떤 맛이 나나요? 잠시 각각의 감각에 주의를 기울이고 완전히 느껴 보기 바랍니다.

만약 당신이 이런 연습을 한 번도 해본 적이 없다면, 아마도 당신은 이런 일상적인 자극들 중 몇 가지를 쉽게 놓쳐 버렸을 것입니다. 그 자극이 희미해서가 아닙니다. 너무 익숙해서 더 이상 신경 쓰지 않기 때문이지요.

예를 들어 다시 질문해 보겠습니다. 당신은 주변 환경에서 무엇을 느꼈나요? 온도는 어땠나요? 바람이 솔솔 불어왔나요? 아니면 대기가 차분했나요? 지금 앉아 있는 의자에 몸의 어떤 부분이 닿아 있나요? 허벅지 뒤쪽이나 허리쪽에 지그시 눌리는 압력이 느껴졌나요? 무슨 소리가 들렸나요? 대부분의 사람들은 멀리서 들리는 개 짖는 소리나 옆방에서 아이들이 노는 소리는 쉽게 알아차리지요. 하지만 좀 더 알아차리기 힘든 소리는 어때요? 난로에서 불길이 타닥거리는 소리나 에어컨에서 나오는 바람 소리 같은 것 말이지요. 혹시 당신이 숨 쉬는 소리가 들리나요? 배에서 꼬르륵거리는 소리는요? 희미하게 들리는 자동차 소음은 어떤가요?

주변 사건과 자극에 민감한 사람들은 우주에서 보내는 우연의 일치도 민감하게 느낄 것입니다. 우리가 받는 단서들은 항상 우편으로 오거나 텔레비전 화면에서 번쩍이며 찾아오지는 않습니다(물론 그럴 때도 있습니다). 그 단서들은 열린 창문 사이로 스며드는 담배 냄새처럼 알아차리기 어려울 수도 있습니다. 그 담배 냄새가 당신에게 아버지를 생각나게 하고, 아버지가 좋아했던 책을 떠올려 주며, 곧 그 책이 지금 당신의 인생에서 중요한 역할을 하게 되는 식이지요.

적어도 하루에 한 번 1-2분 정도는 시각, 청각, 미각, 촉각, 후각 등 오감 중 하나에 집중해 보세요. 그리고 그 감각이 주는 다양성을 가능한 한 많이 알아차리세요. 처음에는 힘들겠지만 곧 자연스러워질 것입니다. 다른 감각들이 당신을 너무 산만하게 만든다면 그 감각들을 차단하세요. 예를 들어, 코를 막고 눈을 감은 상태에서 다양한 음식을 맛보는 것입니다. 음식의 모양이나 냄새는 신경 쓰지 말고 오직 음식을 씹는 느낌에만 집중해 보세요.

가장 강력하고 특이한 자극이 주어진다면 자연스럽게 당신의 주의를 끌 것입니다. 이것이 바로 당신이 주변 환경에서 가장 주의 깊게 살펴봐야 하는 자극입니다. 그리고 정말 불가능해 보이는 우연의 일치가 일어난다면, 그것은 정말 강력한 단서가 됩니다. 결혼을 생각하고 있는데 결혼반지 광고를 많이 보게 되는 것은 가벼운 우연의 일치입니다. 왜냐하면 그런 광고는 곳곳에 넘쳐 나기 때문이지요. 하지만 조안나에게 프로포즈하는 순간, 머리 위로 "조안나, 나와 결혼해 줘"라고 적힌 현수막이 달린 비행기가 날아가는 것은 정말 불가능해 보이는 우연의 일치이며, 우주가 당신을 위해 계획한 길을 보여 주는 매우 강력한 메시지입니다.

우연의 일치가 일어나면 무시하지 말고, 스스로에게 물어보세요.

"여기에 어떤 메시지가 담겨 있는가? 이것의 의미는 무엇인가?"

답을 찾으려고 너무 애쓸 필요는 없습니다. 단지 질문을 던지세요. 그러면 답이 떠오를 것입니다. 그 깨달음은 갑작스런 통찰로 올 수도 있습니다. 자연스러운 창조적 경험을 통해서도, 전혀 다른 무언가를 통해서도 우연의 일치에 담긴 의미를 알게 될 수 있지요. 어쩌면 우연의 일치가 일어난 그 일과 어떤 식으로든 관련된 사람을 만날 수도 있습니다. 만남, 관계, 우연한 만남, 상황은 즉시 그 의미에 대한 단서를 제공해 줄 것입니다. 그러면 우리는 그 순간, '아, 그래서 그런 거였어!' 하게 되겠지요.

저와 내분비학자와의 마지막 말다툼이 어떻게 해서 그동안 제가 보기만 했을 뿐 전혀 주의를 기울이지 않았던 「보스턴 글로브」 지의 작은 구인 광고에 마침내 의미를 부여했는지를 생각해 보세요. 핵심은 주의를 기울이고 질문하는 것입니다.

우연의 일치를 활용하기 위한 방법, 재현

우연의 일치를 더 잘 활용하기 위해 할 수 있는 또 다른 방법은 일기를 쓰는 것입니다. 저는 수년간 일어난 우연의 일치들을 메모한 후 그것들을 작은 우연의 일치, 중간 우연의 일치, 큰 우연의 일치, 매우 큰 우연의 일치로 분류합니다. 당신에게 편한 방식으로 이 작업을 해보세요. 어떤 사람은 매일 일기를 쓰면서 우연의 일치 같아 보이는 단어나 문구, 사물의 이름에 밑줄을 긋거나 형광펜으로 표시하는 것이 가장 쉬운 방법일 수도 있을 것입니다. 또 누군가는 특별한 우연의 일치만 적어 두는 일기를 쓰기도 합니다. 페이지마다 중요한 우연의 일치를 하나하나 적고, 그와 관련된 일들을 기록하는 식이지요.

우연의 일치를 깊이 연구하고 싶은 분들에게 제가 추천하는 과정 중하나는 '재현'입니다. 이것은 자신의 삶과 꿈을 관찰하는 관찰자의 입

장에 서는 것으로, 우연의 일치가 당신의 삶과 어떤 연관성이 있는지, 그 주제와 이미지 등을 더 명확하게 하는 방법입니다. 꿈을 꾸고 있을 때 우리는 보편적 영혼과 더 분명히 연결되기에, 재현 과정은 당신을 완전히 새로운 차원의 우연의 일치에 다가갈 수 있게 해줍니다.

밤에 침대로 가서 잠들기 전 몇 분 동안 앉아서 그날 낮에 일어났던 모든 일을 의식의 화면에 띄워 놓고 지켜보세요. 당신의 하루를 영화 보듯 보는 것이지요. 아침에 일어나 양치질하고, 아침을 먹고, 출근하고, 업무를 처리하고, 집에 돌아와 저녁을 먹고 잠자리에 들기까지 자신에게 하루 동안 있었던 모든 순간을 지켜보세요. 당신이 보고 있는 것을 분석하거나 평가하거나 판단할 필요는 없습니다. 그냥 영화를 보듯 보세요. 모든 것을 보세요. 그러면 그 당시에는 중요하다고 생각하지 않았던 것들이 눈에 확 들어올 수 있습니다. 약국 계산대 뒤에 있던 여성의 머리카락 색깔이 어렸을 때 어머니의 머리카락 색깔과 같다는 것을 알아차릴 수도 있습니다. 또는 어머니 손에 이끌려 약국 복도를 지나가면서 엉엉 울고 있는 어린아이에게 특별히 관심이 갈 수도 있습니다. 당신이 하루 동안 의식적으로 주의를 기울이지 않았던 일들이 오늘 당신의 영화 속에 등장하는 것은 놀라운 일입니다.

영화 속에서 하루가 지나가는 장면을 보면서 자신을 객관적으로 바라보는 기회로 삼아 보세요. 자부심 있게 일하는 자신의 모습을 발견할 수도 있고, 때로 부끄러운 일을 하고 있는 자신을 볼 수도 있겠지요. 다시 한 번 강조하지만, 재현의 목적은 평가가 아닙니다. 주인공의 행동, 즉 당신의 자아라는 등장인물에 대해 작은 통찰을 얻으려는 것입니다.

짧게는 5분, 길게는 30분 정도 걸리는 재현 과정이 끝나면 스스로에게 이렇게 말하세요.

"내가 지켜본 모든 것, 나의 하루를 보여 준 이 영화는 이제 안전하게 저장되었다. 나는 이 영상을 내 의식의 화면으로 불러올 수도 있지만, 내가 놓아 버리자마자 그것은 바로 사라져 버린다."

영화는 이제 끝났습니다. 그런 다음 당신은 잠이 들면서 자신에게 이렇게 말하세요.

"내가 지금 오늘 하루를 재현한 것처럼, 나는 내 영혼과 나의 영, 나의 잠재의식에게 내 꿈을 지켜보라고 지시한다."

처음에는 별다른 변화를 느끼지 못할 수 있습니다. 하지만 몇 주 동안 매일 밤 이 연습을 하면, 당신의 꿈은 영화 속 장면이 되고 그 모든 것을 지켜보는 사람이 바로 당신 자신이 되는 아주 분명한 경험을 하게 될 것입니다. 아침에 일어나면 밤에 낮 동안에 일어난 일을 재현했듯이 지난밤을 재현하세요.

일단 꿈을 영화처럼 볼 수 있게 되면 기억에 남는 몇 가지 장면을 기록해 보세요. 그 장면들을 일기장에 적으세요. 우연의 일치에 특별히 주목해 메모해 두세요. 초공간적 지성은 깨어 있을 때와 마찬가지로 잠자는 중 꿈속에서도 단서를 제공합니다. 낮 동안에 당신은 사람들을 만나고, 상호작용을 하고, 일정한 상황이나 환경, 사건, 관계 속에 있는 자신을 발견합니다. 그리고 밤에도 그러한 상황 속에 있는 자신을 발견하게 되지요. 차이점은 낮에는 일어나는 일에 대한 논리적이고 합리적인 설명이 있는 듯 보인다는 것입니다. 당신의 꿈은 당신의 의식이 투영된 것이며, 이는 당신이 걸어가는 삶의 길을 해석하는 방식입니다. 꿈의 메커니즘과 소위 현실에서 우리에게 일어나는 일들의 메커니즘은 똑같이 영혼이 투영된 것입니다. 우리는 단지 관찰자일 뿐이지요.

그런 다음 당신은 점차 꿈과 일상의 현실 모두에서 반복되는 어떤 상관성과 이미지들을 보게 됩니다. 우연의 일치가 더 많이 일어날수록 더 많은 단서들이 제공되어 우리의 행동을 이끌어 갑니다. 더 많은 기회가 찾아오고, 더 많은 '행운'을 만납니다. 이 단서들은 우리의 삶이 향해야 하는 방향을 제시해 줍니다. 재현 과정을 통해 우리는 반복되는 패턴을 발견하면서 삶의 신비를 풀어 가기 시작하지요.

재현 과정은 특히 파괴적인 나쁜 습관에서 벗어나는 데 도움이 됩니다. 삶은 일정한 주제를 중심으로 펼쳐져 갑니다. 때로는 이러한 주제가 우리에게 유익하게 작용하기도 합니다. 하지만 때로 불리하게 작용하기도 하는데, 특히 우리가 같은 패턴이나 주제를 반복하면서 결과는 다르기를 바랄 때 더욱 그렇습니다. 예를 들어, 이혼한 사람들 대부분이 다시 사랑에 빠지지만 결국 이전과 똑같은 종류의 문제에 빠지고 마는 식이지요. 그들은 같은 정신적 충격을 반복해서 겪고, 같은 괴로움에 시달리다가 "왜 나한테는 이런 일이 계속해서 일어나는 걸까?"라고 말합니다.

재현 과정은 이러한 패턴을 보도록 도와줄 수 있으며, 일단 패턴을 확인하기만 하면 더욱 의식적인 결정을 할 수 있습니다. 반드시 일기를 써야 하는 것은 아닙니다. 하지만 통찰과 우연의 일치가 나타나도록 표면으로 끌어올리는 데 일기가 도움이 됩니다.

민감하게 깨어서 우연의 일치를 관찰하라

그러므로 낮에 일상생활을 하고 밤에 꿈을 꾸는 동안 민감하게 깨어서 우연의 일치를 관찰하세요. 그러면서 시공간에서 통계적으로 일어날 확률이 매우 적은 일에 특별한 주의를 기울이세요. 우리 모두는 실제로 어떤 일이 일어날지는 모르더라도 내일을 위해 어느 정도 계획은 세워 둘 필요가 있습니다. 우리의 그러한 계획을 뒤엎는 일, 우리가 생각한 궤도에서 벗어나는 일은 무엇이든 중요한 통찰을 줄 수 있습니다. 당신이 기대했던 사건이 일어나지 않는 것조차 우주의 의도를 파악하는 단서가 될 수 있습니다.

아침에 잠자리에서 억지로 일어나 싫어하는 일을 하기 위해 출근하는 사람, 자신이 맡은 업무가 버거운 사람, 하루 종일 사무실에서 보낸 후 '죽을 것 같다'고 느끼는 사람은 재현 과정에 관심을 기울이세요. 이 과정은 삶에서 더 많은 성취감을 느낄 수 있는 방법이 반드시 있다는 사실을 알려 주는 중요한 신호들이 됩니다. 어쩌면 기적은 가까이에 있을지도 모릅니다. 하지만 당신이 의도를 갖고, 우주가 보내는 단서를 민감하게 느끼고, 우연의 사슬을 따라가면서 자신이 가장 바라는 운명을 만들어 내려고 하지 않는 한 당신은 결코 기적을 경험하지 못할 것입니다.

물론 삶은 힘들고, 우리 각자에게는 매일 감당해 내기 어려운 집안일, 책임 및 의무가 있지요. 우연의 일치가 여기저기서 날아들 수도 있고, 완전히 고갈된 듯 보일 수도 있습니다. 이렇게 복잡한 세상에서 당신은 어떻게 당신의 길을 찾을 수 있겠습니까? 매일 5분만 시간을 내어 조용히 앉아 있어 보세요. 그리고 당신의 가슴과 머리에 다음 질문들을 물어보세요.

"나는 누구인가?"

"나는 내 삶에서 무엇을 원하는가?"

"오늘 나는 내 삶에서 무엇을 원하는가?"

그런 다음 편안하게 놓아 버리세요. 당신의 의식의 흐름이, 고요한 내면의 소리가 답하게 하세요. 그런 다음 5분 후에 답을 적으세요. 이 일을 매일 하세요. 그러면 상황과 환경, 그리고 사건과 사람들이 그 답을 중심으로 조직화되는 것을 보면서 당신은 깜짝 놀라게 될 것입니다. 이것이 바로 바라는 대로 이루어지는 동시성 운명의 시작입니다.

이런 경험이 처음인 사람들은 이 질문들에 답하는 것이 어려울 수 있습니다. 우리 중 많은 사람들은 자신의 소망과 필요를 중심에 놓고 생각하는 일이 익숙하지 않으며, 설령 생각한다 해도 자신이 바라는 소망이 반드시 이루어질 것이라고 기대하지 않습니다.

만약 당신이 삶의 목표를 스스로 정해 본 적이 없다면 어떻게 해야 할까요? 우주가 우리에게 하나의 결정적인 단서, 즉 우리가 나아가야 할 방향을 가리키는 거대한 나침반을 제공해 준다면 도움이 되겠지요. 사실 나침반은 바로 당신에게 있습니다. 나침반을 발견하려면 자신의 내면을 들여다보고 당신 영혼의 가장 순수한 소망, 즉 당신의 삶에 대해 당신의 영혼이 꿈꾸는 바로 그것을 발견해야 합니다.

조용히 자리에 앉으세요. 일단 당신이 이루어지기를 바라는 소망을 드러내고 그 본질을 이해하면, 당신은 영원한 등대와도 같은 것을 소유하게 됩니다. 우리는 그것을 '원형'이라는 상징의 형태로 분명하게 표현할 수 있습니다.

6장

동시성 운명의 핵심, 내 삶의 원형 찾기

우리는 이제 동시성 운명의 핵심에 도달했습니다. 우리는 영혼의 이중적 본질을 발견했으며, 파도가 바다의 일부인 것처럼 우리가 초공간적 지성의 완전한 일부라는 사실을 이해하고 있습니다. 우리는 모든 것 속에서 동시성을 보는 법을 배웠습니다. 동시성은 우주의 근원과 우리를 연결시키는 모체(matrix)입니다.

우리는 우연의 일치를 우리의 운명의 방향을 알려 주는 초공간적 지성의 메시지로 소중히 대하는 법을 배웠습니다. 또한 우리의 의도가 그 방향에 영향을 미칠 수 있다는 것도 알고 있습니다. 이 모든 정보는 충만한 삶을 살아가기 위해 반드시 필요합니다. 하지만 어떻게 일상생활을 살아 나갈지 그 지침을 찾기 위해서는 여전히 자아에 대한 다음 핵심 질문에 답해야만 합니다.

"내 꿈과 소망은 무엇인가?"

그리고 이 질문에 대한 답은 추가적으로 다음 질문들을 계속해서 던짐으로써 얻을 수 있습니다.

"나는 누구인가?"

"나는 무엇을 원하는가?"

"내 삶의 목적은 무엇인가?"

원형이란 무엇이며 나에게 무슨 의미가 있는가?

우리는 가장 깊은 관계들과 의미들과 맥락들이 영혼에서 온다는 것을 알고 있습니다. 그리고 웅장하고 경이롭고 신화적인 것들에 대한 열망 역시 궁극적으로는 영혼에서 비롯됩니다. 이 땅에 사는 동안, 이러한 개별적인 영혼은 신화적 탐구를 완수하지 않는 한 자신의 목적을 이룰 수 없을 것입니다. 신화적 탐구는 우리의 운명을 조직화하는 '원대한 계획'으로 볼 수 있습니다.

모든 인간 존재의 내면에는 무엇보다 중요한 주제가 있는데, 그것은 바로 영웅적 삶의 모델, 즉 탄생하기를 갈망하는 태아 상태의 신 또는 여신이라고 할 수 있습니다. 이것은 바로 우리가 원래 존재해야 할 자아이자, 우리 대부분이 자신 앞에 펼쳐진 무한한 가능성의 장을 볼 수 없기에 스스로 부인하는 자아이기도 합니다. 이것이 우리의 최고의 자아요, 이타적 자아요, 우주가 공동의 선을 위하여 우리를 통해 행동하는 부분입니다.

보통의 평범한 삶을 사는 사람들은 자기 내면에 있는 신화적 존재와 접촉한 적이 없습니다. 당신은 영혼에 새겨진 계획을 이해하고, 맥락과 의미들을 부여하는 관계들을 키우고, 신화적인 드라마를 직접 연기함으로써 깨달음에 도달할 수 있습니다. 거기에서 사랑과 연민이 생겨납니다. 거기에서 성취와 완성이 이루어집니다.

이러한 신화적 이야기들, 그 안에 있는 영웅과 여걸을 '원형'(archetype)이라고 합니다. 원형은 집단적이고 보편적 영혼의 영역에 존재하는 영원한 주제입니다. 이러한 주제는 우리의 집단적 영혼의 갈망과 상상과 가장 깊은 소망을 표현한 것입니다. 이 주제는 영원히 존재해 왔습니다. 우리는 이 주제를 고대 문헌과 시대를 이어 전해진 문학 작품들에서 볼 수 있습니다. 역사적 시기에 따라 그 형태는 달라졌지만 핵심은 그대로입니다. 이러한 원형은 오늘날의 영화, 텔레비전 드라마, 선정적인 신문에서도 발견됩니다.

어떤 인물이나 캐릭터가 '삶보다 더 큰 존재'가 될 때마다 우리는 원형이 연기되는 장면을 보게 됩니다. 이러한 인물은 일반적으로 복잡하지 않으며, 순수한 의도를 가진 모습으로 표현됩니다. 신성하거나 악마적인 인물, 성스럽거나 신성모독적인 인물, 죄인이거나 성자, 모험가, 현자, 구도자, 구세주, 사랑의 대상, 구속자 등은 모두 집단적인 영혼의 의식 에너지가 과장되게 표현된 것입니다.

원형은 집단적인 영혼에서 탄생하지만 개별적인 영혼에 의해 연기됩니다. 그들의 신화적인 드라마는 우리의 물리적 영역에서 매일 펼쳐집니다. 우리는 마릴린 먼로를 보면서 그녀가 미와 사랑의 여신인 아프로디테의 화신임을 쉽게 알아차릴 수 있습니다. 로버트 다우니 주니어는 길들여지지 않은 황홀경의 신인 디오니소스 또는 바쿠스의 화신으로 볼 수 있습니다. 다이애나 왕비는 아르테미스라고 할 수 있습니다. 쉽게 순응하지 않고 야성적이며 규칙을 깨고 신념을 위해 싸우는 두려움을 모르는 전사지요.

모든 인간 존재는 두세 가지 원형에 맞추어져 있습니다. 우리 각자는 영혼의 영역에서 원형적 특성을 연기하거나 따라 하도록 설계되어 있습니다. 원형은 우리 안에 심긴 씨앗들입니다. 씨앗이 싹을 틔울 때 일정한 식물로 성장하게 하는 패턴의 힘이 발산됩니다. 토마토 씨앗은 항상 장미가 아닌 토마토 식물로 자랍니다. 원형의 활동은 우리가 이미 운명적으로 타고난 모습보다 더 큰 존재가 되도록 해주는 패턴의 힘을 발산합니다. 그리고 우리의 개별적인 원형들은 우리의 소망이나 의도에 반영되어 있습니다. 그러므로 다시 질문합니다.

"당신은 누구인가요?"

"당신은 무엇을 원하나요?"

"당신 삶의 목적은 무엇인가요?"

가장 깊은 영역에서 이 질문들은 영혼을 향해 묻는 것입니다. 그리고 그 답을 찾으려면 당신 자신만의 고유한 영혼에 대해 말해야 합니다. 그렇게 함으로써 우리는 개별적인 원형을 정의하는 법을 배울 수 있습니다.

원형은 우리 영혼의 모델이자 상징, 아이디어

우리는 매우 목표 지향적인 사회에 살고 있기에 모든 것에 이름표를 붙입니다. 이러한 태도는 영혼의 본질을 탐구하는 데 도움이 되지 않습니다. 어떤 사람들은 저를 작가라고 부릅니다. 다른 사람들은 저를 영적 사상가, 심신의학 의사 또는 상담가라고 부르기도 합니다. 제 아이들은 저를 아버지로 생각하고, 아내는 저를 배우자로 여깁니다. 이 모든 역할이 저를 정의하는 데 도움이 되지만, 제가 누구인지는 제 운명이 펼쳐지는 동안 계속해서 드러납니다.

만약 당신이 당신 자신에게 이름표를 붙인다면, 당신은 단지에 갇힌 나비처럼 한곳에 고정될 것입니다. 원형을 받아들이는 것은 이름표를 붙이는 일이 아닙니다. 왜냐하면 이 일은 제한을 두는 것이 아니기 때문입니다. 오히려 정반대입니다. 원형은 당신 삶의 방향을 영혼의 궁극적인 운명을 향해 이끄는 삶의 모델이요, 상징이자 아이디어입니다. 자신의 진정한 본질을 인식하고 그것이 꽃피우도록 허용할 때 영혼의 차원에서 살아가는 아름다움을 느낄 수 있습니다. 즉 당신은 신화적 이야기의 영웅이나 여걸이 되는 것입니다.

만약 우리가 자신을 물리적 영역의 영향 아래서 휘둘리도록 내버려 둔다면 그 힘에 의도가 있든 없든 영혼의 운명에서 멀어지게 만드는 유혹을 받게 됩니다. 우리는 우리에게 의미가 없을 수도 있는 것들을 소망하기 시작하고, 우주의 의도와 일치하지 않는 의도를 갖게 됩니다.

그 힘들은 어떻게 보일까요? 그 힘들은 당신에게 최선의 이익을 줄 것이라며 솔깃한 제안을 하는 친구처럼 순수할 수 있습니다. 끝없이 제품을 구매하라고 유혹하는 미디어의 메시지처럼 어디에나 있을 수 있으며, 수억 원대 연봉을 보장하는 기업 부사장 자리처럼 유혹적일 수 있습니다. 이것들은 우주가 아니라 물리적 영역에서 오는 메시지입니다. 우주가 당신을 위해 의도한 청사진은 영혼의 영역에 있습니다. 우리는 우연의 일치를 통해 단서를 얻고, 원형을 통해 인도를 받습니다.

그렇다면 어떤 운명이 나를 위한 것인지, 어떤 꿈이 단지 대중문화의 산물인지를 어떻게 알 수 있을까요? 얼마나 많은 소녀들이 제2의 브리트니 스피어스를 꿈꿀까요? 얼마나 많은 소년들이 제2의 마이클 조던이 되고 싶어 할까요? 우리가 이러한 유명인들을 모방하는 이유는 그들이 자신들의 원형을 연기하고 있고, 자신의 내면에서 발견한 것들을 따라 하는 데 성공했기 때문입니다.

당신 역시 당신 자신만의 원형과 운명을 알 수 있습니다. 오직 당신이 보편적 영혼의 의지에 가까이 다가감으로써, 당신이 내면을 깊이 들여다보며 가장 깊은 내면의 소망이 무엇인지 발견함으로써, 당신의 의도와 가장 일치하는 원형을 선택한 다음 그 원형에 대하여 오랫동안 전해져 온 패턴을 따라 함으로써만 가능합니다.

나의 원형을 발견하는 것이 필요한 이유

원형을 발견하는 것은 지극히 개인적인 경험입니다. 아무리 당신을 잘 아는 사람이라도 당신을 보고는 "당신의 원형은 이것입니다"라고 말할 수 없습니다. 인도의 고대 지혜인 베다 과학은 이렇게 말합니다.

"당신이 당신 안에 품고 있는 신이나 여신의 태아와 접촉할 수 없다면, 그 태아가 완전히 탄생하게 할 수 없다면 당신의 삶은 언제나 세속에 머물러 있을 것이다."

그러나 일단 그 신이나 여신이 당신을 통해 자신을 표현하게 되면, 그때 당신은 위대하고 놀라운 일을 하게 될 것입니다.

요즘 우리는 유명인들에게서 상징적인 원형을 찾는 경향이 있습니다. 하지만 우리는 자신 안에서 원형이 온전히 표현되도록 해야 합니다. 원형은 우리를 만들어 낸 일부입니다. 바로 우리의 꿈을 만드는 재료입니다. 원형은 신화, 모닥불 이야기, 전설의 재료입니다. 이러한 원형이 위대한 영화에 영감을 주기도 합니다. 영화 "스타워즈"에서 루크 스카이워커는 미지의 세계를 탐험하기 위해 위험을 감수하는데, 이는 영원한 모험가의 원형을 표현한 것입니다. 레이아 공주는 독립적인 사냥꾼이자 수호자인 아르테미스와 같습니다. 요다는 현명한 선각자이자 초공간적 지성과 연결된 강력한 지혜의 수호자입니다. 이들 모두는 우리의 집단적 상상이 빚어 낸 산물이자 미래의 모습으로 나타난 고대의 원형들입니다.

원형은 우리가 누구인지를 이해하고 정의하는 데 필수적이며, 집단적 의식이 개별적으로 표현된 것입니다. 신화는 우리 문명의 원천입니다. 사람들에게서 신화를 빼앗을 때 나타나는 결과 중 하나가 무엇인지 알고 있나요? 그들이 길거리 갱단에 들어간다는 것입니다. 왜 그럴까요? 그 이유는 갱단에는 리더가 있고, 조직의 관습이라는 것이 있으며, 가입 의식 등이 있기 때문입니다. 이들은 모두 신화적 재료입니다. 우리 아이들은 신화적 경험을 찾아 갱단에 들어갑니다.

우주 비행사가 달 위를 걸을 때, 비행기 조종사가 대서양을 횡단하는 첫 단독 비행에 나설 때 등 누군가가 대단한 일을 할 때마다 그들은 신화를 탐구하는 것입니다. 이아손이 황금 양털을 찾아 떠나고, 이카루스가 새의 깃털과 밀랍으로 만든 날개를 달고 하늘 높이 난 것처럼 말이지요. 플루톤이 납치한 페르세포네부터 하데스의 그늘에서 신부를 찾는 오르페우스, 아폴론, 크리슈나, 켈트족의 신화적 이야기까지 이 모든 것은 문명과 정체성의 가장 깊은 원천입니다.

갱단과 영화, 드라마와 유명인들이 매혹적인 이유는 그들이 이 신화적 정서를 자극하기 때문입니다. 그러나 그것들은 신화의 이류에 해당하는 신화의 대체물일 뿐입니다. 진정한 원형은 마하트마 간디, 마틴 루터 킹 주니어, 로자 파크스 등 일상적인 삶을 넘어 경이로운 영역에 들어선 사람들에 의해 연기됩니다. 이들이 위대한 경지에 이를 수 있었던 까닭은 집단적 의식을 활용했기 때문입니다. 집단적 의식은 그들에게 여러 사건이 동시에 일어나는 것을 보고, 그 순간의 선택을 통해 미래를 예측할 수 있는 남다른 능력을 주었습니다. 남아프리카공화국 더반에서 마하트마 간디가 기차에서 짐과 함께 내동댕이쳐졌을 때 그는 두 눈을 감은 상태에서 지구 반대편에서 대영제국이 무너지는 모습을 보았다고 합니다. 그 한 번의 사건이 역사의 흐름을 바꾸었습니다.

이러한 사건들은 인지와 지각 메커니즘에 변화를 일으킵니다. 일반적으로 이런 구체적 사건들은 우리로 하여금 당장 우리 앞에서 일어난 일만 보게 합니다. 하지만 때때로 우리는 그 사건을 통해 잠자고 있던 잠재력과 이를 활용할 수 있는 지혜를 일깨울 수 있습니다. 산스크리트어에서는 이를 '싯디'(siddhis)라고 하는데, 초월적인 힘을 의미합니다. 즉 초감각적 지각, 동시성, 텔레파시 등 초공간적 영역의 산물이지요. 이것이 바로 신화로 꽃피운 힘들입니다.

내 삶의 원형 찾기

원형을 찾는 과정은 즐거워야 합니다. 현명하지 못한 선택을 할까봐 걱정하지 마세요. 원형은 집단적 의식에서 나오기에 모든 원형은 우리 모두 속에 존재합니다. 하지만 일부 원형은 더 강하게 나타나지요. 당신의 목표는 당신과 가장 강력하게 일치하는 하나나 둘, 또는 세 개의 원형을 찾는 것입니다. 즉 당신의 마음을 보여 주는 원형을 찾는 것이지요. 당신이 되고 싶은 사람이나 당신이 가장 갖고 싶은 특성을 선택하지 말고 당신이 매력을 느끼고, 당신에게 동기를 부여하고, 당신에게 영감을 주는 특성을 찾으세요. 그런 특성을 발견하면 그것이 당신 자신의 원형이라는 사실을 알게 될 것입니다. 무엇보다 중요한 것은, 여기에 오답은 없다는 것입니다.

원형을 찾는 데 도움을 얻으려면 다음에 제시하는 연습을 해보세요. 다음 내용은 제 친구인 진 휴스턴의 책 『신화적 삶: 우리의 위대한 이야기를 사는 법』의 내용을 일부 수정한 것입니다. 그의 책에는 다른 연습 방법도 많이 소개되어 있는데, 저는 이 방법을 적극 추천합니다.

1. 편안하게 마음을 비우세요. 가장 이상적인 방법은 당신은 눈을 감고 있고, 다음 내용을 누군가가 읽어 주는 것입니다. 가능하다면 녹음한 후 재생하세요. 그러면 그 장면을 더 선명하게 상상할 수 있습니다. 하지만 맑고 열린 마음으로 다음 내용을 읽는 것 또한 효과적일 수 있습니다.

2. 먼저 심호흡을 몇 차례 하는 것으로 시작합니다. 천천히 숨을 들이쉬고 내쉬면서 당신 몸에 있는 긴장이나 경직성, 저항감을 모두 풀어 줍니다. 천천히, 깊이, 부드럽게 호흡을 계속하면서 숨을 한 번 내쉴 때마다 더 깊고, 고요하며, 평온한 곳으로 자신을 데려가세요.

3. 이제 복잡한 도시에서 멀리 떨어진, 나무가 늘어선 아름다운 시골길을 걷고 있다고 상상해 보세요. 당신은 푸르른 수풀이 우거진 시골 풍경을 바라보며 거닐고 있습니다. 새들이 머리 위를 날아다니고, 흰꼬리토끼가 날쌔게 길을 가로지르며, 나비가 팔랑이고 있습니다.

4. 이제 공터에 도착합니다. 초가지붕을 한 소박한 오두막이 눈길을 사로잡습니다. 문이 열려 있고 당신을 반갑게 맞아 줍니다. 안을 들여다보니 아담한 방과 집 뒤편으로 이어지는 복도가 보입니다. 당신은 마치 고향 집에 온 것처럼 안전함과 편안함을 느낍니다. 그리고 당신은 복도를 따라 걷다가 작은 방으로 들어갑니다.

5. 작은 방에 들어간 당신은 옷장 문을 발견하고 열어 봅니다. 옷장에 걸려 있는 옷들을 옆으로 밀자 옷장 뒤쪽에 열린 공간이 나타납니다. 그 공간으로 들어가자 고대의 돌계단이 놓여 있습니다. 돌계단은 빙글빙글 돌면서 끝없이 아래로, 아래로, 아래로 내려갑니다. 조명이 어두워서 난간을 붙잡고 넘어지지 않도록 주의하면서 한 걸음, 한 걸음 조심스럽게 내딛습니다. 그렇게 한없이 더 깊고 깊은 곳으로 내려갑니다. 마침내 계단 맨 밑에 도착하고 은색 달빛을 반사하는 넓은 강 옆에 서 있는 자신을 발견합니다. 강가에 앉아 조용히 흐르는 강물의 속삭임에 귀를 기울이고 별들로 가득한 밤하늘을 가만히 바라보세요.

6. 저 멀리서 작은 배 한 척이 당신을 향해 다가오는 모습이 보입니다. 미끄러지듯 도착한 배 위에는 예복을 입은 한 사람이 있는데, 당신더러 배에 올라타라고 손짓을 합니다. 당신은 안전감과 보호받는다는 느낌을 가지고 배에 올라타고, 고대의 상징들로 장식된 늘어진 긴 의상을 받아 갈아입습니다. 배는 좁은 터널을 통과해 항해합니다. 영원히 계속될 것처럼 항해가 이어집니다. 선미에 있는 수염 난 뱃사공이 낯선 만트라를 외우기 시작합니다. 잠시 후 당신은 당신의 감각이 훨씬 더 민감해졌다는 사실을 알아차립니다. 당신은 긴장이 풀리면서 신기하게도 행복해집니다.

7. 터널 끝에 빛이 나타나더니 점점 밝아집니다. 빛에 가까이 다가갈수록 그것이 가상 영역으로 당신을 초대하는 빛이라는 것을 알게 됩니다. 초대를 받아들이고 빛에 몸을 맡기자마자 그 순간 자신의 무게가 느껴지지 않습니다. 당신은 배 위에 둥둥 뜨고 따뜻한 빛과 하나되는 자신을 경험합니다. 당신이 곧 그 빛이 됩니다. 당신은 이제 가상의 존재이고 진동하는 빛의 영역에 있습니다. 이 순수한 가능성의 영역에서 당신은 어떤 형태나 모양으로든, 그리고 당신이 선택한 시공간 내 어떤 곳에서든 양자 및 물리적 실재로 나타날 수 있습니다.

8. 당신은 빛의 존재의 깊은 곳까지 도달하여 올림포스의 여왕이자 그리스의 모든 신들의 여왕, 왕권과 미의 상징인 헤라 여신으로 떠

오릅니다. 자신감과 권위로 가득 찬 당신은 세상을 다스립니다. 당신의 백성들은 당신의 확신과 힘에 의지합니다. 당신은 자신감의 궁극적 표현입니다. 이 강력한 여신의 의식을 갖는 것이 어떤 느낌인지 느껴 보세요. 그녀의 몸속에서 움직이는 것이 어떤 느낌인지 느껴 보세요. 그녀의 몸짓을 하고, 그녀의 말을 하고, 그녀의 표정을 하는 것이 어떤 느낌인지 느껴 보세요. 그녀의 눈을 통해 세상을 바라보세요. 그녀의 귀를 통해 세상을 들어 보세요.

이제 이 여신에게 작별을 고하고 가상의 빛의 형태로 돌아갑니다. 다시 한 번 당신은 가능성으로 진동하는 순수한 잠재력의 영역에 있습니다.

9. 당신의 빛의 존재의 깊은 곳에 도달하여 삶의 폭풍우를 헤쳐 나가는 방법에 능숙하고 현명한 나이 많은 왕으로 나타나세요. 당신은 수염을 길게 기른 현자이며 세상의 모든 모습과 현상을 우주의 춤으로 여기는 위대한 리쉬(힌두교의 현자 또는 시인)입니다. 당신은 이 세상에 있지만 이 세상에 속하지 않으며, 당신의 생각과 말과 행동 하나하나는 절대적으로 완벽합니다. 현자의 의식을 갖는 것이 어떤 느낌인지 느껴 보세요. 당신의 마음은 선각자의 마음입니다. 그의 생각을 하고, 그의 말을 하고, 그의 몸짓을 하는 것이 어떤 느낌인지 느껴 보세요. 그의 눈을 통해 세상을 바라보세요.

10. 이제 선각자를 놓아 버리고 가상의 빛으로 존재하는 당신의 본질과 다시 한 번 하나가 됩니다. 당신의 깊은 곳에 도달하여 구세주로 나타나세요. 당신은 용서와 희망으로 빛나는 자비의 빛입니다. 어둠이 아무리 불길한 징조를 보일지라도 당신의 존재 자체가 어둠을 몰아냅니다. 당신은 예수와 붓다의 본질이자 화신입니다. 당신의 본성은 자신의 체험을 신앙으로 변화시킵니다. 구세주의 마음에서 떠오르는 생각을 바라보세요. 구세주의 마음에서 일어나는 감정을 느껴 보세요. 모든 생명 있는 존재들에 대한 자비와 사랑이 넘치는 구세주의 눈을 통해 세상을 경험하세요.

11. 이제 구세주를 놓아 버리고 당신의 원초적 본질로 돌아가세요. 당신은 가상의 빛으로 존재하며 보편적 에너지가 고여 있는 웅덩이입니다. 당신은 과거에 있었고, 현재에도 있고, 미래에도 있을 모든 것의 풍부한 가능성입니다. 이 빛의 본성의 깊은 곳에 도달하여 신성한 어머니로 나타나세요. 당신은 생명을 주는 에너지로 살아 있는, 본질적으로 성장하게 하는 힘입니다. 당신은 신의 여성적인 얼굴입니다. 즉 데메테르(곡식과 수확의 여신), 샥티(시바 신의 아내) 여신입니다. 당신은 모든 살아 있는 존재들에게 사랑스런 친절을 베푸는 신성한 어머니입니다. 당신은 원초적 창조의 힘으로, 형태와 현상을 낳습니다. 신성한 어머니의 의식을 경험하세요. 신성한 어머니의 감정을 느껴 보세요. 그녀의 눈을 통해 창조된 모든 것을 보세요. 그녀의 귀를 통해 창조의

소리를 들어 보세요. 신성한 어머니의 숨을 들이쉬고 내쉬세요.

12. 이제 신성한 어머니를 놓아 주세요. 순수한 빛으로 존재하는 당신의 본질로 돌아가세요. 당신이 되고 싶어 하는 모든 것을 가능하게 하는 살아 있는 원초적 가상의 에너지로 돌아가 다시 시작하세요. 당신의 존재 깊은 곳으로 뛰어들어 관능의 신이며 황홀경과 도취의 신, 무절제와 방종의 신 디오니소스로 나타나세요. 당신은 한순간에 완전히 몰입해 버리는 존재의 화신입니다. 당신의 본성은 아무것도 억제하지 못하며 생생한 경험에 몰입합니다. 당신은 사랑에 취합니다. 디오니소스의 의식으로 세상을 경험하세요. 어떤 대상에 중독될 정도로 푹 빠져 보세요. 디오니소스의 눈을 통해 세상을 인식하세요. 당신의 존재를 축하하는 우주의 음악을 들어 보세요. 당신의 감각과 황홀한 영에 몸을 맡기세요.

13. 이제 디오니소스를 놓아 주고 순수한 가상의 빛으로 존재하는 원초적 에너지와 다시 합해지세요. 당신의 무한한 가능성 속에서 지혜와 지성을 추구하는 마음을 발견하고 지혜의 여신 사라스와티 또는 아테나 여신으로 등장하세요. 당신은 지식, 지혜, 예술, 과학 지식을 지키는 문명의 수호자입니다. 당신은 진리의 표현을 방해하는 모든 무지를 파괴하는 데 헌신하는 진정한 영적 전사입니다. 지혜의 여신이 지닌 의식을 경험하세요. 그녀의 눈을 통해 세상을 바라보고, 그

녀의 귀를 통해 대화를 들어 보세요. 당신은 세련되고 우아하며, 최고의 가치를 지닌 겸손함과 지혜입니다.

14. 이제 지혜의 여신을 놓아 주세요. 순수한 가상의 빛으로 존재하는 원래 상태로 돌아가세요. 무한하고, 겉으로 드러나지 않으며, 가능성으로 진동하는 존재로 다시 합해지세요. 당신의 근본인 빛의 본질로 뛰어들어 사랑과 미의 여신 아프로디테와 비너스로 등장하세요. 당신은 관능과 열정, 성의 화신입니다. 당신의 존재 속에서 생명 있는 존재들은 정신을 잃고 에로스의 황홀경을 갈망합니다. 사랑의 여신이 지닌 의식을 표현하고 경험하세요. 관능의 여신의 몸을 경험하세요. 그녀의 관능을 느껴 보세요. 사랑의 여신의 눈을 통해 세상을 바라보세요.

15. 이제 사랑의 여신을 놓아 버리고 당신의 중심인 빛으로 돌아가세요. 분화되지 않고 순수한 존재, 무한한 가능성으로 돌아오세요. 당신의 본질 속으로 깊이 들어가 순수하고 신성한 가능성을 표현하는 거룩한 아이로 나타나세요. 당신은 조건 없는 사랑을 기대하는 순수함의 화신입니다. 당신은 그 무조건적인 사랑을 주는 자이자 받는 자입니다. 당신은 신성한 부모에게서 태어났으며 운명과 우주의 가능성과 함께 성장합니다. 거룩한 아이의 눈을 통해 세상을 바라보세요. 당신의 순수한 가슴속에 흐르는 사랑을 느껴 보세요. 당신의 존재 속에

서 기뻐하는 빛의 아이로서 당신의 장난스러움과 천진난만함을 경험하세요.

16. 거룩한 아이를 놓아 주세요. 가상의 빛으로 존재하는 당신 자신을 경험하세요. 당신의 무한함 속에서 편안하게 쉬세요. 당신은 바라는 대로 무엇이든 창조해 낼 수 있는 진동하는 에너지입니다. 빛의 중심으로 깊이 들어가 우주의 연금술사로 나타나세요. 당신은 무에서 유를 창조하고, 유를 무로 바꿀 수 있는 최고(最古)의 마법사입니다.

당신은 감각의 세계가 무의미하다는 것을 알고 있습니다. 당신은 물리적 영역을 자신의 의식 에너지가 표현된 것으로 경험하며, 의도와 주의 집중을 통해 의식 에너지를 물질로 변화시킬 수 있습니다. 생물이든 무생물이든 당신이 선택한 모든 형태를 취할 수 있습니다. 왜냐하면 당신은 변장한 가면 속에 있는 의식이기 때문입니다. 당신은 크리슈나 신입니다. 당신은 무한한 가능성입니다. 당신이 선택한 것이라면 무엇이든 나타낼 수 있는 우주의 연금술사 크리슈나로서 자신을 경험하세요. 당신의 생각을 실제 현상으로 바꾸는 경험을 해보세요. 크리슈나의 눈을 통해 우주를 바라보세요. 당신의 몸으로 우주를 경험하세요. 당신이 우주에 있는 것이 아닙니다. 우주가 당신 안에 있습니다.

17. 이제 몇 분 동안 당신이 어떤 것을 선택했든 그 형태로·나타나

당신의 창조적 에너지와 함께해 보세요. 그것은 지금까지 살펴본 일반적인 원형 중 하나일 수도 있고, 그렇지 않을 수도 있습니다. 어떤 존재든 당신이 경험하고 싶은 존재가 되어 보세요. 위대한 예술가나 음악가의 의식을 가져 보세요. 세상을 다스리는 강한 정치 지도자를 경험해 보세요. 하늘 높이 날아오르는 독수리가 되어 세상을 경험하세요. 바닷속 고래가 되어 장난기 가득한 존재의 의식을 경험하세요. 당신이 표현할 수 있는 데는 제한이 없습니다. 무한한 가능성에 대한 충분한 지식과 경험을 가진 당신의 가상 자아를 즐기세요. 이 모습에서 당신은 수많은 신과 여신, 원형, 신화적 이미지가 한 몸에 깃들어 있습니다. 몇 분 동안 모든 이미지, 문구, 상징, 단어가 당신의 의식 속에 자유롭게 떠오르게 하세요.

18. 흥미로운 가능성을 다양하게 경험했다고 느껴지면, 당신의 내면이 공감하고 영감과 동기를 부여하는 원형적 이미지나 상징, 단어, 문구를 세 개 선택하세요. 그것들은 당신에게 친숙한 신이나 여신일 수 있고, 당신에게 의미가 있는 이미지, 동물, 상징, 우주의 힘, 단어나 문구, 또는 성격일 수 있습니다. 아니면 마음속에서 그것을 경험할 때 가장 편안하게 느껴졌던 어떤 것일 수 있지요. 이러한 사람이나 성격이 당신의 세계로 들어와 당신을 통해 스스로를 표현한다면 당신은 거대하고 놀라운 일을 할 수 있을 것이라고 느낄 것입니다.

19. 저는 항상 남성들에게는 여성적 원형을 적어도 하나 이상 선택하고, 여성들에게도 남성적 원형을 하나 이상 선택하라고 권합니다. 우리 모두는 내면에 남성적 특성과 여성적 특성 둘 다를 가지고 있습니다. 우리 자아가 가진 특정 측면을 무시하는 것은 개개인의 열정의 원천을 막아 버리는 것과 같습니다.

20. 당신의 세 가지 상징 또는 원형을 적어 보세요. 그런 다음 이 원형을 떠올리게 하는 예술 작품이나 그림, 상징물, 또는 보석을 모으기 시작하세요. 어떤 사람들은 자신의 자아를 집중적으로 찾는 장소로 사용하고자 자기 원형을 위한 작은 제단을 만들기도 합니다. 당신의 원형의 주요 특성을 단어나 문구로 표현할 수 있다면 종이에 적어 두고 수시로 떠올리도록 하세요. 적어도 하루에 한 번, 가급적이면 명상을 마친 후에 그 종이에 적은 내용을 읽으며 조용히 원형을 초대하는 말을 하세요. "여기로 와서 나를 통해 그대를 표현하라"라고 말하세요.

21. 원형을 통해 당신의 삶에서 영감을 불러일으키세요. 세상에서 길을 잃고 방황하거나 정신이 산만해졌을 때 원형은 당신이 진정한 자아로 돌아가도록 돕는 나침반이 될 것입니다.

최신 패션 트렌드를 따르거나 유명 영화배우를 모방하는 대신, 당신의 원형을 모델 삼아 생각하고 행동하세요. 사실 사람들은 매일 그렇게 하고 있습니다. 자신이 매일 그렇게 하고 있다는 사실을 알지 못한 채 말이지요. 혹시 "예수라면 어떻게 했을까?"라는 질문을 들어 본 적이 있나요? 인생의 갈림길에 서 있거나 어떻게 행동해야 할지 고민하는 기독교인들은 스스로에게 이 질문을 던집니다. 이는 예수 그리스도가 구현한 강력한 구세주의 원형을 삶의 지침으로 삼는 방법입니다. 당신 자신의 원형도 같은 방식으로 사용하면 됩니다. 스스로에게 이렇게 질문하세요.

"나는 내 원형과 일치하는 방식으로 행동하고 있는가?"

이 질문은 "나는 나 자신에게 진실한가?"라는 심오한 질문이기도 합니다. 신, 여신, 자연물, 인물 등이 당신을 통해 자신들의 드라마를 연기하게 함으로써 당신은 원형을 통해 바라는 대로 이루어지는 삶을 살 수 있습니다. 바로 그 원형들이 당신을 진짜 기적적인 운명으로 이끄는 열쇠입니다.

우주가 당신을 위해 의도한 계획을 알 기회를
절대 놓치지 마세요.
우연의 일치에 주의를 기울이면
우연의 일치가 더 자주 더 많이 일어나고,
곧 더 많은 기회를 가져다준다는 것을 알게 될 것입니다.
이것이 바로 동시성 운명의 비밀입니다.

Part 2

동시성 운명을 실현하는 7가지 원칙
실천 가이드

기적을 향한 첫걸음, 하루 두 번 20분 명상법

동시성 운명을 내 것으로 만들고, 우주가 서로 연결된 패턴을 보고, 바라는 대로 이루어지는 기적을 일으키는 법을 배울 수 있는 가장 좋은 방법은 명상입니다. 우리는 명상을 통해 매우 알아차리기 어려운 영역에서 주의력과 의도를 집중해 우리 눈에 보이지 않고 사용되지 않는 모든 정보와 에너지에 접근할 수 있습니다.

만약 의사가 당신에게 "하루에 두 번 20분간 걷기 운동을 하십시오"라고 처방을 내리면서 "그 정도 산책만으로도 건강과 마음의 평화를 얻고, 걱정으로부터 자유로워지고, 일상과 직장 생활에서 점차 성공할 수 있습니다"라고 말한다면 당신은 그 권고를 따르겠습니까? 아마 대부분의 사람들은 적어도 한 번은 시도해 볼 것입니다.

마찬가지로 동시성 운명을 살아가기 위한 처방은 하루에 두 번 15분에서 20분간 명상을 하는 것입니다. 그러고 나서 (앞 장에서 설명했듯이) 당신의 원형을 초대하는 것입니다. 이러한 명상을 하루에 두 번 실천한다면, 당신의 삶에 변화가 시작될 것입니다. 하루나 이틀에 그치지 말고, 꾸준히 명상을 이어 가세요. 아침에 명상하고, 하루를 보내고, 다시 저녁에 명상을 하세요. 그렇게만 하면 당신은 당신의 삶을 변화시키고 당신이 바라는 대로 이루어지는 기적을 만들어 낼 수 있습니다.

앞서 1부에서 살펴본 내용은 모두 깨달음과 동시성 운명을 살도록 해주는 명상의 실제적인 수련을 위해 당신을 준비시키는 단계였습니다. 이를 위해 1부의 내용을 반드시 숙지해야만 하는 것은 아닙니다. 단지 흥미를 유발하고자 관련 지식을 소개한 것이지요. 깨달음을 얻기 위해 모든 사람이 양자 물리학을 이해해야 한다면, 양자 물리학자만 깨달음을 얻을 수 있을 테니까요.

공교롭게도 양자 물리학의 위대한 선구자들은 실제로 삶의 보다 심오한 의미에 대해 의문을 제기함으로써 영적 분야를 발전시켰습니다. 이들 뛰어난 과학자 중에는 칼 융을 포함해 동시성 이론을 처음 언급한 볼프강 파울리도 포함됩니다. 에르빈 슈뢰딩거, 폴 디랙, 베르너 하이젠베르크, 막스 플랑크, 데이비드 봄, 존 휠러 등의 과학자들은 의식을 근본적인 실재의 주요 구성 요소에 포함하지 않는 한 양자 물리학은 결코 이해될 수 없다고 생각했던 사람들입니다. 하지만 영에 접근하기 위해 종교나 철학, 과학을 다 이해할 필요는 없습니다. 당신은 단지 이제부터 제시할 지침들에 주의를 기울이기만 하면 됩니다.

명상은 과정은 간단하지만 설명하기가 쉽지 않습니다. 하지만 일단 규칙적으로 수행하기를 시작하기만 하면 매우 쉽게 실천할 수 있습니다. 이 장에서는 이후 이 책의 나머지 부분에서 설명하는 '동시성 운명을 실현하는 7가지 원칙'을 성공적으로 실천할 수 있도록 돕기 위해 명상의 기초를 소개하겠습니다.

동시성 운명의 성공적 실천을 돕는 명상의 기본

우리의 마음은 끊임없이 움직이며 항상 생각에서 생각으로, 감정에서 감정으로 옮겨 다닙니다. 내 안에 있고 우리 모두에게 있는 보편적 영혼, 곧 초공간적 지성과 접촉하려면 그로부터 우리를 숨겨 버리곤 하는 산만한 생각의 안개를 걷어 낼 방법을 찾아야 합니다. 실제로 안개를 헤쳐 길을 내기란 어렵지 않습니까. 이처럼 생각의 장벽을 뚫고 나가는 것은 불가능합니다. 안개가 자욱한 날 길 건너편을 보고 싶을 때 실질적으로 도움이 될 만한 일은 어떤 것도 없습니다. 단지 안개가 열어지고 저절로 걷힐 때까지 인내심을 갖고 침착하게 기다려야 할 뿐이지요. 그러면 안개가 걷히면서 잠시 선명한 부분이 눈에 띌 것이고, 당신 앞에 무엇이 있는지 얼핏 엿볼 수 있을 것입니다.

생각도 마찬가지입니다. 조용히 있으면 순수한 침묵의 순간을 만나게 됩니다. 저는 그것을 생각의 '틈'이라고 부릅니다. 우리는 그 틈을 통해 영혼의 보다 심오한 영역을 얼핏 엿볼 수 있습니다. 한 번씩 엿볼 때마다 우리의 이해의 폭은 넓어지고, 마침내 우리의 의식은 확장됩니다.

명상의 목적은 잠시 생각을 멈추고, 생각의 안개가 옅어질 때까지 기다렸다가 내면의 영혼을 얼핏 엿보는 것입니다. 물론 홍수처럼 밀려드는 생각을 통제하는 것은 대부분의 사람들에게 매우 어려운 일입니다. 초보자는 때때로 크게 좌절할 수 있습니다. 하지만 좌절감은 명상을 방해하는 또 하나의 생각이자 감정일 뿐임을 기억하세요. 명상의 목표는 모든 생각을 조용히 놓아 버리는 것입니다.

명상을 시작하는 일반적인 방법은 불현듯 떠오르는 생각이 당신의 마음에 들어오기 어렵도록 하나의 대상에만 조용히 집중하는 것입니다. 저의 경우, 호흡 명상으로 시작하기를 선호합니다. 호흡 명상을 하는 방법을 소개하겠습니다.

1. 명상을 시작하기 위해 편안한 장소를 찾으세요.

2. 편안한 의자에 앉아 발바닥을 바닥에 붙입니다.

3. 두 손바닥을 위로 향한 채 무릎에 얹습니다.

4. 눈을 감고 자신의 호흡을 관찰하세요. 어떤 식으로든 호흡을 통

제하려고 하지 말고, 들이마시고 내쉬는 호흡을 단지 관찰만 하세요. 호흡이 자연스럽게 빨라지거나 느려지고, 깊어지거나 얕아지는 것을 발견할 수 있을 것입니다. 심지어 한동안 멈출 수도 있습니다. 그럴 때 저항하거나 기대하지 말고 변화를 관찰하기만 하세요.

5. 당신의 주의력이 호흡을 벗어나 주변에서 들려오는 소리나 몸의 감각, 마음속 생각으로 흐트러질 때마다 호흡을 인식하도록 부드럽게 돌아가 주세요.

이것이 명상의 기본입니다. 조용히 앉아 호흡에 집중하는 일이 익숙해지면 다음으로 만트라를 외웁니다. 만트라는 당신의 의식을 확장시켜 주는 정신적 환경을 조성해 줍니다.

만트라로 의식 확장하기

'만트라'(mantra)라는 단어는 두 가지 요소로 구성되어 있습니다. '만'(man)은 '마음'(mind)을 의미하고, '트라'(tra)는 '도구'(instrument)를 뜻합니다. 따라서 만트라라는 단어는 말 그대로 '마음의 도구'를 의미합니다. 인도의 전통 사상인 베단타 철학은 자연에서 발생하는 다양한 소리, 즉 우리 주변 세계에 있는 근본적인 진동들에 관해 연구했습니다. 베단타 철학에 따르면, 이러한 소리들은 무한한 마음 또는 우주의 마음의 표현이며, 모든 인간 언어를 위한 기초를 제공합니다. 예를 들어, 알파벳의 모음과 자음을 모두 각각 소리 내어 읽어 보세요. 그러면 이 소리가 아기들이 자연스럽게 내는 소리와 동일하다는 것을 알게 될 것입니다. 또한 이 소리에는 동물이 내는 소리와 같은 진동도 포함되어 있습니다.

그리고 주의 깊게 들어 보면 이러한 소리들이 자연 어디에나 있다는 것을 알게 될 것입니다. 바람 소리, 타닥거리는 불꽃 소리, 천둥 소리, 흐르는 강물 소리, 해변에 부딪쳐 부서지는 파도 소리 등이 그렇습니다. 자연은 진동입니다. 무한한 존재는 진동하는데, 그 진동은 리듬이 있고, 음악적이며, 원초적입니다. 진동은 무한한 가능성이 눈에 보이는 우주로 스스로를 표현하는 수단입니다.

우리는 단단한 물체로 이루어진 것처럼 보이는 우주가 실제로는 진동으로 구성되어 있으며, 서로 다른 물체들은 서로 다른 주파수로 진동한다는 것을 앞서 배워서 알고 있습니다. 물론 제가 큰 돌을 발로 찬다면 진동이 느껴지지는 않을 것입니다. 고통만 느껴지겠지요. 하지만 사실은 통증을 느끼는 발과 그 통증을 인지하는 뇌 또한 진동하고 있는 것입니다. 진동은 다른 진동과 상호작용하며 영향을 미치고, 우리는 그것을 하나의 물질과 감각으로 해석합니다. 만트라는 바로 이러한 우주의 특성을 설명하는 단어일 뿐입니다.

고대의 선각자들은 깊은 명상에 들어갔을 때 이러한 우주의 진동을 들었다고 전해집니다. 우리 모두는 그와 동일한 진동을 언제든지 들을 수 있습니다. 방법은 매우 간단합니다. 마음을 가라앉히고 조용히 앉아 있으면 당신은 진동을 들을 수 있습니다. 언제든 원할 때마다 시도해 볼 수 있습니다. 심지어 귀를 막고 있을 때조차 진동을 들을 수 있습니다. 당신의 몸 또한 끊임없이 진동합니다. 하지만 그 소리는 너무 알아차리기 힘들어서 대개 들리지 않습니다. 주변에 소음이 없는 상태에서 조용히 앉아 있어 보세요. 그러면 당신은 공기 중에 윙윙거리는 배경 소리를 들을 수 있을 것입니다. 그리고 그 배경 소리에 주의를 기울이기 시작하면 연습을 통해 마침내 문헌에 기록된 모든 만트라를 실제로 듣게 될 것입니다.

또한 베다 경전에서는 만트라를 소리 내서 외우면 그 특정한 진동 패턴이 그 자체의 효과를 만들어 내어 현재 우리의 물리적 영역에서 어떤 사건을 일으킬 수 있다고 주장합니다. 만트라를 마음속으로 암송하면 진동을 만들어 내게 되고, 그 진동은 다시 더 추상적인 것이 됩니다. 궁극적으로 그것은 당신을 진동을 일으키는 원천인 순수한 의식의 장 또는 영적 영역으로 데려갑니다. 따라서 만트라는 우리가 물리적 영역을 초월해 생각의 원천인 순수한 의식으로 돌아가게 하는 아주 좋은 방법입니다. 사람들이 명상에서 특정 만트라를 권하는 이유가 바로 여기에 있습니다. 그런 만트라가 특정 진동을 만들어 내기 때문입니다.

제가 사용하는 만트라이면서 바라는 대로 이루어지는 동시성 운명을 살도록 이끄는 만트라를 추천하겠습니다. '서-훔'(so-hum)이라는 간단한 만트라인데, 호흡 만트라입니다. 당신의 호흡을 관찰하면 공기가 폐로 들어오고 나갈 때마다 '서-훔'이라는 소리가 들릴 것입니다. 숨을 들이마실 때 그 진동 소리는 '서'입니다. 그리고 숨을 내쉴 때 진동의 소리는 '훔'입니다. 원한다면 다음과 같이 실험해 볼 수 있습니다.

1. 숨을 깊이 들이마시고 눈을 감고 입을 다문 다음 코로 힘껏 숨을 내쉬세요. 집중하면 '훔' 소리가 아주 선명하게 들릴 것입니다. 사실 명상의 기술 중 하나는 단순히 호흡이 어디에서 오는지에 집중하는 것입니다.

2. 눈을 감은 채 숨을 들이마시면서 '서'라는 단어를 생각하세요. 그리고 숨을 내쉴 때는 '훔'이라는 단어를 생각하세요. 호흡과 소리 둘 다 점차 조용해지고 더 조용해질 것이고, 호흡이 거의 멈춘 듯 느껴질 정도로 조용해질 것입니다.

호흡을 고요하게 함으로써 당신의 마음을 고요하게 만듭니다. 그리고 당신이 초월을 경험하는 순간, '서-훔' 만트라는 완전히 사라지고 당신의 호흡은 잠시 멈춥니다. 시간 자체가 멈추면서 당신은 순수한 의식의 장, 초공간적 영역, 영의 영역에 거하게 됩니다.

이처럼 만트라는 초공간적 의식을 경험하는 방법입니다. 호주의 원주민, 인도인, 아메리카 원주민 및 기타 여러 전통 문화권에서는 수천 년 동안 만트라를 사용해 왔습니다. 모든 전통에서 만트라는 특정 진동을 만들어 내는 노래(chanting)를 포함하고 있습니다. 만트라는 무에서 유를 창조하고 에너지를 움직여 보이지 않는 것을 보이게 만드는 우주의 소리입니다.

수트라로 동시성 운명으로 들어가기

수트라는 의미를 지닌 만트라입니다. 만트라 자체에는 의미가 없으며, 단지 하나의 진동이자 소리일 뿐입니다. 소리에 의도가 들어갈 때 그 소리는 수트라가 됩니다. '수트라'(sutra)는 산스크리트어로, 라틴어 명사 '수투라'(sutura)와 관련이 있으며, '꿰매어 결합하다'라는 뜻의 영어 단어 'suture'의 어원입니다. 따라서 수트라는 실제로 영혼을 바늘로 꿰매는 것으로서, 그 바느질은 우리의 의도 중 하나입니다.

만트라와 수트라는 당신이 보다 깊은 의식으로 초월할 수 있게 도와줍니다. 따라서 당신은 초월을 위해 '서-흠' 만트라를 이용할 수 있습니다. 그런 다음 자신의 의식에 특정 의도를 새기기 위해 실제적인 말인 수트라를 이용할 수 있습니다.

수트라에 담긴 메시지는 단순하면서 복잡합니다. 만약 제가 '아함 브라흐마스미'(aham brahmasmi, 내 존재의 중심은 궁극적 실재이고, 우주의 뿌리이자 바탕이며, 존재하는 모든 것의 원천이다)라는 수트라를 설명하려면 하루 종일이 걸리거나 책으로 반 권 분량은 필요할 것입니다. 그러나 수트라에는 그 복잡한 사상에 대한 완벽한 이해가 담겨 있습니다. 따라서 이 수트라, 즉 두 단어(아함 브라흐마스미)는 완벽한 이해를 요약해서 말하는 것과 같은 것입니다. 당신은 단지 이 수트라에 주의를 기울이기만 하면 그 안에 담긴 내용 전체를 경험하고 이해하게 될 것입니다.

수천 년 동안 성공적으로 사용되어 온 만트라와 수트라들이 있으며, 이에 대해서는 다음 장부터 다룰 것입니다. 만트라와 수트라는 동시성 운명으로 가는 길을 보여 줍니다. 물론 수트라를 표현하는 산스크리트어가 낯설게 느껴질 수 있습니다. 하지만 낯설다고 해서 그 효과가 감소되지는 않습니다. 당신은 심지어 수트라의 의미를 이해해야만 하는 것도 아닙니다. 기억하세요. 수트라는 의미가 부여된 자연의 소리라는 사실을 말입니다. 당신이 이해하지 못하더라도 당신의 영혼은 그 의미를 이해할 것입니다.

왜 우리는 현대인의 언어 대신 만트라나 수트라 같은 고대 단어를 사용하는 것일까요? 답은 그 효력과 관련이 있습니다. 새로 만들어진 만트라와 수트라를 이용하는 것은 동시성 운명을 경험하는 과정을 더 어렵게 만들 뿐입니다. 예를 들어, 집에서 사무실로 가는 길이 여럿이라고 생각해 보세요. 고속도로를 이용할 수도 있습니다. 도로 지도나 등고선 지도를 따라서 갈 수도 있습니다. 헬리콥터를 탈 수도 있습니다. 강변이나 해안으로 가서 배를 탈 수도 있겠지요. 하지만 잘 알려진 길, 나에게 익숙한 길, 내가 여러 번 가 본 길을 택한다면 여행은 더 쉬워집니다. 마찬가지로 수천 년 동안 수백만 명의 사람들이 여러 세대에 걸쳐 사용해 온 만트라와 수트라는 초월과 초공간적 영역에 이르는 가장 쉬운 길을 제공해 줍니다.

이전에 특정 목적을 위해 자주 사용하던 것을 선호하는 데는 또 다른 가치가 있습니다. 익숙하게 사용하는 만트라나 수트라는 나중에 그 만트라나 수트라를 사용할 때 비슷한 결과를 가져올 가능성이 높습니다. 앞서 1장에서 언급했던 파동—입자에 대한 논란을 떠올려 보세요. 파동—입자가 특정 패턴으로 붕괴될 때마다 미래에도 그와 같은 패턴으로 붕괴될 가능성이 높아진다고 설명했던 내용을 기억할 것입니다. 수트라는 실제로 파동이 예측 가능한 일정 패턴으로 붕괴하도록 하는 통계적 가능성을 높이는 하나의 의도입니다. 즉 수트라를 더 많이 사용할수록 선택한 의도가 이루어질 가능성이 커진다는 뜻입니다.

따라서 새로운 수트라보다는 오래되고 많이 사용되는 수트라를 사용하는 것이 더 좋습니다. 산스크리트어라는 이유로 미루어 두지 말고, 이 고대의 언어를 동시성 운명으로 이끄는 길을 찾아가는 친구로 맞아들이세요.

동시성 운명을 실현하기 위한 프로세스

다음 장부터는 동시성 운명을 실현하는 7가지 원칙을 설명하고, 당신의 이해를 돕고자 연습을 할 것입니다. 7가지 원칙은 초공간적 지성의 특성을 생각하며 이를 당신의 삶과 연결하는 방법들입니다. 각각의 원칙은 영의 무한한 가능성에 더 가까이 다가갈 수 있도록 새로운 가르침과 관계를 맺는 방식을 제시합니다.

다음은 지금까지 논의한 모든 요소를 활용하는 구체적인 방법으로, 바라는 대로 이루어지는 동시성 운명을 실현하기 위한 프로세스입니다.

1. 하루를 시작할 때마다 방해받지 않는 조용한 장소로 가세요. 당신의 원형을 상징하는 것들을 모두 모아 당신 앞에 놓으세요.

2. '서-홈' 만트라를 통해 20분간 명상하세요. 당신의 의식이 확장되고 열린 마음을 갖게 될 것입니다.

3. 명상을 마치는 즉시 눈을 뜨고 당신의 원형이 상징하는 바를 바라보세요. 당신을 통해 스스로를 표현하도록 원형의 에너지를 초대하거나 불러내세요. "나는 그대가 나의 일부가 되고 나를 통해 일하기 바란다. 내 삶 속에서 나를 안내하라"라고 말하세요.

4. 그날의 동시성 운명의 원칙을 읽으세요. 동시성 운명 원칙은 모두 7가지이고 일주일은 7일입니다. 시작하는 첫날 원칙 1을 읽으세요. 그 원칙에 포함된 모든 개념을 다 이해할 필요는 없습니다. 그냥

읽기만 하세요. 둘째 날에는 원칙 2로 넘어갑니다. 셋째 날에는 원칙 3으로 넘어갑니다. 이런 식으로 계속 진행하세요. 건너뛰지 마세요. 원칙은 하나씩 더해지는 식으로 순서대로 배열되어 있기 때문입니다. 여덟 번째 날에는 다시 원칙 1로 돌아가서 지난 과정을 다시 시작합니다.

각각의 원칙에는 그 원칙의 가르침을 요약한 수트라가 있습니다. 수트라의 의미를 철저히 이해해야 합니다. 수트라가 당신 존재의 일부가 될 때까지 수트라를 연상하는 연습을 해야 합니다. 몇 주가 지나면 당신은 수트라를 읽기만 해도 그 수트라가 주는 혜택 전부를 얻게 될 것입니다. 이 과정을 매일 계속하고 일주일, 한 달 이어 가면 당신이 바라는 대로 이루어지는 삶을 성취하는 데 더 가까워질 것입니다.

이 네 단계가 20-30분이 넘지 않도록 주의해 주세요. 밤에도 이 과정을 반복하세요. 하루 중 나머지 시간에 특별히 어떤 일을 할 필요는 없습니다. 그냥 평소처럼 일상생활을 하면 됩니다. 아침 명상은 당신이 그날 하루 당신의 의도에 집중하기 위한 것입니다. 비록 당신이 의도를 염두에 두지 않고 있을 때에도 말이지요. 그날의 동시성 운명 원칙을 읽음으로써 당신은 그 일을 이루고자 하는 의도를 갖게 되고, 그 다음으로 초공간적 지성이 당신의 의도를 이루기 위해 필요한 수많은 개별 사건들을 동시에 일으키도록 놓아 두기만 하면 됩니다. 이것이 당신이 해야 할 일의 전부입니다.

당신의 의도가 초공간적 지성이 만들어 낸 동시성을 통해 저절로 작동할지라도, 당신의 에고에 의해 방해를 받을 수도 있습니다. 에고가 당신이 바라는 바를 방해하고 있는지를 어떻게 알 수 있을까요? 여러 단서가 있지만 가장 중요한 방해물은 불안입니다. 당신의 자아나 영혼이 왜곡된 자아상이나 에고에 의해 가려질 때마다 당신은 불안을 느낍니다. 그러나 당신의 중심에 있는 진정한 자아는 스트레스나 불안을 느끼지 않습니다. 중심이 잡힌 사람은 스트레스나 불안을 느끼지 않습니다. 스트레스나 불안한 감정은 초공간적 실재와 차단되었다는 신호입니다. 많은 사람에게 이런 일이 너무도 자주 일어납니다.

이러한 방해를 극복하고 스트레스와 불안으로 인해 잃어버린 집중력을 되찾기 위한 방법이 있습니다. 제가 '굴광성'(heliotropism)이라고 부르는 과정을 거치는 것입니다. 굴광성은 항상 빛을 향해 자라는 식물의 자연스러운 원리입니다. 마찬가지로 저는 당신의 생각과 의도가 빛과 같다고 생각하며, 모든 세상이 그 의도에 부합하는 방향으로 움직인다고 믿습니다.

당신이 하루 중에 스트레스나 불안을 느끼고 중심을 잃을 때마다 다음 장부터 소개할 수트라 경구를 활용하세요. 매일 그날의 수트라 경구에 의지하세요. (수트라 경구를 복사해서 휴대하면 당신의 자아감을 다시 세우는 데 도움이 될 것입니다.)

1. 그날의 첫 번째 수트라 경구를 조용히 읽으며 그 이미지가 당신

의 의식에 떠오르도록 하세요.

2. 이미지를 가슴에 새기자마자 그날의 수트라를 말하세요(각 장에 수록된 연습을 참조하세요).

3. 그날의 수트라 경구 하나하나마다 똑같이 하세요. 모든 경구를 읽고 나면(약 1분 소요) 당신은 다시 한 번 중심을 되찾은 느낌을 갖게 될 것입니다.

4. 각 장 마지막 부분에 해당 원칙과 수트라를 더 깊이 이해하도록 돕고자 한 개 이상의 연습 방법을 수록해 두었습니다. 이 연습은 매일 해야 하는 명상의 일부가 아니라 보조하는 내용입니다. 동시성 운명의 원칙을 이해하고자 추가적인 단계를 밟고 싶을 때 언제든지 시도해 보세요.

7가지 원칙, 7가지 수트라, 당신의 원형들, '서-훔' 만트라를 사용하여 명상하는 능력, 그리고 중심을 잃기 시작했다고 느껴질 때 읽는 수트라 경구. 이것들이 바라는 대로 이루어지는 동시성 운명에 이르기 위해 당신에게 필요한 모든 것입니다. 이제 기적을 일으키는 모든 도구가 당신 손에 들려 있습니다!

8장

동시성 운명 원칙 1_ 근원적 지성을 인정하라

〈수트라〉 아함 브라흐마스미
(당신은 우주를 이루는 하나의 물결이다.)

내 존재의 중심은 궁극적 실재이고, 우주의 뿌리이자 바탕이며,
존재하는 모든 것의 원천이다.

동시성 운명을 살아가기 위한 첫 번째 원칙은 근원적 지성을 인정하는 것입니다. 별과 은하부터 원자보다 작은 아원자에 이르기까지 제 몸과 당신의 몸, 그리고 우주 전체를 만들어 내는 근원적 지성 말이지요. 이 의식적 지성의 장이 우주의 원천입니다. 근원적 지성은 우리 모두가 공유하는 확장된 몸이며, 우리 모두를 연결하고 있습니다. 내 존재의 중심은 당신 존재의 중심이자 모든 존재의 중심이기도 합니다.

당신과 저, 그리고 우주는 하나입니다. 저는 우주이며, 다만 한 인간 존재에 국소화된 우주일 뿐입니다. 당신 역시 우주이며, 지금 이 시공간에서 이 책을 읽고 있는 당신의 몸에 국소화된 우주입니다. 우리 둘은 의식적 지성의 장 안에 특정한 물결로 함께 존재합니다. 우리의 모든 측면은 무한한 초공간적 지성, 즉 당신과 저, 그리고 우주가 생겨난 끝없는 의식의 바다에 의해 표현되고 조직화됩니다.

우리의 생각과 바람, 소망과 꿈조차도 엄밀히 말하면 '우리의' 생각과 바람, 소망과 꿈이 아닙니다. 그것들은 우주 전체가 표현된 것이니까요. 그리고 당신 안에서 일어나는 의도와 소망이 바로 우주의 의도라는 것을 깨닫게 되면, 당신은 그 의도와 소망을 억지로 이루고자 통제하려는 자세를 내려놓고, 바라는 대로 이루어지는 기적 같은 삶이 상상할 수 없을 정도로 멋지게 펼쳐지도록 편안하게 놓아 둘 수 있습니다.

일단 이 전제를 이해하면 동시성 운명을 살아가는 첫 번째 원칙이 제시하는 수트라를 이해할 수 있습니다.

"내 존재의 중심은 궁극적 실재이고, 우주의 뿌리이자 바탕이며, 존재하는 모든 것의 원천이다."

단순하게 들리겠지만, 이 원칙의 깊이를 파악하는 데까지는 평생이 걸릴 수도 있으며, 우리의 삶에 의미하는 바 역시 매우 심오합니다. 이 단순한 수트라를 완전히 이해하면 모든 것이 가능해집니다. 왜냐하면 모든 것이 이미 우리 안에 존재하기 때문입니다. 당신과 저는 하나입니다. 그리고 우리 각자는 특정한 관점, 즉 당신의 관점과 저의 관점을 투영하고 있는 무한한 존재입니다. 당신의 자아가 존재하는 모든 것으로부터 분리될 수 없듯, 저의 자아도 존재하는 모든 것으로부터 분리될 수 없습니다.

이러한 생각이 주는 힘은 자아가 동시에 작동한다는 사실을 깨달을 때 발휘됩니다. 왜냐하면 나는 의식적 지성의 연장이고, 의식적 지성은 모든 실재의 근원이므로, 곧 나는 모든 실재의 근원이 되기 때문입니다. 나는 나 자신만의 경험을 만들어 냅니다.

의도는 우리의 가장 깊은 소망에서 나오며, 그 소망은 카르마에 의해 형성됩니다. 당신과 나는 카르마가 같지 않기 때문에 정확히 똑같은 소망을 갖고 있지 않습니다. 우리는 서로 다른 사람들을 사랑했고, 서로 다른 무덤 앞에 무릎을 꿇었으며, 서로 다른 제단에서 기도를 드렸습니다. 우리 각 사람이 가진 소망의 세부적인 내용은 독특합니다.

하지만 소망의 끈을 따라가다 보면 결국 우리 모두는 똑같아질 것입니다. 우리 모두는 행복해지기를 원합니다. 우리는 성취하기를 원합니다. 우리는 우리 삶에서 의미와 목적을 찾기 원합니다. 신이나 영과 연결된 느낌을 바라기도 하지요. 우리는 다른 사람들이 우리를 존중하고 사랑해 주기를 원합니다. 안전한 느낌도 원합니다. 이러한 소망들은 보편적입니다.

그러나 이 소망들을 충족시키기 위해 우리 각자가 걷는 길은 다릅니다. 어떤 길을 걸을지는 개별적인 경험과 기억, 카르마에 달렸습니다.

우리는 모두 같은 목표를 향해 가고 있지만, 서로 다른 길을 택합니다. 그리고 우리는 서로 다른 길을 여행한 끝에 다 함께 도착합니다.

고요한 관찰자를 자각하라

방해받지 않는 조용한 장소로 가세요. 당신이 좋아하는 차분한 음악을 틀어 놓습니다. 눈을 감습니다. 이제 진짜 귀 기울여 듣는 자에게 주의를 집중하세요. 당신의 두 가지 다른 면을 알아차리기 시작하세요. 당신의 귀는 소리를 감지하고 당신의 뇌는 선율을 처리하지만, 이는 청각이라는 감각의 메커니즘일 뿐입니다. 선율을 연결해 음악의 형태를 갖도록 하는 자는 누구인가요? 당신이 듣는 것에 대해 '생각'하고 있을 때 실제로 귀 기울여 듣는 자는 누구인가요?

항상 존재하면서 조용히 듣고 있는 고요한 관찰자가 있다는 사실을 알아차리세요. 그 존재는 당신 안에만 있는 것이 아니라 당신 주변의 공간에도 존재합니다. 그것은 순간의 생각과 느낌을 초월하는, 결코 지치지 않고 잠들지도 않는 당신 자신의 일부입니다. 당신의 이 부분은 결코 파괴될 수도 없습니다. 이 고요한 관찰자가 항상 있다는 것을 자각하세요. 명상을 하면서 당신의 혼란스런 생각들이 잠잠해지는 순간, 힐끗 엿보게 되는 것이 바로 이 부분입니다. 당신 안에서 깊은 의식의 흐름을 느낄 수 있나요? 고요한 관찰자가 있다는 사실을 인식할 때 당신은 의식적 지성의 장, 곧 우리 삶에 있는 모든 동시성의 근원을 깨닫기 시작할 것입니다.

동시성 운명을 살기 위한 실전 연습 ②

"나는 왜 여기에 있는가?" 질문하라

이 연습을 하려면 종이와 펜, 그리고 어떤 방해도 받지 않는 10분간의 시간이 필요합니다.

스스로에게 질문하세요.

"나는 왜 여기에 있는가?"

가장 먼저 떠오르는 것을 적어 보세요. 이 질문은 다양한 해석이 가능하므로, 이 질문이 어떤 생각을 불러일으키든 상관없이 무엇이든 적어 두세요. 글쓰기 자체는 걱정하지 마세요. 완벽한 문장을 구사할 필요도 없습니다.

그런 다음 다시 질문을 던져 보세요.

"나는 왜 여기에 있는가?"

새로운 답을 적으세요. 이 과정을 20회 하세요. 각각의 답들이 독특하고 질문의 다른 측면들을 말해 줄 수 있도록, 질문을 해석할 다양한 방법을 계속해서 찾아보세요.

이제 당신이 적은 답을 쭉 살펴보세요. 그것들이 당신에게 무엇을 말하고 있나요? 답에서 어떤 패턴이나 과정이 보이나요? 당신이 당신의 삶을 바라보는 방식에 대해 무엇을 말하고 있나요?

당신은 당신의 삶을 일련의 외적, 내적 사건의 연속으로 볼 수도 있습니다. 하지만 그 사건들이 서로 연결되어 있고, 보다 영적인 무언가와 연결되어 있다고 보는 법을 배울 수도 있습니다. 그 방법을 배울 때 당신은 당신의 삶을 '오직 나만이 이 세상에 줄 수 있는 특별한 선물을 나눌 기회'로 여기기 시작할 것입니다. 이것이 바로 "나는 왜 여기에 있는가?"라는 질문에 대한 하나의 답입니다. 이같이 명확한 목적을 갖는 것은 자신의 의도에 집중하는 데 도움이 됩니다.

동시성 운명 원칙 1을 위한 수트라

온 우주가 당신 안에서 펼쳐지고 있다고 상상해 보세요.
(당신의 마음속에 이미지가 떠오르면 "아함 브라흐마스미"라고 말합니다.)

당신이 존재하는 모든 것과 연결되어 있다고 상상해 보세요.
(아함 브라흐마스미)

당신이 수정 구슬과 같다고 상상해 보세요.
당신은 다른 모든 생명 있는 존재들의 빛을 투영합니다.
당신은 또한 온 우주의 빛을 투영합니다.

(아함 브라흐마스미)

당신이 다른 모든 실과 연결된
우주라는 실타래의 한 가닥이라고 상상해 보세요.

(아함 브라흐마스미)

당신이 영원하다고 상상해 보세요.

(아함 브라흐마스미)

9장

동시성 운명 원칙 2_ 인간관계의 비밀을 파악하라

〈수트라〉 탓 트밤 아시
(관계의 거울을 통해 초공간적 자아를 발견하라.)

나는 내 안에서 다른 사람을 보고, 다른 사람 안에서 나를 본다.

인간관계가 작동하는 원리를 이해하는 것은 동시성 운명을 사는 가장 중요한 열쇠 중 하나입니다. 서양 사람들은 생각과 감정을 조절하기 위한 전략에 있어서 대중 심리학에 의존하는 경향이 있습니다. 모든 자기 계발서는 더 만족스런 관계를 원한다면 자신의 인간관계를 조정하라고 제시하곤 합니다.

하지만 긍정적인 인간관계를 만드는 것은 전략 이상의 것입니다. 즉 긍정적인 인간관계는 동시성 운명이 일어날 수 있는 인간 환경을 제공해 줍니다. 이는 중력이나 숨을 쉴 때 공기를 들이마시듯이 절대적인 기본인 것입니다.

이 원칙에서 제시하는 만트라는 '나는 그것이다'라는 의미입니다. 이 두 번째 원칙은 첫 번째 원칙을 기반으로 합니다. 첫 번째 원칙에서 우리는 우리 모두가 보편적 에너지장의 연장이며, 서로 다른 관점을 가진 단일한 실재라는 것을 배웠습니다. '나는 그것이다'라는 것은 세상의 모든 것, 세상의 모든 사람을 바라보면서 당신이 또 다른 모습의 당신 자신을 바라보고 있다는 것을 깨닫는 것을 포함합니다.

당신과 저는 하나입니다. 모든 것이 같습니다. 제가 그것이고, 당신이 그것이고, 모든 것이 그것입니다. 우리는 모두 다른 사람을 위한 거울이며, 우리는 다른 사람에 비추어 우리 자신을 보는 법을 배워야 합니다. 이것을 '관계의 거울'이라고 합니다. 우리는 관계의 거울을 통해 우리의 초공간적 자아를 발견합니다. 그렇기 때문에 긍정적인 관계를 가꾸는 것은 우리 삶에서 가장 중요한 활동입니다. 주변을 둘러볼 때 보이는 모든 것은 우리 자신을 표현한 것입니다. 그때 관계는 영적 발전을 위한 도구가 됩니다. 그 궁극적 목표는 하나 된 의식에 도달하는 것이지요. 우리 모두는 필연적으로 하나의 보편적 의식의 일부이지만, 일상생활에서 그 연관성을 인식하기 시작할 때 진정한 발전이 일어납니다.

우리는 항상 관계 속에 있기 때문에, 관계는 하나 된 의식에 접근하는 가장 효과적인 방법 중 하나입니다. 부모, 자녀, 친구, 직장 동료,

연인 관계 등 우리가 항상 맺고 있는 관계의 그물망을 생각해 보세요. 모든 관계는 본질적으로 영적 경험입니다. 예를 들어, 낭만적이고 깊은 사랑에 빠졌을 때 당신은 무한함을 느끼지요. 그 순간 당신은 불확실성과도 평화롭게 지냅니다. 당신은 황홀경에 빠지지만 취약함을 느끼고, 친밀함을 느끼지만 노출된 느낌을 받습니다. 당신은 변화되고 있지만 아무런 두려움이 없습니다. 단지 경이로움을 느낄 뿐이지요. 이것은 영적 경험입니다. 관계의 거울을 통해, 즉 모든 관계를 통해 우리는 우리의 의식이 확장되었음을 깨닫습니다.

우리가 사랑하는 사람과 혐오하는 사람은 모두 우리 자신의 거울입니다. 그런데 우리는 누구에게 끌립니까? 자신과 같은 특성을 가지고 있으면서, 그 특성을 더 많이 가진 사람들입니다. 우리는 그들과 친구가 되고 싶어 합니다. 왜냐하면 그들과 친구가 될 때 우리 또한 그 특성을 더 많이 나타낼 수 있다고 무의식적으로 느끼기 때문입니다.

그 증거로, 우리가 우리 자신의 싫어하는 특성을 가진 사람에게는 거부감을 느끼는 것을 들 수 있습니다. 만약 당신이 누군가에 대해 부정적인 반응을 강하게 보인다면 그 사람은 당신이 인정하고 싶지 않은 당신의 특성을 가지고 있다고 확신할 수 있습니다. 만약 당신이 그 부정적인 특성을 기꺼이 인정한다면, 그는 당신을 화나게 하지 않을 것입니다.

다른 사람에게서 나 자신의 모습을 볼 수 있다는 것을 인식하면 모든 관계는 의식의 발전을 위한 도구가 됩니다. 그리고 의식이 발전하면서 우리는 지각이 확장된 상태를 경험합니다. 이처럼 지각이 확장된 상태에서 초공간적 영역에 이를 때 동시성 운명을 경험할 수 있습니다.

누군가에게 끌릴 때 무엇이 당신을 매료시켰는지 스스로에게 물어보세요. 아름다움 때문인가요? 우아함인가요? 고상한 기품, 영향력, 힘, 아니면 지성인가요? 그것이 무엇이든 그 특성이 당신 안에서도 꽃 피우고 있다는 사실을 알아야 합니다. 그 느낌에 주의를 기울이세요. 그러면 더 온전한 자기 자신이 되는 과정을 시작할 수 있습니다.

물론 당신을 거부하는 사람들에 대해서도 마찬가지입니다. 더 온전하고 진정한 자아가 되기 위해서는 자신의 덜 매력적인 특성을 이해하고 포용해야 합니다. 우주의 본성은 상반된 가치들이 공존하는 것입니다. 당신의 내면에 겁쟁이가 없다면 당신은 용감해질 수 없습니다. 당신의 내면에 인색함이 없다면 당신은 너그러워질 수 없습니다. 당신에게 사악한 부분이 없다면 당신은 고결할 수 없습니다.

우리는 자신에게 어두운 면이 있다는 사실을 부정하면서 삶의 대부분을 보냅니다. 그러다 결국에는 다른 사람들에게 그 어두운 특성을 투영하게 되지요. 당신은 '잘못된' 사람들을 자기 삶에 자연스럽게 끌어들이는 사람들을 알고 있나요? 보통 그들은 '왜 이런 일이 해마다 반복해서 일어나지?' 하며 이해하지 못합니다. 진실을 말하자면, 그들이 그 어둠을 끌어들이는 것이 아니라, 자신의 삶에서 그 어두운 측면을 기꺼이 인정하려 하지 않는 것입니다. 싫어하는 사람을 만나는 것은 '상반된 것들의 공존'이라는 역설을 받아들이고 자신의 새로운 측면을 발견할 기회입니다. 이는 당신의 영적 자아를 발전시키는 또 하나의 단계입니다.

선각자라 불리는 사람들은 자신의 빛과 어둠이 가진 잠재력을 온전히 받아들입니다. 자신의 부정적인 특성을 인식하고 받아들이는 사람들과 함께 있을 때, 당신은 그들에게서 판단받는다는 느낌을 결코 받지 않습니다. 다른 사람을 판단하는 일은 선과 악, 옳고 그름이 오직 자기 밖에만 있는 특성이라고 볼 때 일어나기 때문이지요.

우리 자신의 밝은 면과 어두운 면을 모두 기꺼이 포용할 때 우리는 자신과 자신의 관계 모두를 치유하기 시작할 수 있습니다. 아주 간단하게, 당신이 생각하는 가장 불쾌한 사람부터 시작하세요. 예를 들어, 아돌프 히틀러를 떠올리며 이렇게 말해 보세요.

"내가 어떻게 히틀러같이 될 수 있지?"

대부분의 사람들은 자신에게 히틀러의 특성이 아주 조금이라도 포함되어 있다는 사실을 받아들이기를 거부합니다. 하지만 좀 더 깊이 생각해 보세요. 단지 특정 이름, 피부색, 억양, 장애를 가졌다는 이유만으로 어떤 집단에 대해 편견을 표현한 적이 한 번도 없나요? 당신의 삶에서 그랬던 적이 떠오른다면, 당신은 자신과 히틀러 사이의 유사성을 받아들여야 합니다. 우리는 모두 다양한 차원에 존재하고 모든 영역에 있는 존재입니다. 세상 어딘가에 존재하는 모든 것은 우리 안에도 존재합니다. 우리 자신의 이러한 다양한 측면을 받아들일 때 우리는 보편적 의식과 연결되어 있다는 사실을 인정하게 되고 개인의 자각을 확장하게 됩니다.

관계의 거울이 우리 삶에 어떤 영향을 미치는지 잘 보여 주는 멋진 수피즘(이슬람 신비주의)의 이야기가 있습니다. 한 남자가 마을에 들어와 그 마을의 현명한 수피 스승을 만나러 갔습니다. 남자가 말했습니다.

"저는 이곳으로 이사할지 말지 결정하려고 합니다. 여기가 어떤 동네인지 궁금합니다. 이곳 사람들에 대해 말씀해 주시겠습니까?"

수피 스승이 말했습니다.

"당신이 있던 곳에는 어떤 사람들이 살았는지 말해 보라."

남자가 말했습니다.

"아, 그들은 강도, 사기꾼, 거짓말쟁이들이었습니다."

그러자 나이 많은 수피 스승이 말했습니다.

"여기 사는 사람들도 그 사람들과 똑같은 종류의 사람들이다."

남자는 마을을 떠나 다시 돌아오지 않았습니다.

30분 후, 다른 남자가 마을에 들어왔습니다. 그 역시 수피 스승을 찾아와 말했습니다.

"저는 여기로 이사를 올까 생각 중입니다. 이곳에 어떤 사람들이 사는지 알려 주시겠습니까?"

수피 스승이 말했습니다.

"당신이 있던 곳에는 어떤 사람들이 살았는지 말해 보라."

남자가 말했습니다.

"아, 그들은 가장 친절하고 상냥하고 자비롭고 사랑스러운 사람들이었습니다. 그들이 몹시 그리울 것입니다."

수피 스승이 말했습니다.

"여기 사는 사람들도 그 사람들과 똑같은 종류의 사람들이다."

이 이야기는 우리가 다른 사람에게서 매우 선명하게 볼 수 있는 특성이 우리 자신에게도 가장 강하게 존재한다는 사실을 상기시켜 줍니다. 관계의 거울을 볼 수 있을 때, 우리는 우리의 모든 자아를 볼 수 있습니다. 그러기 위해서는 우리 자신의 모호함에 익숙해지고 우리 자신의 모든 측면을 포용할 수 있어야 합니다. 깊은 수준에서, 단순히 부정적인 특성이 있다고 해서 쓸모없는 인간이 아니라는 것을 알아차려야 합니다. 긍정적인 특성만을 가진 사람은 세상에 없습니다. 우리에게 부정적인 특성이 있다는 사실을 인정한다는 것은 곧 우리가 완전하다는 것을 의미합니다. 그리고 그 완전함 속에서 우리는 보편적이고 초공간적인 자아에 더 잘 접근할 수 있습니다.

동시성 운명을 살기 위한 실전 연습 ③

양면성을 포용하라

이 연습을 하려면 종이 한 장과 펜이 필요합니다.

당신이 매우 매력적으로 생각하는 사람을 떠올려 보세요. 종이 왼쪽에 그 사람이 가지고 있는 바람직한 특성을 열 가지 이상 적으세요. 머릿속에 떠오르는 것은 무엇이든 적으세요. 빠르게 적으세요. 좋은 방법이 하나 있는데, 당신의 의식이 생각을 교정할 시간을 주지 않는 것입니다.

당신은 왜 그 사람을 좋아하나요? 그 사람이 매력적이라고 생각하는 이유는 무엇인가요? 그 사람에게서 가장 존경하는 점은 무엇인가요? 그 사람은 친절하고, 사랑스럽고, 유연하고, 독립적인가요? 그 사람이 좋은 차를 타거나, 헤어 스타일이 멋지거나, 누구나 부러워할 만한 집에 사는 것을 좋게 생각하나요?

이 목록은 당신만 볼 수 있으니 솔직하게 작성하세요. 열 가지 특성을 떠올리기 전에 생각이 막힌다면 큰 소리로 이렇게 말하세요.

"내가 이 사람을 좋아하는 이유는 _____ 때문이다."

그러고 나서 빈칸을 채우세요. 원하는 만큼 많은 특성을 적을 수 있지만, 열 개가 되기 전에는 멈추지 마세요.

이제 생각을 바꿔서 당신이 혐오하는 사람, 당신을 짜증 나게 하거나 성가시게 하거나 화나게 하거나 어떤 식으로든 불편하게 만드는 사람을 떠올려 보세요. 당신이 마음에 안 들어하는 특성을 분명하게 확인하세요. 종이 오른쪽에 그 바람직하지 않은 특성을 열 가지 이상 나열하세요. 왜 당신은 그 사람을 좋아하지 않나요? 왜 그 사람에게 화가 나거나 짜증이 나나요? 원하는 만큼 많은 특성을 적되, 열 개가 되기 전에는 멈추지 마세요.

두 목록을 모두 작성했으면, 매력적이라고 생각하는 사람에 대해 다시 한 번 생각해 보고 그 사람에게서 마음에 들지 않는 특성을 세 가지 이상 찾아보세요. 어렵게 생각하지 마세요. 완벽한 사람은 없으니까요. (당신이 다른 사람의 부족한 점을 더 많이 받아들일수록 당신 자신의 부족한 점도 더 쉽게 받아들일 수 있습니다.) 그런 다음, 마음에 들지 않는 사람에 대해서도 생각해 보고 그 사람이 가진 상대적으로 매력적인 특성 세 가지를 찾아보세요.

이제 종이에는 적어도 스물여섯 개의 특성이 나열되어 있을 것입니다. 각 특성을 하나씩 읽어 보고 당신이 가진 특성을 찾아 모두 동그라미 표시를 하세요. 예를 들어, 매력적인 사람에 대해 '자비롭다'라고 적었다면 당신이 자비로운 적이 있었는지 스스로에게 물어보세요. 자비로운 적이 있었다면 그 단어에 동그라미 표시를 하세요. 그렇지 않다면 그 단어에 동그라미 표시를 해선 안 됩니다.

생각을 너무 많이 하지는 말고 첫 느낌을 따르세요. 두 목록의 모든 단어를 살펴보고 자신의 특성을 설명하는 단어 모두에 동그라미 표시를 하세요.

이제 목록을 다시 살펴보세요. 동그라미 표시를 하지 않은 모든 단어 중에서 자신에게 절대 적용될 수 없는 단어, 즉 당신을 전혀 설명해 주지 않는 단어를 찾아보세요. 그 옆에 체크 표시를 하세요.

마지막으로, 동그라미 표시를 한 단어들로 돌아가서 당신을 가장 잘 표현하는 단어 세 개를 찾아보세요. 종이를 뒤집어 세 단어들을 적습니다. 그런 다음, 다시 돌아가서 체크한 단어들을 살펴보며 당신을 가장 잘 설명해 주지 않는 단어, 즉 당신에게 전혀 해당되지 않는 단어 세 개를 찾아보세요. 그 단어 세 개를 좀 전에 종이 뒷면에 적어 놓은 당신을 가장 잘 표현하는 단어 세 개 아래에 적습니다. 자신을 가장 잘 표현하는 세 단어와 가장 잘 설명해 주지 않는 세 단어를 큰 소리로 읽어 보세요.

당신은 이 모든 특성을 다 가지고 있습니다. 당신이 가장 강하게 부정하는 특성도 당신의 일부이며, 그 특성은 당신 삶에서 가장 큰 혼란을 가져다줄 가능성이 높습니다. 당신은 이 여섯 가지 특성을 모두 가진 사람들에게 매력을 느낄 것입니다.

사실 당신을 가장 잘 표현하는 세 가지 특성은 당신이 그 특성을 소유할 자격이 없다고 느끼기에 매우 긍정적으로 느껴지는 것이고, 당신을 가장 잘 설명해 주지 않는 세 가지 특성은 당신의 삶에 그 특성이 존재한다는 사실을 인정하고 싶지 않기 때문에 매우 부정적으로 느껴지는 것입니다.

일단 다른 사람 안에서 자신을 볼 수 있게 되면 그들과 연결되기가 훨씬 쉬워지고, 그 연결을 통해 하나 된 의식을 발견하게 됩니다. 그때 동시성 운명으로 가는 문이 열리지요. 이것이 바로 관계의 거울이 가진 힘입니다.

타인을 존중하며 "나마스테"라고 말하라

산스크리트어 '나마스테'는 '내 안의 영이 당신 안의 영을 존중한다'
는 뜻입니다. 다른 사람과 처음으로 눈이 마주칠 때마다 혼자 조용히
"나마스테"라고 말하세요. 이것은 저기에 있는 존재가 여기에 있는 존
재와 동일하다는 것을 인정하는 방법입니다.

당신이 그렇게 하면 몸짓, 표정, 어조 등 당신의 모든 것이 깊은 영
역에서 상대방에게 인식될 것입니다. 당신은 조용히 인사하지만, 상
대방은 의식적 또는 무의식적으로 당신의 인사에 담긴 존경심을 인식
하게 될 것입니다. 며칠 동안 이 연습을 해보고 다른 사람들을 만날
때 차이가 느껴지는지 확인해 보세요.

동시성 운명 원칙 2를 위한 수트라

당신의 영이 당신뿐 아니라
다른 모든 존재와 모든 것 안에 있다고 상상해 보세요.
(당신의 마음속에 이미지가 떠오르면 "탓 트밤 아시"라고 말합니다.)

모든 사람이 당신을 투영하고 있다고 상상해 보세요.

(탓 트밤 아시)

우주를 바라볼 때 당신의 거울을 보고 있다고 상상해 보세요.

(탓 트밤 아시)

다른 사람들이 보고 있는 것을
당신도 보고 있다고 상상해 보세요.

(탓 트밤 아시)

다른 사람들이 느끼는 것을
당신도 느낄 수 있다고 상상해 보세요.

(탓 트밤 아시)

당신이 다른 사람들이 가장 존경하는 특성을
갖고 있다고 상상해 보세요.

(탓 트밤 아시)

다른 사람들이 당신이 가장 소중히 여기는
당신의 특성을 반영한다고 상상해 보세요.

(탓 트밤 아시)

당신이 멀리서도 자신을 볼 수 있는 거울로 가득한 방에 있고,
거울에 비친 당신의 모든 모습이 당신 자신이지만
다르게 보일 뿐이라고 상상해 보세요.

(탓 트밤 아시)

10장

동시성 운명 원칙 3_ 내면의 대화를 주도하라

〈**수트라**〉 사트 치트 아난다
(내면의 대화의 주인이 되라.)

나의 내면의 대화는 내 영혼의 불꽃을 반영한다.

세 번째 원칙은 당신의 마음이 당신의 실재를 만들어 내는 방법을 설명합니다. 즉 내면의 대화를 주도해 말 그대로 실재를 변화시킴으로 어떻게 풍요로움을 가져올 수 있는지를 가르쳐 줍니다.

이 수트라(사트 치트 아난다)는 우리의 영혼은 자발적인 사랑과 앎과 완전한 행복이 있는 곳이라고 말합니다. '사트'는 '진리', 즉 '모든 한계로부터의 자유'를 의미합니다. '치트'는 '완전한 지식', 즉 '자발적인 앎 또는 순수한 의식'을 뜻합니다. '아난다'는 '지복', '완전한 행복, 완전한 성취'를 가리킵니다. 그래서 이 수트라 경구의 실제 의미는 '내 영혼은 한계에서 벗어나 자유롭다. 내 영혼은 자발적으로 알고 있다. 내 영혼은 완전한 성취 속에 존재한다'입니다.

내면의 대화는 우리의 가장 기본적인 특성 중 하나입니다. 우리는 새로운 사람을 만날 때 그들의 옷차림을 살펴보거나, 그들이 무슨 차를 운전하는지, 손목에 찬 시계가 무엇인지 등을 살펴보는 데 익숙합니다. 이 모든 외적 단서를 바탕으로 상대방에 대한 인상을 형성하지요. 하지만 이러한 순간적 판단은 에고가 자기 자신과 대화한 결과에 지나지 않습니다. 당신의 머릿속에 있는 그 작은 목소리는 끊임없이 이것저것을 평가하고 있습니다. 이 내면의 대화는 중요한 역할을 합니다. 판단을 내림으로써 우리가 생존하도록 도와주는 것입니다. 예를 들면 이런 식입니다. '이 사람은 위험할 수 있어', '저 과일은 먹어도 될 것 같아', '지금은 상사에게 승진에 대해 말하기엔 적절한 때가 아닌 것 같아' 등이지요.

물론 유용하긴 합니다만, 이 작은 목소리는 당신과 그 목소리가 하나이고, 그 목소리가 추구하는 목표가 당신의 목표라고 믿도록 만들 것입니다. 하지만 앞서 살펴본 바와 같이 당신 내면에는 고요한 관찰자가 사는 또 다른 장소가 있습니다. 이곳은 당신이 영과 연결되는 곳이며, 국소적 마음이 초공간적 마음에게 자리를 양보하는 곳입니다. 이곳은 당신이 명상을 통해 접근할 수 있는 곳입니다.

긍정적인 내면의 대화와 자아의 힘

지성의 장과 하나 되는 것은 신체적, 정서적, 영적으로 균형을 이룹니다. 그때 당신은 어떤 도전에도 쉽게 대처할 수 있는 힘과 유연성을 얻게 되지요. 당신은 도전을 당신을 더욱 성장시키는 계기로 삼고, 그 도전에 응함으로 더 큰 힘을 얻습니다. 내면의 대화는 사실은 의식적 지성의 장에서 이루어지는 내적인 대화이기에 우리에게 그런 종류의 긍정적인 힘을 제공해 줍니다. 우리가 보편적 의식과 조화를 이룰 때, 우리가 초공간적 지성의 장에서 하나 될 때 우리는 그 무한한 에너지에서 발산되는 힘을 얻습니다. 이 힘은 내면에서 나오며, 당신이 이 힘을 갖게 된다면 이루지 못할 일은 아무것도 없습니다.

자아에서 발산되는 힘은 두 종류입니다. 첫 번째는 매개체의 힘입니다. 즉 명성이나 많은 돈, 또는 괜찮은 직책이 주는 힘이지요. 매개체의 힘은 막강할 수 있지만 결국에는 끝나기 마련입니다. 두 번째는 진정한 힘으로, 내면에서 나오며 물리적인 것이 아니라 영적인 것에 기반합니다. 그 힘은 영원하며 당신의 육체와 함께 죽지 않습니다. 매개체의 경우 그 정체성과 힘이 사물, 상황, 지위를 나타내는 상징, 관계, 돈과 같은 외부적 기준에서 나옵니다. 자아의 힘은 그 정체성이 진정한 자아에 귀 기울이는 데서 나오고, 그 힘은 내면의 영과 관련된 데서 비롯합니다.

내면과 관련해 움직일 때 당신은 자아를 더 명확하게 느끼게 되고 외부적 요인들에 영향을 받지 않습니다. 이것이 바로 개인의 힘의 원천입니다. 외부적 요인들이 당신의 자아감에 영향을 미치지 못할 때 당신은 어떤 비판이나 칭찬도 개의치 않게 됩니다. 당신은 또한 모두가 똑같은 의식적 지성의 흐름에 연결되어 있기 때문에 모든 사람이 평등하다는 것을 이해합니다. 그것은 당신이 삶을 살아가면서 누구보다 열등하지도, 누구보다 우월하지도 않다는 사실을 이해한다는 뜻이기도 하지요. 당신은 스스로를 설득할 필요가 없기 때문에(즉 내면의 확신이 있기에) 누구에게도 구걸하거나 애원하거나 그를 설득할 필요가 없습니다.

이 말이 멋지게 들리겠지요. 하지만 실제로 내면과 밀접하게 연결된 상태에 도달하는 사람은 극소수에 불과합니다. 우리는 너무도 자주 우리의 에고가 끼어들게 내버려 둠으로써 메시지를 모호하게 만들어 버립니다. 돈 걱정, 업무 스트레스, 인간관계에서 오는 긴장 등 외부적 요인들로부터 영향을 받는 우리는 결국 영적 발전을 이루지 못하고, 자신이 가고자 의도했던 방향과 반대 방향으로 가고 있는 자신을 발견하게 되고 맙니다.

이를 극복하기 위한 가장 좋은 두 가지 방법은 첫째로 명상이고, 둘째로 의식적으로 긍정적인 내면의 대화를 연습하는 것입니다. 긍정적인 내면의 대화는 우리를 올바른 방향으로 이끌어 주고, 동시성이 더 많이 더 자주 일어나게 하며, 영적 발전을 가져다줍니다. 우리는 긍정적인 내면의 대화를 통해 자아의 힘을 만들어 낼 수 있습니다.

예를 들어, 당신이 현재 다니고 있는 직장에 만족하지 못해 새로운 직장을 찾고 싶어 한다고 해봅시다. 구인란을 들어가 보고 자신의 경력에 대해 잘 아는 친구들에게 부탁도 해보았지만 바뀐 것은 아무것도 없습니다. 좌절감을 느낀 당신의 내면의 대화는 이렇게 결론을 내릴지 모릅니다.

"거기에 나를 위한 직업은 아무것도 없어."

이러한 반응이 세상의 다른 지역에서 일어난 다음 사례와 어떻게 대조되는지 관찰해 보세요. 아마존 열대 밀림에서 한 사냥꾼이 사냥감을 찾지 못해 힘겨워하고 있다고 가정해 봅시다. 사냥꾼은 주술사를 찾아가 이 문제를 해결하려고 합니다.

이때 사냥꾼이나 주술사는 모두 문제의 해결책을 다른 데서 찾는 것이 아니라 사냥꾼 자신의 내면에서 찾으려 할 것입니다. 그들은 사냥감이 있다는 것을 알고 있기 때문이지요. 그래서 그들은 "거기에 나를 위한 사냥감은 아무것도 없어"라는 말은 절대 하지 않을 것입니다. 사냥꾼 내부의 무언가가 사냥감을 찾지 못하게 방해하고 있는 것이 문제인 것입니다. 어쩌면 사냥꾼 내부의 무언가가 사냥감을 쫓아내고 있는지도 모릅니다.

그래서 주술사는 사냥꾼의 마음과 정신을 변화시키기 위한 의식에 참여하라고 권할 것입니다. 외부의 실재를 통제하는 것은 사람의 마음과 정신이기 때문입니다.

세상을 바라보며 "거기에 나를 위한 것은 아무것도 없어"라고 말하는 스스로를 발견할 때 우리는 자기 마음을 들여다보며 이렇게 물어야 합니다.

"거기에 나를 위한 것은 아무것도 없다면, 여기엔 무엇이 있을까?"

우리는 의식적인 에너지의 흐름을 막고 있는 지점을 발견하고자 내면의 대화를 살펴볼 필요가 있습니다. 그런 다음 에고를 제거하고, 길에서 비켜 서서 영혼의 불꽃이 우리를 통해 빛나게 해야 합니다.

베다의 현자들은 "만약 당신에게 영혼의 불꽃이 있다면 그 불꽃이 당신의 눈빛에 반짝일 것이다"라고 말합니다. 불꽃은 당신의 몸짓과 움직임에 자연스럽게 반영됩니다. 당신이 생각하고, 느끼고, 말하고, 행동하는 모든 것이 영혼의 불꽃을 보여 줄 것입니다. 그 불꽃은 어떻게 보일까요? 절대적인 기준은 없습니다. 다만 그 영은 잠재적으로 상처를 줄 수 있는 모든 것을 자제하면서 완벽한 말과 행동을 함으로써 반영될 것입니다. 또한 자신감, 행복, 유익한 유머, 대담함, 친절, 사려 깊음을 통해서도 반영되겠지요.

사람들은 당신이 어떤 내면의 대화를 나누는지를 정확하게는 모르지만, 즉시 알아차릴 것입니다. 당신이 긍정적인 내면의 대화를 연습하면 사람들은 당신과 관계를 맺고 싶어 하고, 당신을 돕거나, 당신 곁에 있고 싶어 할 것입니다. 그들은 당신의 눈을 통해 빛나고 당신의 모든 행동에 반영되어 있는 사랑과 앎과 완전한 행복을 함께 나누고 싶어 할 것입니다. 이것이 진정한 내면의 힘입니다.

눈빛에 반짝이는 불꽃을 찾으라

영혼의 불꽃이 당신의 눈 속에서 빛날 것입니다. 거울을 볼 때마다 1-2초 만이라도 자신의 모습에 시선을 집중하고 당신 스스로를 확인하는 기초가 되는 다음 세 가지 문장을 조용히 반복해서 말하세요.

"나는 다른 사람의 칭찬이나 비난에 전혀 개의치 않는다."

"나는 누구와 비교해 열등하지 않다."

"나는 어떤 도전도 두렵지 않다."

거울에 비친 자신의 눈을 들여다보고 이러한 태도가 자신에게 반영되는지 확인하세요. 얼굴 표정이 아니라 당신의 눈에서 말이지요. 당신이 가진 영혼의 불꽃을 상기시키기 위해 당신의 눈 속에서 빛나는 불꽃을 찾아보세요.

동시성 운명 원칙 3을 위한 수트라

당신이 중심을 잡고 있고 완전히 평화롭다고 상상해 보세요.
(당신의 마음속에 이미지가 떠오르면 "사트 치트 아난다"라고 말합니다.)

당신이 앎과 평화를 가지고 세상을 바라보고 있다고 상상해 보세요.

(사트 치트 아난다)

모든 존재가 당신과 평등하다고 상상해 보세요.

(사트 치트 아난다)

당신이 남들의 칭찬이나 비난에
전혀 개의치 않는다고 상상해 보세요.

(사트 치트 아난다)

당신이 목적지가 아닌 여행 자체에
집중하고 있다고 상상해 보세요.

(사트 치트 아난다)

당신 앞에서 모든 적개심이
깊은 평화를 통해 사라진다고 상상해 보세요.

(사트 치트 아난다)

당신이 결과로부터 자유롭다고 상상해 보세요.

(사트 치트 아난다)

어떤 혼란에도 영향을 받지 않는
깊고 심오하고 평화로운 바다가
당신 안에 존재한다고 상상해 보세요.

(사트 치트 아난다)

타오르는 모닥불처럼
사랑이 당신에게서 발산된다고 상상해 보세요.

(사트 치트 아난다)

당신이 모든 것과 모든 사람을 사랑한다고 상상해 보세요.
당신이 사랑에 푹 빠져 있다고 상상해 보세요.

(사트 치트 아난다)

어떤 질문이든 직면할 때마다
정답이 저절로 떠오른다고 상상해 보세요.

(사트 치트 아난다)

당신이 모든 상황에서 무슨 일을 해야 할지
정확히 알고 있다고 상상해 보세요.

(사트 치트 아난다)

11장

동시성 운명 원칙 4_ 의도를 명확히 하라

〈**수트라**〉 산 칼파
(우리의 의도가 우주를 만든다.)

나의 의도는 무한한 조직력을 갖고 있다.

우리는 우주의 일부이기 때문에 우리의 의도는 우주 전체의 의도를 반영합니다. 그리고 우리의 의도 안에는 성취의 메커니즘이 있습니다. 그러므로 우리에게 진정 필요한 것은 의도를 명확히 하는 것입니다. 만약 우리가 에고를 제거할 수만 있다면 의도는 저절로 이루어질 것입니다. 우리의 의도는 바라는 목표를 이루는 데 필요한 요소와 힘, 사건, 상황, 환경, 그리고 관계를 끌어들입니다. 따라서 우리가 세부적인 부분까지 관여할 필요가 없으며, 사실 너무 열심히 노력하면 오히려 역효과를 낼 수도 있습니다.

초공간적 지성이 우주의 행동을 동시에 일어나도록 조직화해 당신의 의도를 이루도록 내버려 두세요. 의도는 중력과 같은 자연적 힘이지만 더 강력합니다. 어느 누구도 중력을 작용시키기 위해 중력에 주의를 기울일 필요가 없지요. 중력은 우리가 이해하든 이해하지 못하든 이 지구상에 작용하는 힘이기 때문에, 그 누구도 "나는 중력을 믿지 않아"라고 말할 수 없습니다. 의도도 같은 방식으로 작동하는 것입니다.

간단한 예로, 쉬운 상식이나 사람 이름 또는 책 제목이 기억나지 않아 마음 졸였던 때를 떠올려 보세요. 그 단어나 이름이 혀끝에서 맴돌 뿐 도무지 기억이 나질 않았을 것입니다. 일단 그것을 기억하려고 노력하는 것 자체가 당신이 의도를 끌어들인 것입니다. 하지만 기억하려고 노력하면 할수록 정보가 의식적 기억에서 점점 더 멀어지는 것 같지 않았나요?

그럴 때 당신이 에고를 놓아 버리고 기억하는 과정을 편안하게 내려놓으면 당신의 의도가 그 무한한 조직력과 함께 가상 영역으로 들어갈 것입니다. 심지어 가상 영역은 당신이 다른 생각을 하더라도, 당신이 의식적으로 노력하지 않는 상태에서도 계속해서 정보를 검색할 것입니다. 나중에 당신은 잠이 들거나 영화를 보다가 그토록 기억하려고 애썼던 그 단어가 불쑥 떠오르겠지요. 이 일반적인 예는 의도가 작동하는 방식을 잘 보여 줍니다. 우리가 해야 할 일은 의도를 갖고 우주가 그 의도를 받아들이도록 내버려 두는 것뿐입니다.

　의도의 힘을 발휘하는 데 필요한 유일한 일은 의식적 지성의 장과 연결되는 것뿐입니다. 그 일은 여러 방법으로 가능한데, 가장 좋은 방법은 명상입니다. 어떤 사람이 일정 수준의 의식에 이르면 그가 의도한 것이 무엇이든 그 의도대로 모든 일이 일어나기 시작합니다. 이런 사람들이 있습니다. 그들의 모든 의도가 의식적 지성의 장과 매우 밀접하게 연결되어 있어서 우주의 모든 질서가 그의 의도를 중심으로 펼쳐지는 것이지요.

　물론 엄밀히 말한다면, 그들의 모든 개인적 의도가 충족된다는 말은 사실이 아닙니다. 실제로 의식적 지성의 장과 연결된 사람들은 우주의 의도를 받아들이기 때문이지요. 즉 그들의 의도가 충족되고 있지만, 그것은 단지 우주의 마음이 자신의 소망을 충족시키기 위해 그들의 의도를 사용하는 것이기 때문입니다.

　우리는 의도를 갖는 연습을 해야 합니다. 왜냐하면 대부분 우리 사회는 의도를 가질 기회를 주지 않거든요. 만약 당신이 평범한 삶을 살아가는 사람이라면 영적 수련에 집중하고 회복하고자 산 위를 찾을 기회가 그리 많지는 않을 것입니다. 오히려 교통 체증으로 차 안에 갇혀 있을 때나 사무실에서 중요한 전화를 기다리는 동안 자유로운 시간을 갖기가 더 쉽겠지요. 바로 그 시간을 활용해 시간을 초월한 의식과 영을 기반으로 의도를 실천하는 연습을 하는 편이 더 좋을 수 있습니다.

의도는 그렇게 변덕스러운 것이 아닙니다. 의도에는 주의가 필요하며, 또한 초연함도 요구됩니다. 일단 주의해서 의도를 갖고 나면 결과에 초연해야 하며, 우주가 그 의도를 이루는 데 필요한 세부적인 부분을 스스로 처리하도록 내어 맡겨야 합니다. 그렇게 하지 않는다면 에고가 끼어들어 과정을 흐트릴 것입니다. 당신의 의도가 충분히 빨리 이루어지지 않는다면, 당신은 좌절감을 느낄 테지요. 자존심이 상할 수도 있고, 어쩌면 스스로에게 미안한 마음이 들 수도 있겠습니다. 의도는 본질적으로 성취를 향해 나아갑니다. 이를 방해할 수 있는 유일한 것은 에고가 끼어들거나 아주 이기적인 생각이 의도를 지배하는 것입니다.

물론 당신의 모든 의도를 이루기 위한 가장 좋은 방법이 있습니다. 그것은 바로 당신의 의도를 우주의 의도에 맞추고, 당신이 의도하는 것과 우주가 당신을 위해 의도하는 것, 이 둘이 조화를 이루게 하는 것입니다. 둘이 조화를 이루면 당신의 삶에서 동시성이 더 큰 역할을 하는 것을 발견하게 될 것입니다.

둘 사이에 조화를 이루는 가장 좋은 방법은 단순합니다. 감사하는 태도를 기르는 것입니다. 삶의 모든 것에 대해 감사를 표하세요. 우주에 자리 잡은 당신의 자리에 감사하고, 우리 모두가 함께하는 운명을 발전시키기 위해 당신에게 주어진 기회에 감사하세요.

조화를 이루는 방법 중 또 하나에는 모든 종류의 불만을 버리는 것도 포함됩니다. 불만은 에고에서부터 옵니다. 동물은 원한이나 불만이 있다며 문제를 일으키는 법이 없습니다. 오직 우리 인간만 온갖 종류의 감정적 짐으로 인해 의도가 방해받아 그 뜻을 이루지 못합니다. 순수한 의도를 갖기 위해서는 그 모든 짐을 내려놓아야만 합니다.

의도에 집중하라

의도에 집중하는 가장 좋은 방법은 자신의 의도를 글로 적는 것입니다. 이 방법은 너무도 당연한 기초 단계 같겠지만, 사실 많은 사람이 무시하곤 하지요. 그러다 보니 사람들의 의도가 초점을 잃은 채 머무를 뿐 이루어지지 않는 것입니다.

방해받지 않는 조용한 장소로 가세요. 모든 차원에서 당신이 이루어지기를 바라는 소망을 적으세요. 물질적인 소망, 에고의 만족, 인간관계, 자존감, 영적 바람 등을 포함해서 최대한 구체적으로 적으세요. 물질적인 소망 중에 세밀하게 무엇을 원하는지 스스로에게 물어보세요. 풍족함이라는 측면에서 질문해 보세요. 방이 4개인 집을 갖고 싶나요? 그렇게 적으세요. 자녀를 대학에 보내기 원하나요? 그렇게 적으세요. 청각, 촉각, 시각, 미각, 후각, 관능 등 감각을 만족시키는 모든 것에 대하여 각각 바라는 바를 생각해 보고, 그것들을 적으세요.

인간관계에서 무엇을 원하는지 스스로에게 물어보세요. 연인, 배우자, 자녀, 부모, 친구, 직장 동료 등 모든 관계에서 당신이 바라는 것을 적으세요.

개인적인 성취나 인정받는 일과 관련해서도 당신이 원하는 것을 적으세요. 보다 보편적 차원에서 당신이 원하는 것을 기록하세요. 당신이 어떻게 도울 수 있는지를 적으세요. 당신이 속한 사회, 국가, 문명 속에서 당신의 삶을 통해 어떤 일을 이루고 싶나요? 어떤 기여를 하고 싶나요? 자신의 가장 높은 자아를 발견했을 때 원하는 바가 무엇인지 적으세요. 당신은 어떤 사람이 되고 싶나요? 당신의 삶에 영적으로 덧붙이고 싶은 것은 무엇인가요?

원하는 모든 것을 종이 한 장에 적으세요. 그리고 당신의 소망이 바뀌거나 이루어지면 그 목록에서 더하거나 빼세요.

모든 소망이 이루어진다면 자신의 삶이 어떤 모습일지 명상하세요. 당신이 물질적, 영적 차원에서 진정한 성취에 이른 모습을 마음속으로 상상하세요. 단, 이 일이 어떤 순서로 이루어질지, 또는 그 성취가 현실적인지 아닌지에 대해서는 걱정하지 마세요. 그저 모든 소망이 이루어지는 상상을 바라만 보세요. 오감으로 느끼세요. 우리의 목표는 이처럼 모든 차원에서 바라는 소망들에 적절하게 주의를 기울이는 것입니다. 이런 식으로 조화가 이루어질 때 내면의 대화는 매우 강력하고 분명해지며, 당신의 의식이 하나 되도록 하는 데 도움이 될 것입니다.

의도에 쉬지 않고 주의를 기울여야 하는 것은 아닙니다만, 의도에 초점을 맞추는 일을 놓쳐선 안 됩니다. 이 일은 시간이 지나면서 점점 더 습관으로 발전되어야 합니다. 하루에 한두 번씩 당신이 기록한 소망 목록을 보세요. 명상하기 직전에 다시 한 번 읽으세요. 명상에 들어가면 당신의 자아를 조용히 시키세요. 그러면 에고가 사라집니다. 그 결과 당신은 결과에 초연해지고 세부적인 일들에 신경 쓰지 않게 됩니다. 또한 더 깊은 지성이 가진 무한한 조직력이 당신이 가진 의도의 모든 세부적인 사항을 조직화하고 이루어 가도록 편안하게 내버려 두게 됩니다. 핵심은 에고의 차원에서 벗어나고, 자아와 자존감의 차원에서 자유로워져 초공간적 지성이 동시성을 통해 당신이 바라는 소망을 이루도록 조직화하게 하는 것입니다.

처음에 당신은 아주 이기적일 수 있습니다. 처음에 당신의 의도는 모두 '자신'에 대한 것이고, 당신의 삶에서 일어나기를 바라는 것들은 아주 소소하고 세부적인 사항들일 수 있습니다. 하지만 결국에는 개인이나 에고 차원에서뿐만 아니라 '모든 차원에서의 성취'가 목표라는 사실을 깨닫게 될 것입니다.

당신의 의도가 이루어지는 것을 보기 시작하면 당신의 개인적인 소망은 점점 줄어들 것입니다. 왜냐하면 당신은 모든 것을 가질 수 있다는 사실을 알게 될 것이기 때문입니다. 먹을 음식이 충분할 때는 먹는 것에 계속 집착하지 않게 되듯, 의도도 마찬가지입니다. 바라는 대로 이루어진다는 사실을 알 때 당신은 개인적인 소망보다는 다른 사람들이 바라는 소망에 대해 더 많이 생각하게 됩니다. 이는 여러 단계를 거쳐 이루어지는 과정입니다. 인내심을 갖고 지켜보세요. 기적이 시작되는 것을요!

심장의 수트라 명상을 하라

다음은 의도가 가진 힘을 보여 주는 명상 연습입니다. 그러나 단순히 보여 주는 정도가 아니라, 그 이상의 효과가 있습니다. 당신이 의도에 집중할 수 있도록 이 연습을 정기적으로 수행하세요.

15분간 방해받지 않는 조용한 장소로 가세요. 눈을 감고 호흡에 주의를 집중하면서 원초적 소리인 '서-홈' 만트라를 5분간 수행하세요.

5분이 지나면 가슴 중앙의 심장 부위에 주의를 기울이세요. 심장에 신경을 쓸수록 심장이 더 강하게 박동하는 느낌이 들 텐데, 매우 정상적입니다. 심장 박동을 경험하면서 감사도 함께 느끼기 시작하세요. 감사를 느끼는 방법은 당신의 삶에서 감사할 이유가 있는 모든 사물, 사건, 관계를 떠올리는 것입니다. 심장에 주의를 기울이는 동안 감사할 이유가 있는 이미지들이 의식의 표면에 떠오르게 하세요. 잠시 시간을 내어 사랑하는 모든 사람, 그리고 당신을 사랑하는 모든 사람을 생각하세요. 그런 다음 자신에게 이렇게 말하세요.

"나는 언제나 불만과 기적 둘 중 하나를 선택해야만 한다. 나는 불만을 버리고 기적을 선택한다."

특정한 원망과 불만이 생각날 수도 있고, 그 원망스럽고 불만족스런 감정과 관련된 사람들이 당신의 의식의 표면 위로 떠오를 수도 있습니다. 그럴 때는 그냥 이렇게 말하세요.

"나는 불만을 놓아 버리고 기적을 선택한다."

그런 다음 다시 심장을 인식하고 의식적으로 심장으로 숨을 불어넣기 시작하세요. 그러면서 스스로에게 이렇게 말하세요.

"사랑…, 앎…, 행복…, 사랑…, 앎…"

네 번 반복하는데, 말할 때마다 숨을 내쉽니다. 숨을 들이마시고 내쉬는 사이에 몇 초간 멈춥니다. 이 과정을 3-4분 동안 수행합니다.

심장의 수트라 명상을 하는 동안 사랑, 앎, 행복이라는 영혼의 불꽃이 심장을 통해 퍼져 나가기 시작할 것입니다. 이곳이 바로 동시성 운명 원칙 3이 동시성 운명 원칙 4와 만나는 지점이지요. 이제 영혼의 불꽃이 당신의 의도를 만들어 내기 시작합니다.

"나는 불만을 놓아 버리고 기적을 선택한다."

이렇게 몇 번 말한 후 마음속으로 다시 다음 문장을 반복해서 말하세요.

"그대로 이루어질 것이다."

이 과정은 당신의 마음이 초공간적 지성의 의도를 받아들이고, 그것이 자연히 당신의 의도가 된다는 것을 이해하게 해줍니다.

약 1분 후, 모든 생각을 내려놓고 당신의 자각을 온전히 심장으로 향하게 하세요. 심장 박동을 소리로, 감각으로 느끼세요. 심장이 고동 치는 것을 느껴 보세요. 일단 당신의 심장 박동을 느낄 수 있게 되면 당신의 자각을 손으로 옮겨 당신의 손에서 심장이 고동치는 것을 느껴 보세요. 손에 혈류를 증가시키겠다는 의도를 가지세요. 그냥 의도를 가져 보세요. 그러면 당신의 손으로 피가 더욱 많이 흐르면서 심장 박동이 증가하거나 따뜻함이나 따끔거림, 아니면 또 다른 감각이 느껴질 것입니다. 손이 점점 더 따뜻해지도록 온기를 불어넣겠다는 의도를 가지세요. 의도만으로 혈류가 증가하면서 손이 따뜻해지는 경험을 해보세요.

손이 따뜻해지면 당신의 자각을 얼굴, 즉 눈 주변의 얼굴 윗부분으로 옮겨 앞서와 똑같은 의도를 가져 보세요. 얼굴이 붉어지고 따뜻해지도록 얼굴로 피가 더욱 많이 흐르게 하겠다는 의도를 그냥 가지기만 하세요. 잠시 후면 얼굴로 가는 혈류가 증가하고 얼굴이 따뜻해지면서 눈 주위에 맥박이 뛰거나 따끔거리는 느낌을 받을 수 있습니다.

마지막으로 당신의 자각을 다시 심장으로 가져옵니다. 당신의 심장에 빛이 진동하는 한 지점이 있다고 상상하고, 그 지점을 당신의 심장 박동과 일치시키세요. 심장 속에서 진동하는 이 빛은 영혼의 빛으로서, 영혼의 세 가지 특성인 사랑, 앎, 행복, 다시 말해 원칙 3의 수트라인 '사트 치트 아난다'와 함께 진동합니다. 그 빛이 진동하는 동안 사랑, 앎, 행복의 정확한 지점을 경험하세요. 그 빛은 당신의 몸의 나머지 부분을 향해 밝은 빛을 발산하고 있습니다. 그 빛의 정확한 지점이 당신의 자각에서 서서히 사라지면서 당신의 온몸에 퍼지도록 편안하게 내버려 두세요. 그 감각을 느껴 보세요. 그런 다음 눈을 뜨세요. 명상이 끝났습니다.

동시성 운명 원칙 4를 위한 수트라

온 우주가 거대한 의식의 바다라고 상상해 보세요.
당신의 의도가 심장에서부터 나와 거대한 의식의 바다를 가로질러
파도 물결을 일으킨다고 상상해 보세요.
(당신의 마음속에 이미지가 떠오르면 "산 칼파"라고 말합니다.)

당신의 의도가 우주의 무한한 활동을 조직화하고
생태계 전체의 균형을 맞추고 있다고 상상해 보세요.
(산 칼파)

당신의 의도가 건강이 좋지 않은 사람들을
치유할 수 있다고 상상해 보세요.
(산 칼파)

당신의 의도가 슬픔에 빠진 사람들에게
기쁨과 웃음을 가져다줄 수 있다고 상상해 보세요.
(산 칼파)

당신이 실패한 사람들에게
성공을 가져다줄 수 있다고 상상해 보세요.
(산 칼파)

당신이 약하고 두려워하는 사람들에게
힘을 줄 수 있다고 상상해 보세요.
(산 칼파)

당신이 무력감을 느끼는 사람들에게
희망을 안겨 줄 수 있다고 상상해 보세요.
(산 칼파)

당신의 생각이 우주의 자연적 힘에 영향을 미치고
비와 햇빛, 구름, 무지개를 만들어 낼 수 있다고 상상해 보세요.
(산 칼파)

당신이 하는 모든 생각, 당신이 내뱉는 모든 말,
당신의 행동 하나하나가
세상에 유익을 준다고 상상해 보세요.
(산 칼파)

12장

동시성 운명 원칙 5_ 감정적으로 자유하라

〈수트라〉 목샤
(나는 감정적으로 자유롭다.)

나는 부정적 에너지를 더 높은 차원의 자각으로 바꿀 수 있다.

일단 외부적 실재가 내부적 실재와 분리될 수 없다는 사실을 이해하고, 우주가 사실 우리의 확장된 몸이라는 점을 이해하면, 우리 내면의 부정적 에너지가 우리에게 악영향을 미친다는 것이 매우 분명해집니다. 감정적 혼란은 우리가 바라는 소망이 저절로 이루어지지 못하도록 방해하는 주요 장애물입니다. 하지만 우리가 부정적 에너지를 더 높은 차원의 자각으로 바꾸는 일은 가능하지요.

'목샤'라는 단어는 '자유'를 의미합니다. 이 수트라가 당신 내면에서 울려 퍼질 때 그것은 이렇게 말하는 것과 같습니다.

"나는 감정적으로 자유롭다. 내 영혼은 멜로드라마가 주는 감정의 자극에서 벗어났다. 나는 원망, 불만, 적대감, 죄책감으로부터 자유롭다. 나는 교만으로부터 자유롭다. 나는 이기심으로부터 자유롭다. 나는 자기 연민으로부터 자유롭다. 나는 나 자신을 향해 웃을 수 있다. 나는 삶에서 유머를 본다."

이 모든 것이 '목샤'가 말하는 자유에 포함되어 있습니다. 만약 당신이 감정적으로 자유롭지 못하다면, 에고가 영적 체험을 방해할 것이고 당신이 가진 최선의 의도는 이루어질 수 없을 것입니다.

궁극적으로 감정적 자유는 심리적 자유와 영적 자유로 이어집니다. 감정은 사실 두 가지밖에 없습니다. 즐거움과 고통이지요. 즉 기분이 좋거나 상처받거나 둘 중 하나입니다. 대부분의 사람들은 근본적인 두 가지 감정이 사랑과 두려움이라고 믿습니다. 하지만 이는 사실상 우리가 즐거움과 고통이 주어질 어떤 가능성에 대해 반응하는 방식일 뿐입니다. 다시 말해, 사랑은 우리에게 즐거움을 안겨 줄 것이라고 생각되기에 그것에 더 가까이 다가가고 싶은 감정이고, 두려움은 우리에게 고통을 가져다줄 것이라고 예상되기에 그것에서 더 멀리 도망치고 싶은 감정인 것이지요.

우리는 즐거움은 추구하고 고통은 피하면서 평생을 보냅니다. 즐거움이나 고통을 가져다주는 요소는 사람마다 다릅니다. 즐거움과 고통은 우리 각자가 가진 욕구에서 비롯됩니다. 만약 제가 초콜릿 아이스크림을 너무 먹고 싶었는데 당신이 초콜릿 아이스크림을 건넨다면 저는 그 상황을 즐거움으로 해석할 것입니다. 그런데 만약 당신이 초콜릿 알레르기가 있는데 누군가가 초콜릿 아이스크림을 가져다준다면요? 아마도 그 선물은 고통으로 해석되겠지요. 이처럼 모든 것은 지각과 해석의 문제입니다. 사물을 즐거움을 안겨 주는 것이나 고통을 가져다주는 것으로 해석하는 주체는 바로 우리의 에고입니다. 그리고 에고는 허락 없이 자신이 설정해 놓은 선을 넘어오는 것이면 무엇이든지 고통으로 해석합니다.

가장 바람직한 상태는 바로 균형입니다. 감정적으로 혼란스러울 때마다 우리는 자연스런 내면의 균형을 깨뜨리게 됩니다. 감정적 혼란은 영적으로 발전하지 못하도록 방해하고, 심지어 동시성과 연결되지 못하게 우리를 단절시켜 버릴 수 있습니다. 물론 그렇다고 해서 감정은 그 자체가 해롭기 때문에 피해야 할 대상이라는 뜻은 아닙니다. 인간 존재로서 우리는 항상 감정을 가질 것이기 때문입니다. 이것은 인간에게 주어진 조건의 일부분입니다. 그러나 극단적인 감정을 갖게 된다면 우리는 우리의 진정한 삶의 목표에서 벗어나게 될 것입니다. 우리의 삶에는 항상 격한 감정을 유발하는 사건이나 인간관계가 있기 마련이지 않습니까. 이 세상에는 늘 큰 고통이나 불안을 야기하는 일들이 있지요. 하지만 우리는 하나의 감정에 갇히지 않도록 주의해야 합니다.

인생을 두 개의 강둑을 사이에 둔 강이라고 생각하세요. 한쪽에는 즐거움이 있고, 다른 한쪽에는 고통이 있는 강 말이지요. 그 강을 잘 타기 위한 가장 좋은 방법은 두 강둑 사이에 머물면서 균형 있게 지나가는 것입니다. 한쪽에 너무 치우치면 배가 움직이는 속도가 느려지고 좌초될 위험이 있습니다. 지나친 즐거움(쾌락)은 중독으로 이어지고, 너무 많은 고통은 삶의 즐거움을 잃어버리게 할 수 있습니다.

여기서 고통이란 반드시 육체적인 고통을 의미하지는 않는다는 점에 유의해야 합니다. 감정적 고통일 수도 있고, 심지어 과거의 고통에 대한 기억이 우리를 괴롭힐 수도 있습니다. 고통을 피하고 싶은 것이 인간의 자연스러운 본능이지만, 일단 고통스런 일이 생기면 반드시 그 고통을 마주해야 합니다. 그렇지 않으면 나중에 어떤 형태로든 감정적 혼란으로 다시 나타나기 때문입니다. 그리고 나중에 다가올 고통의 형태는 당신이 예상했던 바와 다를 수 있습니다. 불면증이나 질병, 또는 불안이나 우울증 등으로 발현될 수 있지요.

아마 여러 감정들 중에 가장 파괴적인 감정은 분노일 것입니다. 우리가 영적으로 발전하고자 하는 궁극적 목표는 깨달음을 얻기 위함입니다. 즉 영원히 하나 된 의식 상태를 유지하면서 당신과 저, 그리고 우주의 모든 존재가 초공간적 지성으로 짜 놓은 하나의 직물의 일부라는 사실을 끊임없이 자각하는 것이지요. 그런데 분노는 다른 사람을 해치도록 우리를 자극하고, 깨달음과 하나 된 의식 상태를 추구하는 것과는 반대되는 방향으로 우리를 끌고 갑니다. 분노는 하나 됨에 대한 인식을 흐트려 버립니다. 분노는 오직 에고에 관한 것입니다. 분노는 당신이 동시성과 깨달음을 향해 앞으로 나아가게 하기보다 당신을 뒤로 밀쳐지도록 잡아당겨 우주가 보내는 변화의 메시지를 차단해 버립니다.

따라서 이러한 감정적 혼란을 통제하는 것은 매우 중요합니다. 분노를 표출하는 것은 정말로 도움이 되지 않습니다. 분노를 표출하는 것은 분노에 불을 지펴 더 키울 뿐이지요. 분노하는 감정은 그 사건이 일어난 후 최대한 빨리 긍정적인 방식으로 처리해 버려야 합니다. 우리의 목표는 분노를 부추기거나 어떻게든 은폐해 덮어 버리려는 것이 아니니까요. 대신 우리는 분노와 또 다른 파괴적 감정을 우리 안에서 전환시켜야 합니다.

감정을 전환하는 가장 첫 단계는 당신이 느끼는 감정에 대해 책임을 지는 것입니다. 책임을 지려면 무엇보다 먼저 당신의 감정을 자각해야 하겠지요.

"당신은 어떤 감정을 느끼고 있나요? 당신의 몸 어디에서 그 감정이 느껴지나요?"

일단 감정을 확인했다면 그 감정을 들여다보세요. 그 감정을 마치 다른 사람이 된 것처럼 가능한 한 객관적으로 경험하세요. 분노는 고통 때문에 일어나기 때문입니다. 당신의 고통을 객관적인 관점에서 묘사해 보세요.

이러한 방법으로 고통을 파악한 뒤에는 그 고통을 표현하고, 자유롭게 놓아 주고, 공유할 수 있게 됩니다. 고통스러운 경험을 새로운 자각으로 전환시키세요. 그러다 어느 순간 마침내 그 고통을 영적 깨달음을 향한 또 하나의 단계로 여겨 환영하게 될지도 모릅니다. 당신이 이런 식으로 고통을 받아들일 때 감정적 혼란은 자취를 감출 것이고, 동시성으로 가는 길은 다시 명확해질 것입니다.

동시성 운명을 살기 위한 실전 연습 ⑧

고통을 다루라

이 연습을 하려면 방해받지 않는 장소에서 10분 정도 조용한 시간이 필요합니다. 잠시 명상하는 것으로 시작하세요.

눈을 감고 과거에 당신을 매우 화나게 했던 사건이나 상황을 떠올려 보세요. 말다툼이었을 수도 있고, 마음이 상했던 때였을 수도 있습니다. 또는 당신을 화나게 만든 어떤 만남일 수도 있겠습니다. 일단 화가 났던 상황을 떠올리고 나면 그 상황 가운데 서서 세부적인 상황들을 최대한 많이 기억해 내세요. 정확히 무슨 일이 일어났는지 머릿속에서 영화로 만들어 보세요.

그 상황에 느꼈던 고통에 대처하기 위한 1단계는 당신이 느낀 감정을 정확하게 확인하는 것입니다.

"이 사건이나 상황에서 느낀 감정을 가장 잘 설명하는 단어는 무엇인가?"

232　＊　바라는 대로 이루어진다

이렇게 스스로에게 질문한 후 최대한 많은 감정을 담은 하나의 단어, 즉 당시 감정을 가장 잘 묘사하는 단어를 떠올려 보세요. 이제 몇초 동안 그 단어에 집중하세요.

그 단어에 집중했던 관심을 서서히 몸으로 옮겨 가세요. 그 감정을 되살린 결과 어떤 느낌이 몸으로 느껴지나요? 모든 감정은 정신적 측면과 신체적 측면이 섞여 있으며, 이는 분리될 수 없습니다. 우리의 감정은 마음과 몸에서 동시에 일어납니다. 지금 생각하고 있는 그 사건이 만들어 낸 감각을 느껴 보세요. 저절로 주먹이 쥐어지나요? 배가 조여 오는 느낌이 드나요? 속이 뒤틀리나요? 감정이 일으키는 신체적 느낌을 알아차리고, 신체의 특정 부위에 그 감정을 집중시켜 보세요.

2단계는 그 느낌을 표현하는 것입니다. 그 느낌이 드는 신체의 특정 부위에 손을 올려 놓으세요. 큰 소리로 "여기가 아파요"라고 말하세요. 통증이 있는 부위가 한 군데 이상이면 각 부위를 만지며 "여기가 아파요"라고 반복해서 말합니다.

어떤 감정적 상처든, 우리 내면에는 그 감정이 주는 고통을 사라지게 할 수 있는 힘이 있습니다. 외부적 사건에 대한 우리의 반응은 우리의 몸으로 표현되기 마련입니다. 우리는 감정을 만들어 내고, 그 감정은 신체적 고통을 만들어 냅니다. 이 간단한 사실을 이해하면 우리는 외부적 사건에 반응하는 방식을 바꾸는 법을 배울 수 있습니다.

우리는 세상의 다양한 사건들에 반응하는 방식을 선택할 수 있습니다. 만약 우리가 분노, 적대감, 우울, 불안 또는 다른 격렬한 감정으로 반응한다면 어떻게 될까요? 우리 몸은 그에 필요한 호르몬을 분비하고 근육을 수축하는 등 결국 실제 통증을 유발하는 기타 신체적 증상을 나타냅니다. 따라서 우리는 언제나 이런 결과가 우리의 책임이라는 점을 기억해야 합니다. 자신에게 덜 해로운 방식으로 반응하기로 변화될 수도 있기 때문이지요. 우리는 감정적 자극과 혼란에서 자유로워질 수 있습니다. 감정적 반응이란 결국 자신에게 달렸다는 사실을 기억하며 잠시 명상에 잠겨 보세요.

일단 고통이 느껴지는 신체의 특정 부위를 찾아서 인식하고, 그 감정에 대한 책임을 지고 나면 당신은 그 고통을 놓아 버릴 수 있습니다. 당신이 통증을 붙잡고 있는 신체 부위에 주의를 집중하세요. 숨을 내쉴 때마다 당신이 붙잡고 있는 긴장을 놓아 버리겠다는 의도를 가지세요. 30초 동안 숨을 내쉴 때마다 긴장과 통증을 놓아 버리는 일에 집중하세요. 편안하게 놓아 버리세요. 숨을 내쉬며 고통을 밖으로 내보내세요.

3단계는 고통을 공유하는 것입니다. 조금 전 연습할 때 떠올렸던 사건과 관계된 사람에게 자신이 말을 할 수 있다고 상상해 보세요. 그 사람에게 무엇이라고 말하고 싶나요? 그 생각을 할 때 그 사람은 당신이 느끼는 고통의 진정한 원인이 아니라는 점을 기억하세요. 당신은 신체적 고통으로 표현되었던 그 일에 대하여 감정적으로 반응했습니다. 당신이 책임을 떠안은 것입니다. 이 사실을 알고 있다면, 당신은 그 사람에게 무엇이라고 말하겠습니까? 아마도 당신 스스로와 당신이 처한 상황에 대한 개인적인 생각이나 느낌을 말할 것입니다. 당신이 경험한 고통을 나누기 위해 어떤 말을 하든 그 일은 당신의 의식에서 그 고통을 영원히 지워 버리는 데 도움이 될 것입니다. 당시 느꼈던 감정을 공유하세요. 지금 어떤 감정인지도 공유하세요. 그리고 앞으로 그 감정을 어떻게 다룰 것인지도 공유하세요.

이 연습은 살면서 감정적으로 혼란스러울 때마다 사용할 수 있습니다. 이 연습을 끝마쳤다면, 더 높은 차원의 의식으로 나아가고자 잠시 시간을 내어 이 고통스러운 경험을 이용했다는 사실에 기뻐하세요. 이 연습을 꾸준히 하면 마침내 감정적 혼란과 고통에서 완전히 벗어나 자유롭게 동시성을 경험하게 될 것입니다.

동시성 운명을 살기 위한 실전 연습 ⑨

비폭력 대화법을 익히라

살다 보면 누군가 선을 넘어와 감정적으로 격렬하게 반응하게 하는 상황과 환경이 항상 있기 마련입니다. 이제 소개할 연습은 마샬 로젠버그의 저서 『비폭력 대화』에서 인용한 내용입니다.

비폭력 대화에는 기본적으로 4단계가 있으며, 각 단계마다 당신이 자기 자신에게 방어적 태도를 보일 때마다 스스로에게 던지는 질문이 포함되어 있습니다. 누군가가 당신을 자극해 화나게 하면 당신은 되갚아 주고 싶은 충동을 느끼게 됩니다. 하지만 그것은 최선의 대응책이 아닙니다. 그것은 비생산적이며, 당신의 소중한 에너지를 낭비하고, 세상에 더 많은 혼란을 야기합니다. 이 연습을 하기 위해 최근 어떤 식으로든 짜증이 났거나 화가 났던 상황을 떠올려 보세요. 그 경험을 생각하면서 다음 4단계를 따라가세요.

1단계: 관찰과 평가를 분리하라

일어난 일을 해석하지 말고 실제로 일어난 일을 정의하세요. 사건을 묘사할 때는 가능한 한 객관적이 되세요. 스스로에게 이렇게 물어보세요.

"나는 실제로 무엇에 반응한 것인가? 실제로 무슨 일이 일어났는가? 나는 무엇을 보고 들었는가?"

예를 들어, 차를 타고 가면서 오늘 저녁 식사를 준비하는 데 필요한 것이 있는지 생각하느라 골몰하고 있는데 배우자가 당신이 말이 없는 것을 알아차리고는 "당신, 뭐 때문에 화가 났어요?"라고 묻는다고 가정해 보겠습니다. 당신은 "아니, 화 안 났어요. 그냥 저녁 식사에 대해 생각하는 중이었어요"라고 대답하겠지요. 당신의 배우자는 침묵에 대하여 관찰이 아니라 평가로 반응한 것입니다. 어떤 행동에 의미를 부여할 때 그것은 해석 또는 평가가 됩니다. 다음 문장을 보면 어떤 것이 평가이고, 어떤 것이 관찰인지 알아낼 수 있을 것입니다.

1. "당신이 파티에서 그 여자와 시시덕거리는 모습을 봤어요."
2. "당신이 파티에서 그 여자와 한 시간 이상 이야기하는 모습을 봤어요."

1. "당신에게는 가족보다 일이 더 중요하다는 것을 알겠어요."
2. "당신은 지난 3주 동안 매일 새벽에 출근하고 밤 10시가 넘어서야 집에 들어왔어요."

1. "당신은 더 이상 나를 사랑하지 않아요."
2. "당신은 퇴근하고 집에 들어와서 더 이상 나에게 키스해 주지 않아요."

첫 번째 진술들은 모두 해석이거나 평가입니다. 감정적으로 대응하는 자신의 모습을 발견할 때마다 잠시 멈추세요. 그리고 나서 그 사건에 대한 해석과 객관적 관찰 사이에 차이점이 무엇인지 구별하려고 노력하세요. 관찰은 우리가 해석한 대로 다른 사람에게 반응한다는 사실을 인식시켜 줌으로써 다른 사람의 행동에 반응하는 패턴을 바꾸는 데 도움을 줍니다.

2단계: 자신의 감정을 정의하라
스스로 생각해 보세요.

'그 사건의 결과를 보면서 어떤 감정이 생겨났는가? 나는 무슨 감정을 느끼고 있는가?'

감정을 설명할 때는 당신이 책임질 수 있는 감정을 표현하는 단어를 사용하고, 자신을 희생자로 만드는 단어는 피하세요.

예를 들어, 당신은 이런 감정을 느낄 수 있습니다. 감사함, 분노, 적대감, 불안, 두려움, 대담함, 아름다움, 자신감, 행복함, 당황스러움, 기쁨, 자유로움, 상쾌함, 침착함, 놀라움, 쾌활함, 열망, 희망, 기쁨, 낙관적인 마음, 자랑스러움, 밝은 기분, 편안함, 민감함, 부끄러움, 지루함, 혼란, 낙담, 불만, 불쾌, 둔함, 피로, 죄책감, 냉담함, 질투, 게으름, 외로움 등입니다.

누군가 당신으로 하여금 특정 감정을 '느끼게 만드는' 단어는 피해야 합니다. 예를 들어, 당신은 스스로 '공격당함'이라는 감정을 느낄 수는 없습니다. 그 감정은 나에게서 나온 것이 아니라, 다른 사람의 행동에 대한 당신의 반응에서 나온 것이기 때문입니다. 피해야 할 단어들은 다음과 같습니다. 버림받음, 학대받음, 배신당함, 사기당함, 강요당함, 위축당함, 조종당함, 오해받음, 거부당함, 들어주지 않음, 봐주지 않음, 지지받지 못함 등입니다.

이러한 단어들을 사용해 자신의 감정을 확인한다면, 당신이 다른 사람에게 당신의 감정을 지배할 권한을 지나치게 부여하고 있다는 의미입니다. 그렇다면 당신은 이런 감정을 불러일으키는 사람들을 자기 삶으로 끌어들여 악순환에 빠지고 말 것입니다. 당신 자신의 독립적인 감정을 인정하기 전까지 당신이 행복해지기란 매우 어렵겠지요.

3단계: 자신의 필요를 명확하게 표현하라

스스로에게 물어보세요.

"이 상황에서 나에게는 무엇이 필요한가?"

만약 당신의 모든 필요가 충족되고 있다면 당신은 격한 감정을 느끼지 않을 것입니다. 그러므로 최대한 구체적으로 자신의 필요를 파악하세요.

본능적인 필요부터 시작하세요. 그런 다음 당신의 필요가 구체적으로 발견될 때까지 소망의 사슬을 연결해 나가세요. 예를 들면 이런 식입니다.

'나는 사랑받고 있다고 느끼고 싶어. 왜지?'

'나는 외롭기 때문이야. 외로움을 덜 느끼고 싶어. 왜지?'

'나는 친한 친구가 없어. 나는 친구를 사귀고 인간관계를 개선할 필요가 있어.'

이처럼 연결되는 생각은 마침내 다른 사람에게 부탁할 수 있는 무언가로 이어집니다. 당신은 다른 사람에게 "내가 사랑받고 있다고 느끼게 해줘"라고 부탁할 수 없습니다. 그것은 누구도 할 수 없는 일이지요. 하지만 다른 사람에게 함께 영화를 보러 가자고, 파티에 가자고, 커피 한 잔을 같이 마시자고 부탁할 수는 있지요.

4단계: 요구하지 말고 부탁하라

일단 필요를 알게 된 후 부탁할 준비가 되면, 그다음으로 우리는 대개 그 필요를 충족시켜 달라고 부탁하기보다는 요구를 하곤 합니다. 사람들은 본능적으로 누군가 요구하는 일에는 잘 반응하지 않습니다. 따라서 당신의 요구가 충족될 가능성은 낮습니다. 하지만 부탁은 대부분의 사람들이 기꺼이 들어주지요. 예를 들어, "세탁소에 드라이클리닝 맡긴 옷 찾아와요"라고 요구하는 대신 "세탁소에 드라이클리닝 맡긴 옷 가져다줄래요?"라고 부탁할 경우, 긍정적인 반응을 얻을 가능성이 더 높습니다.

또한 3단계에서 살펴본 것처럼 당신은 특정 행동을 구체적으로 부탁하고 싶을 수도 있습니다. 원하는 행동이 구체적일수록 당신의 부탁을 들어줄 가능성이 높아집니다. 예를 들어, "나를 영원히 사랑해 주세요"라고 말하는 대신 "나와 결혼해 줄래요?"라고 물어볼 수 있겠지요. 또한 "우리 함께 더 많은 시간을 보낼 수 있을까?"라는 일반적인 질문 대신 "오늘 오후에 공원에 갈까?"라고 묻는 게 더 좋습니다.

이러한 단계들은 모든 상황에 도움이 되지만, 갈등이 있을 때 특히 유용합니다. 당신이 긴장되는 상황에 처할 때마다 그 순간의 감정에서 한 발짝 물러나 의식적으로 내면의 대화를 나누기를 선택하세요. 당신은 무엇을 보고 있나요? 그것은 당신에게 어떤 감정이 들게 하나요? 당신의 필요를 결정하고 부탁하세요. 이렇게 할 때 언제 폭발할지 모르는 상황에서 벗어나 평정심을 유지하도록, 혹은 적어도 평정심을 되찾도록 하는 데 도움이 될 것입니다.

동시성 운명을 살기 위한 실전 연습 ⑩
어린 시절의 분노를 치유하라

이 연습에는 약 10분의 방해받지 않는 시간이 필요합니다.

어제를 떠올려 보세요. 당신의 기억이 당신이 원하면 언제든지 되감을 수 있는 비디오테이프라고 상상해 보세요. 바로 지금 24시간 전으로 되감아 보세요. 어제 낮에 당신은 무슨 일을 했나요? 당신을 두렵게 하거나 화나게 한 일이 있었나요? 그 일이 특별히 중요하거나 극적일 필요는 없습니다. 어쩌면 줄을 서서 기다리다가 조급함을 느꼈거나 무례하고 배려심 없는 사람을 목격한 일일 수도 있습니다. 다음 1분 정도는 어제 있었던 그 사건을 최대한 자세하게 기억해 보세요. 화가 났던 순간에 집중해 마음속 감정은 물론 몸으로 느꼈던 감각까지 떠올려 보세요.

그런 다음, 비디오테이프를 훨씬 더 되감아 보세요. 정확히 1년 전을 회상하세요. 1년 전 오늘, 또는 기억할 수 있는 1년 전 오늘과 가장 가까운 날에 당신이 무엇을 하고 있었는지 떠올려 보세요. 그때 무슨 생각을 하고 있었나요? 걱정하거나 화를 내고 있었던 일이 기억나나요? 그 당시의 감정을 마음과 몸으로 느껴 보세요. 그 느낌이 어제를 회상하며 느꼈던 감정과 같나요?

비디오테이프를 훨씬 더 멀리 10대 시절로 되감아 보세요. 다시 한 번 당신을 화나게 했거나 두렵게 만들었던 상황에 집중하세요. 정신적, 육체적으로 그 감정을 되살려 보세요. 어제 느꼈던 분노가 오래전 느꼈던 그 감정을 바탕으로 만들어진 것은 아닌지 생각해 보세요.

이제 어린 시절의 사건을 기억해 보세요. 당신의 기억 속에 처음 화를 냈던 때는 몇 살 때였나요? 그 경험을 떠올려 보세요. 그 일이 일어났을 때 당신은 어디에 있었나요? 거기에 누가 있었나요? 누가 또는 무슨 일이 당신을 화나게 했나요? 그 분노가 만들어 낸 모든 감각을 느껴 보세요.

그 두려움과 분노가 수년 동안 세월이 흐르면서 어떻게 쌓여 왔는지 살펴보세요. 기억나지는 않지만, 당신의 삶에는 분노나 두려움을 느끼기 이전, 완전한 평화와 평온을 느꼈던 때가 있었습니다. 그 완전한 행복이 어떤 느낌이었을지 상상해 보세요. 두려움이나 분노를 느끼기 이전의 시간에 집중하세요. 화면이 어두워지고 당신 자신과 주변 환경 사이의 경계가 사라지는 것을 느낄 때까지 당신 삶의 상상의 비디오테이프를 되감으세요. 그다음 1분 동안 당신에게 쌓여 있던 모든 분노와 두려움, 그리고 에고가 완전히 사라지는 것을 느껴 보세요.

완전한 행복을 느끼는 감정을 여전히 자각하는 상태에서 상상의 비디오테이프를 다시 앞으로 돌리기 시작하세요. 그리고 앞서 멈추었던 삶의 지점들 하나하나를 찾아가 보세요. 어린 시절, 10대 시절, 1년 전, 어제 화를 내고 두려워했던 순간으로 말입니다. 그 장면들을 다시 보면서 행복했던 경험을 배경화면에 띄우세요. 분노의 순간이 다른 분노 위에 차곡차곡 쌓이도록 내버려 두는 대신, 어린 시절부터 바로 어제까지 있었던 분노의 순간을 하나씩 지워 나가기 시작하세요. 행복했던 경험에 의해 분노와 두려움이 지워지는 것을 1분 정도 느껴 보세요. 이 과정을 통해 수년간 쌓인 분노와 두려움이 만든 독성을 당신의 영혼에서 지워 버리세요.

이 연습은 분노를 근본적으로 해결하고자 할 때라면 언제든 사용할 수 있습니다. 많은 사람이 특히 밤에 잠들기 직전에 이 연습을 하면 마음속에 분노가 남지 않고 잠에서 행복하게 깨어날 수 있다고 말합니다.

동시성 운명 원칙 5를 위한 수트라

당신이 언제 어디에나 존재하는
육체적 형태 없는 의식의 장이라고 상상해 보세요.
(당신의 마음속에 이미지가 떠오르면 "목샤"라고 말합니다.)

당신이 분노나 원한의 감정에서 영원히 벗어났다고 상상해 보세요.

(목샤)

당신이 비난으로부터 자유롭고
원망이나 죄책감에서 벗어났다고 상상해 보세요.

(목샤)

당신이 멜로드라마가 주는 감정의 자극이나 병적인 흥분 상태에
결코 빠져들지 않는다고 상상해 보세요.

(목샤)

당신이 경험하고 싶은 어떤 감정이든
느낄 수 있다고 상상해 보세요.

(목샤)

당신이 이루고 싶은 목표를 무엇이든 설정할 수 있고,
실제로 이룬다고 상상해 보세요.

(목샤)

당신이 충동적인 습관과 행동 패턴에서
벗어난다고 상상해 보세요.

(목샤)

당신이 모든 중독에서 자유로워졌다고 상상해 보세요.

(목샤)

당신이 누군가에 대해 절대 험담하지 않는다고 상상해 보세요.

(목샤)

상황이 어떻든, 다른 사람이 어떻게 행동하든 상관없이
당신이 최고 수준에서 유연하게 대응한다고 상상해 보세요.

(목샤)

당신이 표현할 수 있는 것에 제한이 없다고 상상해 보세요.

(목샤)

당신이 항상 무한한 가능성을 볼 수 있다고 상상해 보세요.

(목샤)

13장

동시성 운명 원칙 6_ 내면의 원형을 살아내라

〈수트라〉 시바 샥티
(당신의 내면에서 우주를 춤추게 하라.)

나는 내 안에서 신과 여신을 낳으며,
그들은 나를 통해 자신들의 모든 특성과 힘을 표현한다.

　여섯 번째 원칙은 우리 존재의 남성적 측면과 여성적 측면을 모두
포용함으로써 삶을 온전히 살아가라고 우리를 격려합니다. 당신 자아
의 이러한 두 측면을 모두 포용하는 한 가지 방법은 남성적 원형과 여
성적 원형 둘 다를 불러내는 것입니다. 칼 융에 따르면, 원형은 우리
가 유전적으로 물려받은 기억으로서, 보편적인 상징으로 마음속에 나
타납니다. 꿈과 신화에서 볼 수 있지요. 원형은 자각의 상태들이며,
일반적으로 정신 에너지가 집중된 것입니다.

원형은 가능성으로 존재하며 당신의 의식 속에 잠자고 있습니다. 누구나 적어도 하나의 원형을 가지고 있으며, 이는 환경이나 개인의 의식적 또는 무의식적 상태에서 어떤 계기로 자극을 받을 때까지 잠들어 있습니다. 일단 자극을 받으면 원형은 당신을 통해 그 힘과 특성을 나타낼 것입니다.

당신이 삶에서 행하는 일은 일반적으로 당신의 원형이 어느 정도 결합되어 표현된 것입니다. 예를 들어, 왕이나 대통령과 같이 세상에서 거대 권력을 행사하는 사람은 제우스나 헤라를 권력과 리더십의 원형으로 가지고 있을 가능성이 높습니다. 그러나 만약 그 사람이 뛰어나게 현명하기도 하다면 그는 아테나를 지혜의 원형으로 가지고 있을 것입니다.

의도를 통해 당신의 원형을 의식적으로 자극해 불러낼 수 있습니다. 일단 당신에게 어울리는 당신의 근본적 원형을 발견했다면 당신은 그 원형을 매일 불러낼 수 있습니다. 원형을 떠올리게 하는 상징, 단어 또는 표현으로 당신 주위를 에워싸세요. 침대 옆에 그 상징물을 두고 아침에 일어나면 가장 먼저 보세요. 당신의 원형에게 자신을 인도해 달라고, 지혜를 달라고, 당신의 일부가 되어 당신을 통해 활동해 달라고 요청하세요. 이렇게 간단히 말해 보세요.

"그대가 나의 일부가 되어 나를 통해 활동해 주기를 바란다. 내 삶을 인도하라."

매일 명상을 마친 후에 이런 방식으로 원형을 불러내면 당신은 그 원형의 존재를 더 강하고 직접적으로 느끼기 시작할 것입니다. 원형은 당신의 내면에 숨겨진 힘에 다가갈 수 있도록 도와줄 것입니다.

동시성 운명을 살기 위한 실전 연습 ⑪
내면의 우주를 찾아라

다음 내용을 녹음한 다음 자신에게 들려주세요.

눈을 감고 편안하게 앉거나 누우세요. 당신의 호흡을 관찰함으로써 내면의 대화를 고요하게 하세요.

몇 분 후 당신의 심장에 주의를 집중하세요. 빛이 진동하는 곳인 심장을 마음속에 그려 보세요. 마음속에 두세 개의 신성한 존재 또는 원형의 에너지를 그려 보세요. 그들은 천사, 신 또는 여신일 수 있습니다. 이제 마찬가지로 빛의 몸인 당신 몸 전체를 마음속에 그려 보세요. 신성한 존재를 담은 진동하는 빛의 몸이 서서히 확장해 당신이 앉아 있거나 누워 있는 방 전체를 가득 채운다고 천천히 상상해 보세요. 당신이 방 안에 있는 것이 아니라 사실 방이 당신 안에 있도록 빛의 몸이 방의 경계를 넘어 더 확장하게 하세요. 당신이 살고 있는 도시 전체, 즉 건물, 사람들, 교통, 시골 풍경 등이 당신의 존재 안에 있도록 빛의 몸을 계속 확장하세요.

당신이 살고 있는 도시, 국가, 궁극적으로 지구 전체가 당신의 육체적 존재에 포함되도록 자아감을 계속 확장하세요. 이제 모든 사람, 다른 모든 살아 있는 생명들, 나무와 숲, 강과 산, 비와 햇빛, 대지와 물 등 온 세상이 당신 안에 존재하는 것을 보세요. 이 모든 것은 당신 몸을 구성하고 있는 여러 장기들처럼 당신 존재의 다양한 구성 요소입니다. 이제 조용히 자신에게 말하세요.

"내가 세상 속에 있는 것이 아니다. 세상이 내 안에 있다."

이 세상에서 어떤 불균형이 보인다면, 당신의 진동하는 심장 안에서 여전히 춤추고 있는 신성한 존재들에게 그것을 바로잡아 달라고 요청하세요. 이 신성한 존재들에게 당신이 가진 모든 소망을 이루어 달라고, 당신의 우주적 자아의 서로 다른 부분들에 조화와 아름다움, 치유와 기쁨을 가져다 달라고 요청하세요.

자아감을 계속 확장해 행성과 달, 별과 은하까지 포함하세요. 그리고 이제 당신 자신에게 이렇게 말하세요.

"내가 우주 속에 있는 것이 아니다. 우주가 내 안에 있다."

다시 한 번 당신 자신의 몸을 느낄 수 있을 때까지 당신의 우주적 자아의 크기를 서서히 줄이기 시작하세요. 당신 몸에 있는 수조 개의 세포가 모두 우주의 춤의 일부이며, 각 세포들은 그 자체로 우주 전체라고 상상해 보세요. 당신의 진정한 존재가 머무는 곳은 소우주에서 대우주까지, 원자에서 우주까지, 개인적 몸에서 우주적 몸에 이르기까지 모든 창조의 차원이라는 사실을 상기하세요. 또 하나 상기할 것은 당신이 존재하는 각각의 차원에서 신성한 에너지를 사용할 수 있다는 사실입니다. 당신이 바라는 대로 이루어지게 하는 요소들과 힘이 조화로운 상호작용을 이루도록 그 신성한 에너지가 우주의 춤을 초공간적으로 조직화해 줍니다. 이러한 원형적 에너지에 감사를 표하세요.

이제 조용히 앉거나 누워서 몸의 모든 감각을 느껴 보세요. 따끔거림이나 상쾌함을 느낄 수 있을 것입니다. 2-3분 후 눈을 뜨세요. 이제 연습은 끝났습니다.

동시성 운명 원칙 6을 위한 수트라

당신이 자신의 모습을 얼마든지
변화시킬 수 있는 변신술사라고 상상해 보세요.
(당신의 마음속에 이미지가 떠오르면 "시바 샥티"라고 말합니다.)

원한다면 당신이 남성일 수도 있고
여성일 수도 있다고 상상해 보세요.
(시바 샥티)

당신이 강하고, 결단력 있고, 용감하고,
명료하고, 강력하다고 상상해 보세요.
(시바 샥티)

당신이 아름답고, 성적인 매력이 있고, 직관적이고,
모성애가 강하고, 사랑이 넘친다고 상상해 보세요.
(시바 샥티)

당신이 산처럼 든든하다고 상상해 보세요.
(시바 샥티)

당신이 바람처럼 유연하다고 상상해 보세요.
(시바 샥티)

당신이 날개를 가진 천사라고 상상해 보세요.
(시바 샥티)

당신이 무한한 자비심을 가진 선각자라고
상상해 보세요.
(시바 샥티)

당신이 천상에 사는 신처럼 신성한 존재라고
상상해 보세요.
(시바 샥티)

다시 한 번 당신이 변신술사라고 상상해 보세요,
즉 동물, 식물, 심지어 바위가 될 수 있다고
상상해 보세요.
(시바 샥티)

당신이 가장 좋아하는 원형은 물론
모든 신화 속 존재가 당신 안에 살고 있다고
상상해 보세요.

(시바 샥티)

당신이 가장 존경하는 영웅이 될 수 있다고
상상해 보세요.

(시바 샥티)

14장

동시성 운명 원칙 7_ 우연의 일치에 주의를 기울이라

〈수트라〉 리탐
(우연의 은밀한 계획을 알아차린다.)

나는 깨어 있는 마음으로 우연의 일치에 주의를 기울이며,
우연의 일치가 신이 보낸 메시지라는 것을 안다.
내 주변에는 우주의 춤이 가득하다.

일곱 번째 원칙은 평화로운 자각이 가져다주는 삶을 살아가게 하는 방식으로서, 동시성 운명의 모든 면을 통합하고 있습니다. '리탐'은 '우연의 은밀한 계획을 알아차린다'라는 뜻입니다.

모든 사건에는 일어날 가능성, 즉 확률 또는 개연성이 있습니다. 복권이 당첨될 확률은 매우 낮지요. 하물며 복권을 사지도 않는다면요? 당연히 그나마 있던 당첨 확률조차 사라지고 말 것입니다. 우리는 우

리의 행동을 통해 어떤 일이 일어날 확률을 극대화합니다. 그리고 우리가 하는 대부분의 행동은 카르마라는 조건으로 결정됩니다. 카르마란 우리 삶의 기억과 욕망을 형성하고 그것에 영향을 미치는 과거의 경험과 관계에 대한 해석을 가리킵니다. 과거에 행운을 맛보았다면 복권을 살 확률은 높아집니다. 그러나 한 번도 복권에 당첨된 적이 없는 사람은 복권을 사기도 전에 이미 꽝이라고 느껴 아예 복권을 구매하지도 않겠지요.

그러므로 당신의 삶을 변화시키려면 현재의 카르마의 조건에서 벗어나야 합니다. 당신의 삶에서 일어나는 일들에 대한 당신의 해석을 바꿔야 합니다. 다시 말해, 경이로운 일들이 더 많이 일어나는 사람으로 자신을 변화시켜야 합니다. 그리고 이 변화는 영혼의 영역에서 시작됩니다. 영혼은 사건들에 의미를 부여합니다. 영혼은 그런 식으로 우리 마음에 영향을 미침으로 행동을 취합니다. 그리고 우리의 모든 행동에는 기억과 해석이 있기 마련입니다. 의미, 경험, 해석, 기억, 소망 등은 카르마의 순환을 통해 매우 밀접하게 연결되어 있습니다.

우리는 특정 행동 방식에 익숙해지고 단순히 그렇게 하는 것이 편하기 때문에 습관적으로 그 패턴대로 행동합니다. 삶을 변화시키려면 그 패턴을 깰 방법을 찾아야 합니다. 쉽지 않은 일이지요. 하지만 많은 사람이 매일 시도하고 있습니다. 가장 좋은 방법은 새로운 가능성을 보여 주는 단서를 찾고자 주의를 기울이는 것인데, 이러한 단서는 우연의 일치라는 형태로 우리에게 다가옵니다.

우연의 일치는 초공간적 영역에서 온 메시지이며, 카르마의 사슬을 끊으라는 내용의 초대장입니다. 우연의 일치는 우리가 이미 알고 있는 것들을 포기하고 미지의 것들을 받아들이도록 우리를 초대합니다. 우연의 일치는 우주 안에서 일어난 창조적 양자 도약입니다. 우리가 이미 알고 있는 것들은 과거의 조건화된 습관이기에 미지의 세계, 즉 카르마가 만들어 낸 확률 진폭(확률을 결정하는 값)이라는 틀을 깨뜨리는 모든 것에는 창조성과 자유가 존재합니다. 따라서 우연의 일치를 찾고 그것을 기록하는 것은 중요합니다. 우연의 일치를 알아차리면 삶에 숨겨진 의미를 발견할 수 있습니다.

우연의 일치는 정의상 동시적인 경험입니다. 우연의 일치는 초공간적 영역에서 오며 예측할 수 없는 방식으로 우리 세계에 영향을 미칩니다. 우연의 일치 자체가 신이 보낸 메시지입니다. 우리는 주의를 기울인 후 행동을 취해야 합니다. 우연의 일치는 우리에게 창조적으로 대응할 수 있는 기회가 주어진 것입니다. 깨달음의 목표는 '일어날 가능성이 있는 확률 패턴을 뛰어넘어 진정한 자유를 경험하는 것'입니다. 그렇기에 우연의 일치를 무시해선 안 되는 것입니다.

우주가 당신을 위해 의도한 계획을 알 기회를 절대 놓치지 마세요. 우연의 일치에 주의를 기울이면 우연의 일치가 더 자주 더 많이 일어나고, 곧 더 많은 기회를 가져다준다는 것을 알게 될 것입니다. 이것이 바로 동시성 운명의 비밀입니다.

동시성 운명의 모든 원칙은 우주를 지배하는 원칙입니다. 이 원칙들을 당신 삶의 이정표로 삼는다면 당신은 바라는 대로 이루어지는 삶, 당신이 꿈꾸던 삶을 살 수 있습니다.

동시성 원칙들이 추상적인 것이 아니라 실제로 우리가 행하는 모든 일에 작동하고 있다는 것을 이해하는 것은 단순한 깨달음 그 이상의 의미가 있습니다. 정말 축하할 일인 것입니다. 당신이 동시성 운명을 충분히 이해하고 당신의 삶과 우주가 하나 되는 법을 배울 때 당신은 우주의 춤을 추앙하는 것입니다.

동시성 운명을 살기 위한 실전 연습 ⑫
종합하기

쇼핑몰같이 수많은 활동이 일어나는 장소로 가세요. 푸드코트에서 먹을 것을 사세요. 의자에 앉아 눈을 감으세요. 당신의 의식 전부를 사용해 음식을 맛보고, 냄새를 맡고, 식감을 느껴 보세요. 눈을 감은 채로 주변에서 들리는 모든 소리에 주의를 기울이세요. 뒤에서 흘러나오는 음악은 무엇인가요? 크리스마스 캐럴인가요? 영화 OST인가요? 당신은 옆 사람이 나누는 대화를 들을 수 있나요? 여기저기 흩어져 날아다니는 글귀나 단어들이 들리나요? 그중에 매력적으로 들리거나 당신의 관심을 사로잡는 소리가 있나요?

이제 온몸을 의식하면서 주변의 모든 것을 느껴 보세요. 의자가 딱

딱한가요, 부드럽나요? 나무인가요, 금속인가요, 아니면 천인가요?

이제 눈을 뜨고 주변 풍경을 관찰하세요. 걸어 다니는 사람들, 다양한 색깔, 상점들, 쇼윈도에 전시된 물건들, 진열대 등을 관찰하세요.

이제 눈을 감고 조금 전 당신이 경험했던 것들을 다시 한 번 상상 속에서 떠올리고 기록해 보세요. 맛, 냄새, 식감, 색깔, 당신이 본 사물, 당신이 들었던 소리 등을 말이지요. 각 감각 경험에서 한 가지씩을 골라 보세요. 예를 들어, 혀끝으로 맛본 딸기 아이스크림, 빵 굽는 냄새, 발 아래 울퉁불퉁한 돌의 촉감, 바닷가 언덕 너머로 아름다운 석양이 지는 장면을 그린 그림, 크리스마스 캐럴, 제임스 본드의 영화 "골드핑거"의 OST 등을 들 수 있겠습니다.

이제 당신 자신에게 말해 보세요.

"이 모든 소리, 냄새, 식감, 맛은 하나의 이야기의 일부다."

그리고 그 이야기가 무엇인지 스스로에게 물어보세요. 당신의 초공간적 자아에게 그 이야기를 알려 달라고 요청하세요. 이제 마음을 편안하게 놓아 주고 초공간적 자아가 당신이 동시성을 경험하게 함으로써 답을 줄 것이라고 생각하세요.

이 연습은 제가 어느 크리스마스 시즌에 쇼핑몰에서 실제로 경험했던 예입니다. 그로부터 1년 뒤 저는 자메이카에서 교외 지역으로 차를 몰고 가다가 1년 전 쇼핑몰에서 보았던 그림 속 풍경과 매우 유사한 장면을 보았습니다. 바닷가 언덕 너머로 아름다운 석양이 지는 장면이었지요. 알고 보니 그곳은 스트로베리 힐이었고, 그곳은 제임스 본드 영화 "골드 핑거"를 촬영한 곳이었습니다.

스트로베리 힐에는 아름다운 호텔이 하나 있습니다. 저는 그 호텔 안으로 들어가 보기로 했습니다. 그 호텔에는 아주 고급스러운 온천이 있었는데, 그 온천 지배인이 저를 보더니 매우 반가워했습니다. 이유인 즉, 아유르베다 요법(고대 인도의 전통 치유 과학)에 대한 조언을 구하기 위해 지난 몇 주 동안 저를 찾고 있었던 것이었습니다. 결국 우리는 서로 돕기로 하고 이야기를 마쳤습니다.

그 후 몇 년이 지나 저는 그 호텔 사장도 만났습니다. 그는 음반 제작사의 임원이었습니다. 그의 아내가 병을 앓고 있어서 저와 상담을 했고, 그사이 우리는 친한 친구가 되었습니다. 그는 제가 치유를 위한 명상을 담은 첫 번째 음반을 제작할 때 훌륭한 조언으로 저를 도와주었습니다. 수년이 지난 후에도 우리의 우정은 계속되었고, 지금도 우리 둘은 사랑하는 마음으로 서로에게 깊은 유대감을 느끼고 있습니다. 우리는 서로가 카르마적으로 연결되어 있다는 것을 알고 있습니다.

동시성 운명 원칙 7을 위한 수트라

당신이 의식적인 우주의 진동을 따라
리듬을 타며 움직인다고 상상해 보세요.
(당신의 마음속에 이미지가 떠오르면 "리탐"이라고 말합니다.)

당신이 우주의 리듬에 맞춰 춤을 춘다고 상상해 보세요.
(리탐)

당신의 몸이 완벽한 질서를 이룬 채
리듬감 있게 움직인다고 상상해 보세요.
(리탐)

당신의 몸이 하나의 교향곡이라고 상상해 보세요.
(리탐)

당신 스스로가 우주의 조화라고 상상해 보세요.
(리탐)

당신이 무언가를 찾을 때마다
우주가 우연의 일치라는 형태로 단서를 준다고
상상해 보세요.
(리탐)

당신의 꿈속에서 일어나는 일과

깨어 있는 동안 일어나는 일 사이에 연관성이 있다고
상상해 보세요.
(리탐)

당신이 더 높은 존재로 변화하고 있다고 상상해 보세요.
(리탐)

일어나는 모든 일과 당신이 하는 모든 일에는
의미와 목적이 있다고 상상해 보세요.
(리탐)

당신이 세상에 기여하고 있다고 상상해 보세요.
(리탐)

인생이 우연의 일치로 가득 차 있다고
상상해 보세요.
(리탐)

모든 사람이 알아차리지 못하는 것을
당신이 알아차린다고 상상해 보세요.
(리탐)

당신이 사건 배후에 숨겨진 의미를 보고 있다고
상상해 보세요.
(리탐)

삶이 최고의 경험으로 가득 차 있다고 상상해 보세요.

(리탐)

당신에게 다른 사람을 섬기고 도와줄 수 있는
독특한 재능이 있다고 상상해 보세요.

(리탐)

당신의 모든 관계가 성장에 도움이 되고
유쾌하다고 상상해 보세요.

(리탐)

당신이 놀이와 유머를 즐긴다고 상상해 보세요.

(리탐)

15장

바라는 대로 이루어지는 동시성 운명을 살아가는 법

이 책 "들어가며"에서 던졌던 질문으로 다시 돌아가고 싶습니다.

"만약 당신이 기적을 바라는 대로 일으킬 수 있다면 과연 당신은 어떤 기적이 일어나기를 선택하겠습니까?"

대부분의 사람들은 가장 먼저 큰돈을 가진 부자가 되기를 꿈꿉니다. 은행에 수십억 원을 저축해 둔다면 확실히 재정적인 불안이 덜할 것입니다. 우리는 일단 그런 종류의 안정감을 갖게 된 후에야 우리를 가장 행복하게 하는 삶, 내면의 소망을 충족시키는 삶, 어떤 식으로든 지구에 살 가치가 있는 삶을 선택하는 데 자유로울 것이라고 생각하는 경향이 있습니다. 원하는 것은 무엇이든 가질 수 있고 원하는 일은 무엇이든 할 수 있다면, 당신은 무엇을 갖고 싶고 무슨 일을 하고 싶나요?

동시성 운명이 바라는 대로 이루어지는 삶을 가능케 한다

　동시성 운명은 당신이 바라는 대로 이루어지는 기적을 제한 없이, 끝없이 일어나게 해줍니다. 당신이 국소적 영역에서 초공간적 영역으로 자연스럽게 점진적으로 들어가면서 기적은 이루어집니다. 국소적 영역에서만 살면 우리는 가난해집니다. 우리 영의 은행 계좌는 텅 비지요. 대부분의 사람들이 늘 머무는 국소적 영역에서는 다음에 무슨 일이 일어날지 결코 확신할 수 없습니다. 하루를, 한 주를, 한 달 내내 당신은 무사히 넘어갈 수 있을까요? 국소적 영역에서 당신은 어떤 행동을 하든 불안이라는 짐을 떠안을 수밖에 없습니다. 당신의 생각들은 의심으로 흐릿해질 것이고, 당신의 의도들은 에고 때문에 차단될 것입니다.

　그러나 동시성 운명을 사용해 초공간적 영역과 접촉하면 당신은 무한한 창조성과 끝없이 연결된 영역으로 들어갈 수 있습니다. 초공간적 영역에서 당신은 내면의 안정감을 얻습니다. 불안으로부터 자유로워지며, 본래의 자신이 되고 싶었던 바로 그 사람이 될 수 있습니다. 당신은 은행에 수십억 원을 넣어 둔 영적 자산가가 되는 것이지요. 초공간적 영역에서 당신은 지식, 영감, 창조성, 가능성을 무한히 공급받습니다. 당신은 우주가 무한히 공급하는 모든 것에 접근할 수 있습니다. 당신의 삶에서 무슨 일이 일어나든 당신은 평온하고 안정감을 느끼며, 무한한 축복을 받지요.

앞서 살펴본 동시성 운명의 7가지 원칙들은 당신이 초공간적 영역과 더 잘 연결되도록 직접적인 통로가 되어 줄 것입니다. 명상을 하고 나서 매일 그날의 수트라를 말하세요. 그렇게 시간이 조금 흐르고 나면, 당신은 기적을 일으킬 수 있을 뿐만 아니라 바라는 대로 이루어지는 삶이 자연스레 일상의 일부가 된 자신을 발견하게 될 것입니다.

가치 있는 여행이 늘 그렇듯, 동시성 운명을 사는 것은 어느 정도 희생을 요구합니다. 당신은 이 세상이 아무런 의식 없이 그저 기계처럼 일사분란하게 작동한다는 잘못된 생각을 버려야 합니다. 당신이 이 세상에 혼자라는 생각을 버려야 합니다. 마법 같은 삶은 불가능하다는 생각을 버려야 합니다. 어떤 사람들은 언제나 마법 같은 삶을 살아갑니다. 그들은 우주의 중심에 있는 무한한 에너지로 돌아가 그 에너지와 다시 접촉하는 법을 배웠습니다. 그들은 우연의 일치를 통해 표현된 초공간적 의도를 가리키는 단서를 찾고, 그 단서에서 의미를 끌어내는 법을 배웠으며, 기적 같은 일이 일어날 확률을 높이기 위해서 어떻게 행동해야 하는지도 배웠습니다.

인도의 베단타 철학에 따르면, 의식은 모두 7단계가 있습니다. 하지만 의식에 관한 많은 부분이 아직까지도 현대 과학자들에 의해 철저히 조사되지 않았습니다. 실제로 주류 과학은 일부 의식의 단계는 인정하지도 않는 실정입니다.

20세기 최고의 선각자 중 한 명인 인도의 스리 오로빈도는 우리는 인간 진화의 매우 초기 단계에 있기 때문에 우리 대부분은 수면과 꿈,

각성 등 처음 3단계까지의 의식 상태만 경험한다고 말합니다. 하지만 우리는 궁극적으로 더 확장된 의식 상태를 인식하고 이해하게 될 것이며, 그러면 동시성, 텔레파시, 투시력, 전생에 대한 지식과 같은 개념들이 통상적으로 받아들여지게 될 것입니다.

의식의 7단계 상태

7단계 의식의 상태는 각각 동시성에 대한 우리의 경험이 증가하는 모습을 보여 주며, 점진적으로 발전하는 의식의 상태는 우리로 하여금 깨달음이라는 목표에 더 가까이 다가가게 합니다.

누구나 처음 3단계까지는 공통적으로 경험합니다. 하지만 안타깝게도 대부분의 사람들은 이 세 가지 기본적인 의식의 상태를 넘어서지 못하는 것이 현실이지요.

의식의 1단계 상태: 깊은 수면 상태

의식의 첫 번째 단계는 깊은 수면 상태입니다. 이 상태에서는 약간의 자각만 있습니다. 우리는 여전히 소리와 밝은 빛, 또는 촉각 같은 자극에 반응합니다. 그러나 대부분의 감각은 둔해져 있고 인지나 지각이 거의 없다고 봐야 합니다.

의식의 2단계 상태: 꿈을 꾸는 상태

두 번째 의식의 상태는 꿈을 꾸는 것입니다. 꿈을 꾸는 동안 우리는 깊은 수면 상태보다 조금 더 깨어 있고, 조금 더 주의를 기울입니다. 꿈을 꿀 때 우리는 어떤 경험을 하고 있는 것입니다. 이미지를 보고 소리를 듣습니다. 심지어 꿈속에서 생각을 하기도 하지요. 꿈을 꾸는 동안 꿈속 세계는 현실적으로 느껴지고, 그곳에서 일어나는 일들은 중요하고 타당해 보이기까지 합니다. 그러다 꿈에서 깨어난 후에야 비로소 그 꿈이 꿈꾸고 있던 순간에 국한된 현실일 뿐, 깨어 있는 삶과는 직접적인 관련이 없다는 것을 인식하게 되지요.

의식의 3단계 상태: 깨어 있는 상태

세 번째 의식의 상태는 깨어 있는 것입니다. 우리 대부분이 이런 의식의 상태로 삶을 살아가지요. 깨어 있는 의식의 상태에서 측정되는 뇌 활동은 앞서 1, 2단계인 깊은 수면 상태와 꿈을 꾸는 동안 일어나는 뇌 활동과 비교하면 차이가 매우 큽니다.

의식의 4단계 상태: 깨어 있으면서 영혼을 자각하는 상태

네 번째 의식의 상태는 우리가 실제로 영혼을 얼핏 엿볼 때, 우리가 초월을 경험할 때, 잠시잠깐이지만 절대적으로 고요해져서 우리 내면의 관찰자를 인식하게 될 때 일어납니다. 또한 명상하는 동안 이러한 의식 상태가 되는데, 우리가 생각과 생각 사이의 틈에 존재하는 고요한 순간을 경험할 때 일어납니다. 규칙적으로 명상을 하는 사람들은 이 의식 상태를 명상을 할 때마다 경험합니다. 그 결과 그들의 자아의 상태가 더 확장되는 것입니다.

네 번째 의식의 상태는 그에 따라 생리적 변화도 가져옵니다. 스트레스를 받으면 상승하는 코르티솔과 아드레날린 호르몬 수치가 감소합니다. 스트레스가 줄어듭니다. 혈압이 떨어지고 면역 기능이 향상됩니다. 뇌를 연구하는 과학자들은 생각과 생각 사이에 존재하는 틈을 경험할 때 우리의 뇌 활동이 단순히 깨어 있고 좀 더 주의를 집중할 때와는 매우 다르다고 말합니다. 즉 영혼을 얼핏 엿보는 것은 뇌와 신체 모두에서 생리적 변화를 일으킨다는 뜻이지요. 네 번째 의식의 상태에서는 영혼을 얼핏 볼 뿐만 아니라 동시성이 시작되는 것도 엿볼 수 있습니다.

의식의 5단계 상태: 우주적 의식 상태

다섯 번째 의식의 상태는 '우주적 의식'이라고 불립니다. 이 상태에서 당신의 영은 물리적 육체를 관찰할 수 있습니다. 당신의 자각은 단순히 육체 속에서 깨어 있는 상태를 넘어섭니다. 또한 영혼을 얼핏 엿보는 것을 뛰어넘어, 당신 자신이 무한한 영의 일부로서 깨어 있고 주의를 집중하는 존재라는 사실을 자각하게 되지요. 심지어 잠들어 있을 때도 고요한 관찰자인 당신의 영은 마치 유체 이탈을 경험하듯 깊은 잠에 빠진 당신의 육체를 바라보고 있습니다. 이런 일이 일어나는 그곳에는 깨어 있어서 주의를 집중해 지켜보는 자각이 있습니다. 잠을 자거나 꿈을 꾸고 있을 때뿐만 아니라 완전히 깨어 있을 때도 말이지요.

당신의 영이 관찰하고 있고, 당신이 바로 그 영입니다. 관찰자는 꿈을 꾸는 동안 우리의 육체를 관찰할 수 있으며 동시에 꿈을 관찰할 수 있습니다. 깨어 있는 의식의 상태에서도 같은 일이 일어납니다. 당신의 육체는 테니스 경기를 하거나 전화 통화를 하거나 텔레비전을 시청할 수 있습니다. 그동안 당신의 영은 이러한 활동을 하고 있는 당신의 육체와 마음을 관찰하고 있습니다.

다섯 번째 의식의 단계를 우주적 의식이라고 부르는 이유는 당신의 자각이 국소적이고 초공간적인 특성을 동시에 가지고 있기 때문입니다. 이 상태에서 당신이 초공간적 지성과 연결되었다고 느끼면 동시성이 실제로 나타나기 시작합니다. 이 상태에서 당신은 당신의 일부가 국소화되어 있으며 초공간적인 부분은 모든 것과 연결되어 있다는 사실을 깨닫게 됩니다. 그러면 당신은 존재하는 모든 것과 분리될 수 없음을 온전히 경험하며 살게 됩니다. 즉 당신의 직관이 정확해지고, 창조력이 증가하고, 통찰력이 발전하게 되는 것이지요.

연구에 따르면, 사람들이 우주적 의식 상태에 도달해 자기 자신을 관찰할 수 있게 되면, 그들이 활동을 할 때의 뇌파와 명상을 할 때의 뇌파가 같은 특성을 보인다고 합니다. 그런 사람들은 축구를 하고 있을 때나 명상을 하고 있을 때나 뇌파가 동일한 것이지요.

의식의 6단계 상태: 신성한 의식 상태

여섯 번째 의식의 상태는 '신성한 의식'이라고 불립니다. 이 상태에서 자신을 지켜보는 관찰자는 더욱더 깨어 있습니다. 신성한 의식 상태에서 당신은 당신 안에 있는 영의 존재를 느낄 뿐만 아니라 다른 모든 존재에서도 같은 영을 느끼기 시작합니다. 당신은 식물에서 영의 존재를 봅니다. 그리고 궁극적으로 당신은 바위에서도 영의 존재를 느낍니다. 당신은 생명체의 살아 있는 힘이 우주의 모든 사물에서, 관찰자와 관찰 대상에서, 보는 자와 보이는 풍경 모두에서 스스로를 표현한다는 것을 인식하게 되는 것이지요.

이러한 신성한 의식의 상태에서는, 우리는 모든 것에서 신의 존재를 볼 수 있습니다. 이 상태에 있는 사람들은 심지어 동식물과도 의사소통을 할 수 있습니다.

신성한 의식의 상태는 대부분의 사람들에게 지속적으로 가능한 의식의 상태가 아닙니다. 보통 당신은 그 상태였다가 아니었다가 수시로 바뀌지요. 그러나 예수 그리스도, 붓다, 많은 요가 수행자들, 성인들을 포함한 모든 위대한 선지자와 선각자들은 이러한 신성한 의식의 상태 속에서 살았습니다.

의식의 7단계 상태: 통합된 의식 상태

의식의 일곱 번째 상태이자 마지막 단계, 궁극적인 목표를 '통합된 의식'이라고 부릅니다. 이를 '깨달음'이라고 할 수도 있습니다. 통합된 의식에서는 지각하는 사람의 영과 지각되는 대상의 영이 통합되어 하나가 됩니다. 이런 일이 일어날 때 당신은 온 세상을 당신의 존재의 확장으로 보게 됩니다. 당신은 자신의 의식과 당신을 동일시할 뿐만 아니라 온 세상을 당신의 자아가 투영된 것으로 여깁니다. 개인적 자아가 보편적 자아로 완전히 변화하는 것입니다.

의식의 상태가 이 단계일 때에는 기적은 일상적으로 일어나며, 심지어 무한한 가능성의 영역이 매 순간 열려 있기에 기적 자체가 필요하지도 않습니다. 당신은 삶을 초월할 뿐 아니라 죽음도 초월합니다. 당신은 항상 존재해 왔고 앞으로도 항상 존재할 영입니다.

의식의 단계를 발전시키는 동시성 운명의 4가지 방법

동시성 운명은 4가지 방법을 통해 당신이 의식의 단계를 발전시킬 수 있도록 도와줍니다.

1. 매일 명상하기

첫 번째 방법이자 가장 중요한 것은 매일 명상을 하는 것입니다. 명상은 생각과 생각 사이의 틈을 통해 영혼을 얼핏 엿보게 하고 우리 안에 있는 고요한 관찰자를 발견하게 합니다. 이 방법은 단순히 깨어 있는 3단계 의식의 상태에서, 깨어 있으면서 영혼을 자각하는 4단계

의식의 상태로 발전하게 도와줍니다.

2. 재현하기

두 번째 방법은 이 책 1부 5장에서 설명한 대로 재현을 연습하는 것입니다. 재현을 연습할 때 고요한 관찰자를 성장시킴으로 4단계 의식의 상태에서 5단계 의식의 상태로 발전할 수 있습니다. 재현은 낮 동안에 경험했던 현실이 이미 꿈의 일부가 되어 있음을 인식하게 해줍니다. 마치 꿈에서 깨어날 때 꿈의 실재가 희미해지는 것처럼 말이지요.

"나는 내 꿈을 지켜볼 거야"라고 스스로에게 말하기만 해도 당신은 흔히 '자각몽'(스스로 꿈을 꾸고 있다는 사실을 자각한 채 꿈을 꾸는 현상)이라고 부르는 것을 경험할 수 있습니다. 곧 당신은 꿈속의 안무가이자 감독이 되어 꿈의 내용을 마음대로 바꿀 수 있습니다. 당신이 깨어 있는 낮 동안과 꿈을 재현한다면, 마침내 꿈과 깨어 있는 순간 모두를 지켜보는 경험을 하게 될 것입니다.

3. 관계를 바르게 키우기

세 번째 방법은 관계를 키울 때 에고와 에고의 연결이 아니라 영과 영이 연결되도록 키워 가는 것입니다. 이 방법은 6단계 의식의 상태로 발전하도록 도와줍니다. 인정받고 통제하고 싶은 욕구를 버리면 이 과정이 가속화됩니다. 사람들은 다른 사람과 진정으로 조화를 이루면 그들의 관계에서 동시성을 경험하게 됩니다.

4. 수트라 읽기

네 번째 방법은 수트라를 읽는 것입니다. 제 경험에 따르면 매일 같은 문장, 같은 수트라를 읽으면 의식이나 인식이 확장되면서 그 문장이나 수트라가 새로운 의미를 갖기 시작하고 새로운 경험을 불러일으킵니다. 베다의 지혜에 따르면 "지식은 서로 다른 의식 상태에 따라 달라진다"라고 합니다. 당신의 의식이 확장되면서 같은 문장이라 할지라도 새로운 의미를 갖기 시작하며, 이는 더 깊은 이해를 낳습니다. 그러한 이해는 당신이 세상을 경험하는 방식에 영향을 미치고, 그 경험은 당신의 의식의 상태에 영향을 미칠 수 있습니다. 이 방법을 시간을 들여 오랫동안 연습할 때, 당신은 가능하리라고는 전혀 생각지 않았던, 즉 마법과 기적으로 가득 찬, 당신이 바라는 대로 이루어지는 세상을 보는 법을 배우게 될 것입니다.

이제 동시성 운명을 살아가라

비록 이 책에 제시된 생각들은 당신의 인생이 더 나아지고, 바라는 대로 이루어지는 삶을 살기 위한 시작점에 불과할 것입니다. 하지만 '불가능'이라는 음모를 뚫고 그 뒤에 숨겨진 보화를 발견해 내는지 여부는 당신의 선택에 달려 있습니다.

당신은 부를 얻거나, 인간관계에서 의미를 찾거나, 당신의 직업상 성공하는 방식을 터득하고자 동시성 운명을 살아가는 삶을 시작할 수도 있습니다. 그리고 동시성 운명은 당신을 위해 확실히 그 일을 이룰 수 있습니다. 하지만 동시성 운명의 궁극적인 목표는 당신의 의식을 확장하고 깨달음으로 가는 문을 여는 것입니다. 이 여행을 즐기세요. 각 단계는 새로운 경이로움과 세상을 인식하고 살아가는 새로운 방식을 가져다줍니다.

동시성 운명은 일종의 다시 태어나는 것 또는 깨어나는 것이라고 생각하세요. 깨어 있는 순간이 깊은 잠에 빠진 것보다 더 극적이고 흥미진진한 것처럼, 5단계, 6단계, 혹은 7단계 의식의 상태를 자각하면 당신이 경험할 수 있는 것들의 폭이 확장됩니다. 당신은 동시성 운명을 통해 마침내 우주가 의도한 바로 그 사람이 될 수 있습니다. 강렬한 소망과 창조적인 영을 가진 사람 말이지요. 우리에게 요구되는 것은 우주의 춤에 열정적으로 참여하고 바라는 대로 이루어지는 기적을 추구하려는 의지뿐입니다.

일단 이러한 기적들이 삶 가운데 더 많이 경험되기 시작하면 동시성 운명은 단지 '더 심오한 현상'의 징후일 뿐이라는 사실을 깨닫기 시작할 것입니다. 더 심오한 현상이란 당신의 정체성이 변화하는 것이요, 당신이 진정 누구인지를 깨닫는 것입니다. 당신은 진정한 당신이 정해진 한 사람이 전혀 아니라는 것을 이해하기 시작합니다. 진정한 당신은 누구입니까? 진정한 당신은 당신이 자신과 동일시해 왔던 사람, 다른 모든 사람, 그리고 그들이 존재하는 환경이 모두 상호작용하면서 다 함께 일어나고 다 함께 발전하는 지성의 장입니다.

당신은 더 이상 우주를 분리된 개별 입자들의 총합으로 생각하지 않습니다. 대신 현재 당신의 성격과 생각, 다른 모든 사람의 성격과 생각, 그리고 모든 사건과 관계가 상호 의존적이고 상호 침투적인 패턴을 가진 분리되지 않은 전체라고 생각합니다. 즉 초공간적 자아가 행하는 단 하나의 행동으로 생각하는 것이지요. 당신은 모든 형태와 현상을 가진 온 우주가 나타났다가 사라지는 반짝반짝 빛나는 신비입니다.

이 사실이 깨달아질 때 개인의 자아는 보편적 자아로 완전히 변화하고, 불멸을 직접적으로 체험하게 되며, 죽음에 대한 두려움을 포함한 모든 두려움이 완전히 사라집니다. 이제 당신은 태양이 빛을 발산하는 것과 같은 방식으로 사랑을 발산하는 존재가 되는 것입니다. 당신은 마침내 당신의 여행이 시작된 지점에 도착했습니다.

동시성 운명의 7가지 원칙들은
당신이 초공간적 영역과 더 잘 연결되도록
직접적인 통로가 되어 줄 것입니다.
명상을 하고 나서 매일 그날의 수트라를 말하세요.
그렇게 시간이 조금 흐르고 나면,
당신은 기적을 일으킬 수 있을 뿐만 아니라
바라는 대로 이루어지는 삶이
자연스레 일상의 일부가 된 자신을
발견하게 될 것입니다.

우리가 진짜 이루어지길 바라는 것

이 책에서 당신은 우연의 일치, 곧 동시성의 무한한 힘을 활용해 바라는 대로 이루어지는 삶을 살기 위한 기본적인 방법을 배웠습니다. 이 방법, 특히 수트라는 세계에서 가장 오래된 지혜의 전통인 베단타 철학에서 유래한 것입니다. 산스크리트어로 '베다'라는 단어는 '지식'을 의미합니다. '베단타'는 '모든 지식의 정점, 최고점 또는 끝'을 뜻합니다. 다시 말해, 베단타는 베다의 정수이지요.

이 고대 지식 체계의 핵심 전제는 영이나 의식이 궁극적 실재라는 것입니다. 궁극적 실재는 초공간적 존재의 근거이며, 객관적 실재와 주관적 실재로 분화됩니다. 주관적 실재는 당신의 생각, 느낌, 감정, 욕망, 상상력, 환상, 기억, 그리고 가장 깊은 열망의 형태로 존재합니다. 객관적 실재는 당신의 육체이며 감각을 통해 경험하는 세상입니다. 이 두 가지 실재 모두가 동시에, 그리고 상호 의존적으로 공존합니다. 둘은 서로의 원인이 되지는 않지만 상호 의존적입니다. 즉 둘은 서로 '비인과적으로 연결'되어 있습니다. 모태 내 하나의 세포가 뇌 세포, 신경 세포, 망막 세포로 분화하여 우리로 하여금 세상을 경험할 수 있게 하듯이, 하나의 초공간적 영도 관찰자이자 관찰 대상이 되고, 육체적 감각과 물리적 세계, 생물학적 유기체와 그 환경, 생각과 감정이 됩니다.

당신의 내면의 영역과 외부 세계는 하나로 이어진 통합된 활동의 장입니다. 외부 세계는 시공간상 특정한 시점에 당신이 누구인지, 당신의 모습을 비춰 주는 거울이지요. 지금껏 많은 사람이 이 개념을 다양한 방식으로 표현해 왔습니다. 영적 스승들은 개인의 의식의 상태를 알고 싶다면 주위를 둘러보고 자신에게 무슨 일이 일어나고 있는지를 보라고 말합니다. 그리고 집단 의식의 상태를 알고 싶다면 단지 세상에서 무슨 일이 일어나고 있는지 주위를 둘러보라고 말하지요.

어느 시점에서든 당신의 실재는 자아의 의식에 의해 동시에 조직화됩니다. 만약 당신의 자아 의식이 위축되어 있다면, 그것은 단단하고 위축된 육체로, 두려운 생각과 불안한 환경으로 표현되기 마련입니다. 반면에 당신의 자아 의식이 확장된다면, 그것은 편안한 육체로, 자신이 바라는 대로 이루어지는 친근하고 열린 환경으로 표현되겠지요. 당신의 확장된 자아는 항상 자부심을 느끼고, 평화로움을 만끽하며, 자유롭고, 무한함을 체험하고, 흐름을 느끼고, 존재의 신비로움에 경외감을 느낍니다.

자아의 의식은 우리의 태도를 결정하기도 합니다. 탐욕, 교만, 공격성, 까다롭고 불만스럽고 우울한 기질은 모두 위축된 자아 의식에서 나온 것입니다. 나눔, 겸손, 돌봄, 화해, 은혜, 성취감 등은 모두 확장된 자아 의식에서 비롯되지요.

더 넓은 의미로 보면 이렇습니다. 사회와 공동체, 제도 내에 속한 구성원들의 임계질량(어떤 변화를 일으키기 위한 최소한의 규모)의 자아 의식이 각 집단의 태도를 결정합니다. 어떤 문화가 위축된 정체성을 가질 때, 그 문화는 주로 이윤 추구, 무자비한 경쟁, 경제 제국주의, 극단적 민족주의, 군사적 갈등, 폭력, 공포에 중점을 둡니다. 만약 그들이 확장된 자아를 표현한다면 어떠할까요? 그들은 자연스럽게 각각 자신의 소망을 충족시킬 뿐만 아니라 문화가 스스로를 표현하는 방식 자체를 바꾸어 버릴 것입니다. 이처럼 변화된 문화에서는 탐욕보다는 봉사가, 경쟁보다는 협력이, 시장 논리만 앞세우기보다는 열린 마음이 강조되겠지요. 비폭력적인 갈등 해결, 자비, 겸손, 평화, 사회경제적 정의가 그 문화의 특징일 것입니다.

오늘날 세계를 보면 사건들이 상호 의존적으로 일어나 얽히고설켜 있습니다. 사회과학자들은 한목소리로 우리의 집단적 행동이 지속 가능하지 않은 환경을 만들어 가고 있다고 주장합니다. 목재, 광물, 화석 연료의 대량 소비로 인해 온실 효과와 기상 변화, 허리케인의 발생, 해수면 상승과 같은 파괴적 결과를 초래한다고 말이지요. 겉으로 보기에 이들 사건은 서로 무관한 듯하지만 실제로는 관련이 있습니다.

이런 일들은 우리의 집단적 자아가 위축되면서 생긴 일로, 동시에 발생합니다. 종교적 갈등, 공기 오염, 테러, 황폐화된 토양, 원자력 발전소, 약물 중독, 생물 종의 멸종, 빈곤, 범죄, 마약 전쟁, 총기 관련 산업, 홍수와 기근, 먹이사슬을 위협하는 화학물질, 전쟁 등은 모두 '비인과적으로 연결'되어 있습니다.

만약 우리 각자가 확장된 자아를 표현하기를 간절히 바란다면, 그리고 확장된 자아에 대한 지식과 경험을 서로 공유할 수만 있다면 우리는 생명 존중을 바탕으로 한 환경을 조성해 가고 바다와 숲과 땅의 균형을 회복할 수 있을 것입니다. 그리고 이렇게 변화된 환경은 마침내 완전히 새로운 세계로 이끌어 가는 사건들을 동시에 일어나게 할 것입니다.

이처럼 이상적인 행성에서 우리는 마음의 평화를 찾고, 신성한 의식을 느끼며, 경제적 동반자 의식과 풍족함, 효율적이고 깨끗한 에너지 산업, 새로운 실재에 대한 과학적 이해, 예술과 철학의 왕성한 발전, 그리고 모든 것은 분리되어 있지 않다는 사실에 대한 진정한 인식을 발견하게 될 것입니다. 그런 사회에서 우리는 사랑이 우주의 중심에 자리한 궁극적 힘이라는 것을 분명히 깨닫게 될 것입니다.

초공간성에 대한 엄선된 참고문헌

바라는 대로 이루어지는 삶을 가능하게 하는 힘은 초공간적 자아에 대한 경험에 정비례합니다. 지혜의 전통들, 그중 특히 베단타 철학은 우리에게 초공간적 실재의 본질에 대한 깊은 통찰을 제공해 줍니다. 하지만 과학자들은 최근에야 초공간적 자아가 존재하는 영역을 탐구하기 시작했습니다. 이 책을 통해 저는 동시성에 대한 이해를 돕고, 바라는 대로 이루어지는 삶으로 이끄는 새롭고 과학적인 근거를 강조했습니다. 초프라 재단은 초공간성의 과학적 근거를 더욱 탐구하고자 과학자들과의 공동 연구에 적극 참여하고 있습니다.

다음은 초공간성에 대해 더 자세히 알 수 있도록 주관적으로 엄선한 참고문헌 목록입니다. 특정 과학 저널을 포함한 일부 문헌은 상당히 기술적인 내용을 담고 있으므로 과학적 배경지식이 없으면 이해하기 어려울 수 있습니다. 래리 도시의 저서 『치유의 말』의 경우 매우 쉽게 다가갈 수 있습니다. 어떤 문헌이든 우리는 모두 연결되어 있다는, 사실상 분리될 수 없는 하나의 세계라는 사실을 깊이 이해하는 데 도움이 되기를 바랍니다.

Astin, J. A., Harkness, E., and Ernst, E. (2000). "The efficacy of 'distant healing': a systematic review of randomized trials." *Ann Intern Med* 132(11), 903–910.

Bastyr University of Washington and the Chopra Center on Neural Energy Transfers Between Individuals Who Have Undergone Chopra Center for Well–Being Programs. A joint collaboration. *Private communication*.

Braud, W. G. (1990). "Distant mental influence on rate of hemolysis of human red blood cells." *J Am Soc Psychical Res 84*, 1–24.

Braud W., Shafer, D., and Andrews, S. (1993). "Further studies of autonomic detection of remote starring: replications, new control procedures, and personality correlates." *J Parapsychol 57*, 391–409.

Byrd, R. C. (1988). "Positive therapeutic effects of intercessory prayer in a coronary care unit population." *Southern Med J 81*(7), 826–829.

Delanoy, D. L., and Sah, S. (1994). "Cognitive and physiological psi responses to remote positive and neutral states." From proceedings of presented papers, 37th Annual Parapsychological Association Convention, Amsterdam, The Netherlands, 128–138.

Dossey, L. (1993). *Healing Words: The Power of Prayer and the Practice of Medicine*. San Francisco: HarperCollins.

Grinberg–Zylberbaum, J., Delaflor, M., Attie, L., and Goswami, A. (1994). "The Einstein–Podolsky–Rosen Paradox in the Brain: The Transferred

Potential" (physics essays). *Rare manuscripts*.

Harris, W. S., Gowda, M., Kolb, J. W., Strachacz, C. P., Vacek, J. L., Jones, P. G., Forker, A., O'Keefe, J. H., and McCallister, B. D. (1999). "A randomized, controlled trial of the effects of remote intercessory prayer on outcomes in patients admitted to the coronary care unit."

Krucoff, M. W. (2000). "Growing the path to the patient: an editorial outlook for alternative therapies." *Altern Ther Health Med 6*(4), 36–37.

Krucoff, M., et al. (2001). "Integrative noetic therapies as adjuncts to percutaneous intervention during unstable coronary syndromes: monitoring and actualization of noetic training (MANTRA) feasibility pilot." *American Heart Journal 142*(5), 760–767.

Kwang, Y., et al. (2001). "Does prayer influence the success of in vitro fertilizationembryo transfer?" *J Repro Med 46*(9), 1–8.

Nash, C. B. (1982). "Psychokinetic control of bacterial growth." *J Am Soc Psychical Res 51*, 217–221.

Radin, D. I. (1997). *The Conscious Universe: The Scientific Truth of Psychic Phenomena*. New York: HarperEdge.

Schlitz, M. J. (1995). "Intentionality in healing: mapping the integration of body, mind, and spirit." *Alternative Therapies 1*(5), 119–120.

_____. (1996). "Intentionality and intuition and their clinical implications: a challenge for science and medicine." *Advances 12*(2), 58–66.

Schlitz, M., and Braud, W. (1991). "Consciousness interactions with remote biological systems: anomalous intentionality effects." *Subtle Energies 1*, 1–20.

_____. (1997). "Distant intentionality and healing: assessing the evidence." *Alternative Therapies 3*(6), 62–73.

Schlitz, M., and Harman, W. (1999). "The implications of alternative and complementary medicine for science and the scientific process." In *Essentials of Complementary and Alternative Medicine*. Edited by W. B.

Jonas and J. S. Levin. Philadelphia: Williams & Wilkins.

Schlitz, M., and LaBerge, S. (1994). "Autonomic detection of remote observation: two conceptual replications." From proceedings of presented papers, 37th Annual Parapsychological Association Convention, Amsterdam, The Netherlands, 352−364.

Schlitz, M., and Lewis, N. (1996, Summer). "The healing powers of prayer." *Noetic Sciences Review*, 29−33.

Schlitz, M., Taylor, E., and Lewis, N. (1998, Winter). "Toward a noetic model of medicine." *Noetic Sciences Review*, 45−52.

Schwartz, G., and Chopra, D. "Nonlocal anomalous information retrieval: a multi−medium multi−scored single−blind experiment." *Private communication*.

Snel, F. W., and van der Sijde, P. C. (1994). "Informationprocessing styles of paranormal healers." *Psychol Rep 74*(2), 363−366.

Stapp, H. P. (1994). "Theoretical model of a purported empirical violation of the predictions of quantum theory." *Am Physical Soc 50*(1): 18−22.

Targ, E. (1997). "Evaluating distant healing: a research review." *Altern Ther Health Med 3*(6), 74−78.

_____. (2002). "Research methodology for studies of prayer and distant healing." *Complement Ther Nurs Midwifery 8*(1), 29−41.

Wilber K. (1996). *A Brief History of Everything*. Boston: Shambhala.

Wirth, D. P. (1995). "Complementary healing intervention and dermal wound reepithelialization: an overview." *Int J Psychosom 42*(1−4), 48−53.

부록

초공간적 자아의 본질을 이해하는 것은 매우 중요하면서도 어려운 작업입니다. 따라서 이 흥미로운 주제를 더 깊이 탐구하고자 하는 독자들을 위해 부록을 추가했습니다.

부록 1에서는 앞서 배운 내용을 더욱 자세히 설명합니다. 하지만 여기서는 고대 동양에 뿌리를 둔 역사적, 철학적 관점에서 벗어나 그리스, 로마, 이집트 등 위대한 초기 문명을 중심으로 살펴봅니다. 언제나 그렇듯, 새로운 관점에서 사물을 바라볼 때에만 얻을 수 있는 가치가 있지요.

부록 2에서는 '들을 수 없지만 들을 수 있게 하고, 볼 수 없지만 볼 수 있게 하고, 알 수 없지만 알 수 있게 하고, 상상할 수 없지만 상상할 수 있게 하는 것'을 설명합니다. 이를 위해 위대한 베다 문헌에 기록된 이야기를 실었습니다.

부록에 추가한 내용이 도움이 되기를 바랍니다.

고대의 지혜에서 찾아낸 기적의 법칙

앞서 우리는 초공간적 자아가 우주로 분화되는 모습에 대해, 또한 바라는 대로 이루어지는 삶을 살기 위해 이 지식을 실제적으로 활용하는 법을 배웠습니다. 이 목적을 이루고자 베단타 지혜 철학 전통을 현대의 과학적 틀에서 재해석했습니다. 독자들이 이 지식이 단지 동양의 신비주의 학파에만 해당한다고 생각하지 않도록, 여기에 그리스, 로마, 이집트의 고대 학파에서 오랜 세월에 걸쳐 우리에게 전해져 내려온 헤르메스 철학(또는 헤르메스주의)이라는 신비주의 철학을 살펴봄으로 상당히 일치하는 부분을 함께 수록했습니다.

헤르메스주의는 마법, 연금술 및 기타 영적 세계에서 물리적 세계로 들어가는 것에 대해 다루는 하나의 신비주의 철학입니다. 헤르메스적 신비주의 지식의 기원은 헤르메스 트리스마기스투스라는 인물로 거슬러 올라가는데, 그에 대해서는 출생 날짜나 장소 등 알려진 바가 많지 않습니다. 학자들은 그가 기원전 2천 년경에 살았던 것으로 추정하며, 많은 사람은 그가 서양에서 예술과 과학으로 말하는 분야의 창시자이자 이집트의 사제였다고 여깁니다.

'세 번 위대한'이라는 칭호를 가진 헤르메스 트리스마기스투스의 불가사의는 그리스와 로마의 신비주의자들에 의해 다양한 고대 문헌에서 다루어진 주제입니다. 신화는 헤르메스를 치유, 지성, 문자를 상징하는 이집트 신인 따오기 머리를 한 달의 신 토트 신의 반열에 올려놓았습니다. 한 전통에 따르면, 토트는 기자의 대피라미드를 설계한 건축가였다고 합니다.

지난 2천 년 동안 헤르메스적 신비주의 지혜는 다양한 영지주의 관련 저술이나 가르침의 원천이 되어 왔습니다. 그것이 원래 한 사람의 가르침이었는지, 아니면 실제로 그리스, 로마, 이집트에 기원을 둔 여러 선각자들의 신비주의적 시각이었는지는 분명하지 않습니다. 어쨌든 헤르메스적 신비주의 철학의 기본 교리는 다음과 같은 지혜 혹은 원칙으로 요약될 수 있습니다.

1. 모든 것은 영의 표현이다

첫 번째 원칙은 모든 것이 영의 표현이라는 것입니다. 영은 공간, 시간, 원인과 결과, 물질, 에너지를 만드는 존재의 상태입니다. 무한하고 경계가 없는 영은 우리가 경험하는 우주 전체를 포함하고 있습니다. 영 밖에는 아무것도 존재하지 않습니다. 영은 존재의 전체 사슬, 존재 전체의 근원입니다. 우주는 영에서 나오고, 영에 포함되어 있으며, 궁극적으로 다시 영으로 사라집니다. 이것이 첫 번째 지혜이며, 초공간적 영역에 대해 매우 명확하게 설명해 줍니다.

2. 모든 부분에 전체가 포함된다

두 번째 원칙은 영이 표현될 때는 모든 부분에 전체가 포함되는 방식을 취한다는 것입니다. 현대 과학에서는 이를 '홀로그램 모델'이라고 부릅니다. 다시 말하면, 전체가 모든 부분에 포함되어 있다는 것입니다. 원자가 우주를 반영하듯이, 인간의 몸은 우주의 몸을 반영하고 인간의 마음은 우주의 마음을 반영합니다.

이 말이 무슨 뜻일까요? 우리가 무엇을 보든 무엇을 상상하든 거기에는 모든 것이 가능한 잠재력도 존재한다는 것을 의미합니다. 바다 깊은 곳에 있는 모든 물방울 하나하나마다 우주 전체가 반영되어 있듯이, 모든 것 속에 우주 전체가 담겨 있습니다. 베단타 철학에서는 이러한 지혜를 가리켜 "여기 있는 것은 어디에나 있고, 여기 없는 것은 어디에도 없다"라고 표현합니다.

이 지혜는 진리를 발견하고자 무언가를 찾아 헤맬 필요가 없다는 의미입니다. 진리는 항상 바로 여기에 있으며, 당신을 대면하고 있습니다. 따라서 우리가 "지구에 인간이 존재한다는 것은 우주의 다른 곳에도 생명체가 존재한다는 것을 의미할까?" 하며 궁금해할 때 그 답은 무조건 "그렇다"입니다. 분자를 탐구하는 것은 은하계를 탐구하는 것과 같습니다. 마찬가지로, 모든 것은 당신 존재 안에 포함되어 있습니다. 루미는 우주 전체가 당신의 자아 안에 포함되어 있으며 이것이 근본적인 진리라고 말합니다. 성경에 따르면, 천국은 당신 안에 있습니다. 보물 창고는 바로 여기 당신 앞에 있습니다. 신약 성경에서 예수는 "구하라 그리하면 너희에게 주실 것이요 찾으라 그리하면 찾아낼 것이요 문을 두드리라 그리하면 너희에게 열릴 것이니"라고 말합니다.

우리의 교육 시스템은 더 많은 정보를 축적하는 것에 기반을 두고 있지만, 실제로 우리는 더 많은 정보를 수집할수록 더 혼란스러워지고 원래 우리 안에 내재되어 있던 지혜를 점점 더 많이 잃어버리게 될 뿐입니다. 그러니 스스로에게 진리를 묻는 법을 배워 보세요. 당신 존재의 문을 두드리세요. 이것이 바로 직관, 창조성, 통찰, 예언으로 알려진 것입니다. 위대한 현자가 보이는 풍경이 아니라 보는 사람에게 초점을 맞추는 이유가 바로 여기에 있습니다. 보는 사람이 바로 초공간적 자아이지요.

3. 의식은 진동으로 존재한다

세 번째 원칙은 모든 것이 진동이며, 의식은 다양한 주파수를 가진 진동으로 구성되어 우주의 모든 형태와 현상을 초래한다는 것입니다. 인간 존재는 의식적인 에너지장으로서, 우주의 나머지 부분과 조화를 이룹니다. 만약 당신이 주변 세상을 바꾸고 싶다면 당신의 진동이 가진 특성을 바꾸면 됩니다. 당신이 자신의 진동을 바꾸면 주변 사물의 특성도 바뀝니다. 덧붙여서, 이것이 바로 수트라가 효과가 있는 이유입니다. 수트라는 특정한 영적 진동이나 초공간적 자아의 특성을 만들어 내는 특별한 방법을 알려 줍니다. 당신이 삶에서 마주치는 상황, 환경, 사건, 관계는 당신의 의식 상태를 투영합니다. 세상은 거울입니다. 당신이 초공간적 자아에 머물기만 한다면 온 세상을 당신이 바라는 대로 활용할 수 있습니다.

4. 모든 것은 일시적이다

네 번째 원칙은 오직 변화만 유일하게 변하지 않는다는 것입니다. 모든 것은 일시적입니다. 무언가에 집착해 붙잡고 놓지 않는 것은 숨을 참는 것과 같습니다. 오래 참으면 질식하겠지요. 궁극적으로 물리적 우주에서 원하는 것을 얻을 수 있는 유일한 방법은 붙잡지 않고 놓아 주는 것입니다.

이 지혜는 매우 섬세한 가르침입니다. 결과보다는 과정에 집중할 때 최상의 결과를 얻을 수 있다는 뜻이지요. 결과에 집중하면 불안과 스트레스가 생기고, 그런 상태에서는 보이지 않는 영역(영적 세계)에서 보이는 영역(물리적 세계)으로 이동할 때 지성이 자발적으로 흘러가지 못하도록 방해를 합니다.

오직 변화만 유일하게 변하지 않는다는 사실은 우리가 항상 아직 알려지지 않은 미지의 영역에서 살고 있다는 것을 의미합니다. 우리가 알고 있는 것들은 모두 과거입니다. 따라서 우리가 과거에 대해 말할 수 있는 확실한 한 가지 사실은 과거는 더 이상 여기에 존재하지 않는 다는 것입니다. 우리에게 알려진 것들은 과거라는 감옥에 갇혀 있습니다. 아직 알려지지 않은 미지의 세계는 항상 신선하며, 이것은 무한한 가능성의 장이 가진 특성입니다.

선불교의 대가들, 무림 고수들, 위대한 영적 스승들은 항상 흐름을 따라야 한다고 조언했습니다. 흐름이란 변화의 장입니다. 변화하지 않는 것은 부패하고 죽습니다. 변화는 우주의 춤이자 리듬입니다. 일관된 의도를 가지고 변화에 몸을 맡긴 채 함께 흘러가면서, 그와 동시에 결과에 초연해지는 것. 이것이 바라는 대로 이루어지는 성취의 메커니즘이자 동시성 운명을 만들어 내는 원리입니다.

5. 모든 것에는 반대되는 짝이 있다

다섯 번째 원칙은 경험이든 태도든 사물이든 모든 것에는 그와 반대되는 것이 포함된다는 것입니다. 사실 지금 당신이 가진 것이 좋은 것이든 나쁜 것이든 무엇이든 그와 반대되는 짝도 함께 갖고 있습니다. 예를 들어, 아무리 깊은 우울증에 빠졌더라도, 그와 반대되는 감정인 기쁨이나 감사를 발견하고 그것에 주의를 기울이면 어떻게 될까요? 기쁨과 감사가 당신의 의식에서 점점 커지는 느낌이 들 것입니다. 당신의 관심을 절망에서 떼어 내 행복에 갖다 붙이면요? 실제로 새로운 감정이 피어납니다. 마찬가지로, 표현할 수 없이 황홀한 상태라고 한다면, 그와 반대되는 감정인 슬픔이 그 옆을 나란히 걷고 있다는 사실을 자각하세요. 모든 창조물은 반대되는 것을 함께 갖는다는 이 원칙을 생각한다면, 당신은 언제든 반대되는 경험에 주의를 집중해 어떤 종류의 경험이든 바라는 대로 할 수 있게 됩니다.

6. 모든 것에는 리듬이 있다

여섯 번째 원칙은 모든 것에는 리듬이 있다는 것입니다. 삶의 주기가 대표적인 예입니다. 임신 기간, 출산, 성장, 성숙, 죽음, 환생의 과정이 이어지지요. 모든 일은 주기 안에서 일어납니다. 동시성 원리에는 삶의 주기 및 계절이 우주의 주기 및 계절과 조화를 이룬다는 사실을 인식하는 것도 포함됩니다. 중국 속담에 이런 말이 있습니다.

"봄에는 꽃이 피고, 여름에는 바람이 불고, 가을에는 단풍이 들고, 겨울에는 눈이 내린다. 당신이 이것들과 완전하게 조화를 이룬다면 지금이 당신 인생 최고의 계절이다."

당신 삶에 중심이 있다는 사실과 지금 이 순간을 자각하며 살아갈 때 당신은 우주의 춤을 조직화하는 초공간적 자아와 접촉하게 됩니다. 당신의 리듬이 우주의 리듬과 조화를 이루는 순간, 동시성 운명이 마법의 힘을 발휘합니다.

7. 모든 사건에는 무한한 원인과 무한한 결과가 있다

일곱 번째 원칙은 모든 사건에는 무한한 결과로 이어지는 무한한 원인이 있다고 말합니다. 흔히 말하는 '원인과 결과 관계'(인과관계)는 직선적이지 않습니다. 우리는 이 지혜를 '상호의존하며 함께 일어나는 일'이라고 불러 왔습니다. 우리는 동시성 운명을 통해 모든 사건의 배후에 숨겨져 있는 패턴을 볼 수 있습니다.

8. 우주에는 원초적 에너지가 있다

여덟 번째 원칙은 우주의 창조적 에너지는 성적 에너지로도 반영된다고 가정합니다. 모든 존재하는 것은 성적 에너지라는 원초적 에너지에서 태어납니다. 아이는 성적 에너지에서 태어나고, 꽃도 열매도 성적 에너지에서 생겨나지요. 창조물 중에 그 어떤 것도 이 원칙에서 예외가 될 수 없습니다. 인간 존재에게는 이 원초적 에너지가 열정, 흥분, 그리고 각성으로 나타납니다. 우리는 초공간적 자아를 만날 때 저절로 열정과 영감을 경험합니다.

'열정'(enthusiasm)이라는 단어에는 두 개의 어근이 있습니다. 'en'(엔)과 'theos'(테오스)인데, 이는 신, 또는 초공간적 자아와 하나가 된다는 뜻입니다. ['영감'(inspiration)이라는 단어 역시 '영'(spirit)과 하나 되는 것을 의미합니다.] 영감과 열정, 격정, 흥분은 우리의 의도에 에너지를 공급해 주는데, 이로써 소망이 더 빨리 이루어지게 합니다.

9. 우리는 그 원초적 에너지를 사용할 수 있다

아홉 번째 원칙은 우리가 주의 집중과 의도의 힘을 사용하면 원초적 에너지를 끌어낼 수 있다는 것입니다. 앞서 살펴본 것처럼, 우리가 주의를 집중하는 것은 무슨 일이든(그래서 원초적 에너지에 집중하게 만드는 것은 무엇이든) 발전하고 꽃피웁니다. 반면, 우리가 주의를 옮겨 버리는 것은 무엇이든 시들기 시작하지요. 주의 집중과 의도는 변화의 열쇠입니다. 상황, 환경, 사람 또는 사물 등 무엇이든 상관없이 변화를 일으킬 수 있지요. 이 책에서 소개한 수트라는 주의 집중과 의도의 힘을 불러일으키고 활성화하는 암호문입니다.

10. 남성성과 여성성은 조화롭게 공존한다

열 번째 원칙은 우리가 남성성이나 여성성이라고 부르는 우주의 힘과 요소를 통해 조화를 이룰 수 있다는 것입니다. '성의 원칙'이라고 불리기도 하는 헤르메스적 신비주의 철학에 따르면, 진정한 열정은 자신의 존재에 남성적 에너지와 여성적 에너지가 균형을 이룰 때만 일어날 수 있습니다. 남성적 에너지는 적극성, 결단력, 행동, 용기와 같은 특성을 주도하는 한편, 여성적 에너지는 아름다움, 직관, 돌봄, 애정, 부드러움 등에서 볼 수 있습니다. 위대한 예술 작품에는 항상 남성성과 여성성, 음과 양의 조화로운 상호작용이 담겨 있습니다. 수트라 "시바 샥티"는 초공간적 자아의 남성적 원형 에너지와 여성적 원형 에너지의 조화로운 상호작용을 활성화하기 위한 암호문입니다.

11. 모든 존재의 내적 본성은 사랑이다

열한 번째 원칙은 모든 존재의 내적 본성은 아무리 악해 보일지라도 사랑이며, 이 본질적 특성은 우리가 사랑을 드러내려고만 한다면 항상 드러날 수 있다고 가정합니다. 따라서 사랑은 단순한 감정이 아니라 모든 창조물의 중심에 있는 궁극적 진리입니다. 사랑은 무조건적이고 제한이 없으며, 우리가 초공간적 자아와 접촉할 때 우리에게서 발산됩니다.

이상 열한 가지 원칙은 헤르메스 트리스마기스투스와 베단타 철학, 그리고 인간에 대한 영원한 진리를 말하는 모든 철학에서 발견되는 연금술입니다. 일단 우리가 이러한 지혜들에 흡수되기만 하면 다양한 상황에 대응하는 우리 내면의 태도, 생각, 꿈, 감정 등이 훨씬 더 확장될 것입니다. 예를 들어, 삶의 주기, 리듬, 인생의 계절 등과 완전히 조화를 이루게 되면 우리는 더 이상 특정 상황 때문에 괴로워하거나 짓눌리는 일을 겪지 않을 것입니다.

2. ———————————————————————————

초공간적 자아의 본질에 관해
고대 문헌이 들려주는 이야기

가장 위대한 베다 문헌 중 하나인 『찬도그야 우파니샤드』에 실린 다음 이야기는 초공간적 자아의 본질을 정말 아름답게 묘사합니다.

수천 년 전 위대한 현자 우달라카 아루니는 열두 살 된 아들 스베타케투를 위대한 구루(guru, 영적 스승)에게 보내 궁극적 실재에 대해 깊이 탐구하게 했습니다.

스베타케투는 10여 년 동안 스승 밑에서 공부하며 베다를 모두 외웠습니다. 그가 집으로 돌아왔을 때 아버지는 아들이 마치 배워야 할 것을 모두 배운 양 행동한다는 것을 알아차렸습니다. 그래서 아들에게 질문을 던지기로 했습니다.

"나의 박식한 아들아, 들을 수 없지만 들을 수 있게 하고, 볼 수 없지만 볼 수 있게 하고, 알 수 없지만 알 수 있게 하고, 상상할 수 없지만 상상할 수 있게 하는 그 무엇이 무엇이냐?"

스베타케투는 당황한 나머지 말이 없었습니다. 아버지가 말했습니다.

"점토 조각 하나를 알면 점토로 만들어진 모든 사물을 알 수 있다. 금 한 알갱이를 알면 금으로 된 모든 사물을 알 수 있다. 금으로 만든 한 조각의 보석과 다른 보석의 차이는 단지 그 이름과 형태뿐이란다. 실제로 금으로 만든 모든 보석은 금일 뿐이고, 점토로 만든 모든 항아리는 점토일 뿐이지. 아들아, 하나를 앎으로써 모든 것을 알 수 있는데, 바로 그 하나가 무엇인지 말해 줄 수 있겠느냐?"

스베타케투가 대답했습니다.

"아, 스승님은 제게 그 지식은 가르쳐 주지 않으셨습니다. 아버지께서 알려 주시겠습니까?"

우달라카가 말했습니다.

"좋다, 내가 말해 주마. 온 우주는 하나의 실재이며, 그 실재는 순수한 의식이다. 순수한 의식은 절대적인 존재다. 그것은 두 번째 것이 나타나지 않는 유일한 존재다. 태초에 그 유일한 존재가 스스로 말했다. '나는 수많은 것으로 분화해 모든 보는 자와 모든 보이는 풍경이 되리라.' 그 유일한 존재는 수많은 것 속으로 들어가서 각자의 자아가 되었다. 존재하는 모든 것은 그 유일한 존재이며, 그 유일한 존재는 존재하는 모든 것의 미묘한 본질이란다. 스베타케투야, 네가 바로 그것이다.

이와 같은 방식으로 꿀벌은 수많은 꽃의 화밀(꽃이나 잎의 특수한 샘에서 분비되는 달콤한 물질로, 벌이 채취하기 전의 꿀을 의미)로 꿀을 만들지만, 일단 꿀이 만들어지면 화밀은 '나는 이 꽃에서 왔다', 또는 '나는 저 꽃에서 왔다'라고 말할 수 없다. 마찬가지로 네가 초공간적 자아와 합해질 때 너는 존재하는 모든 것의 자아와 하나가 된단다. 이것이 모든 것의 진정한 자아다. 그리고 스베타케투야, 네가 바로 그것이다."

스베타케투가 말했습니다.

"아버지, 저를 더 깨우쳐 주세요."

우달라카는 잠시 쉬었다 말을 이었습니다.

"갠지스강은 동쪽으로 흐르고, 인더스강은 서쪽으로 흐른다. 그러나 둘 다 궁극적으로 바다가 되지. 바다가 된 두 강은 더 이상 '나는 갠지스강이다', 또는 '나는 인더스강이다'라고 생각하지 않는다. 아들아, 이처럼 존재하는 모든 것의 근원은 초공간적 자아에 있으며, 그 자아는 모든 것의 가장 미묘한 본질이다. 그것이 진정한 자아란다. 스베타케투야, 네가 바로 그것이다.

육체가 시들어 죽어도 자아는 죽지 않는다. 불로도 태울 수 없고, 물로도 적실 수 없으며, 바람으로도 말릴 수 없고, 무기로도 부술 수 없다. 그 자아는 태어나지 않았고, 시작도 끝도 없단다. 그 자아는 공간과 시간의 경계를 초월해 온 우주에 퍼져 있다. 스베타케투야, 네가 바로 그것이다."

스베타케투는 "아버지, 저를 더 깨우쳐 주세요" 하며 열광적으로 반응했습니다.

우달라카가 말했습니다.

"보리수 나무의 열매 하나를 가져와라."

스베타케투가 열매를 가져왔습니다.

"그것을 쪼개 열어라."

스베타케투는 아버지 말대로 했습니다.

"무엇이 보이느냐, 아들아?"

"작은 씨앗이 보여요, 아버지."

"씨앗 하나를 쪼개라."

스베타케투는 작은 씨앗을 쪼갰습니다.

"무엇이 보이느냐, 아들아?"

"남은 게 아무것도 없는 것이 보입니다, 아버지."

"네가 보지 못하는 것이 미묘한 본질이다. 보리수 나무 전체가 그 것에서 생겼다. 마찬가지로 우주 역시 초공간적 자아에서 싹트는 것 이다."

마지막으로 우달라카는 스베타케투에게 물통에 소금 한 덩어리를 넣으라고 했습니다. 다음 날 현자가 아들에게 소금 한 덩어리를 돌려 달라고 했습니다. 스베타케투는 답했습니다.

"돌려 드릴 수 없습니다."

그러고는 말했습니다.

"다 녹아 버렸습니다."

우달라카는 아들에게 물의 표면을 맛보라고 한 후 질문을 했습니다.

"말해 보거라, 어떠냐?"

"짭니다, 아버지."

"물의 중간 부분을 맛보고, 맛이 어떤지 말해 보거라."

"짭니다, 아버지."

"물의 아래쪽을 맛보고, 맛이 어떤지 말해 보거라."

"짭니다, 아버지."

"소금이 덩어리에 국소화되었다가 물속에서 퍼져 나간 것과 마찬가지로 너의 자아도 네 몸에 국소화되어 있는 동시에 온 우주로 퍼져 나간단다."

우달라카가 말했습니다.

"사랑하는 아들아, 너는 네 몸에 있는 자아를 인식하지 못하지만, 자아가 없으면 지각이 불가능할 것이다. 너는 자아를 개념으로 설명할 수 없지만, 자아가 없다면 개념 자체가 있을 수 없단다. 너는 자아를 상상할 수 없지만, 자아가 없다면 상상도 불가능할 것이다. 그러나 네가 자아가 되어 이러한 초공간적 자아의 영역에서 살 때, 너는 존재하는 모든 것과 연결될 것이다. 왜냐하면 자아는 존재하는 모든 것의 근원이기 때문이다. '진리', '실재', '존재', '의식', '절대자' 등 네가 원하는 대로 불러도 좋다. 그것은 궁극적인 실재이며 모든 존재의 근거다. 그리고 네가 바로 그것이다, 스베타케투야.

스베타케투야, 초공간적 자아의 영역에서 살아라. 그러면 네가 바라는 모든 소망이 이루어질 것이다. 왜냐하면 이 영역에서 네가 바라는 소망은 그저 개인적 소망이 아니라 존재하는 모든 것의 소망과 일치하기 때문이란다."

스베타케투는 자신이 배운 모든 것을 실천하여 베단타 전통에서 가장 위대한 선각자 중 한 사람이 되었습니다.